Religion
vernetzt
11
KÖSEL

Religion vernetzt

Unterrichtswerk für katholische Religionslehre an Gymnasien

Herausgegeben von
Prof. Dr. Hans Mendl und Prof. Dr. Markus Schiefer Ferrari

Religion vernetzt 11

Erarbeitet von Nadine Bauer, Marcus Güll-Uhrmann, Alfred Hüttinger,
Klaus König, Hubert Limmer, Stephan Wrana, Silke Zettlmeißl

FSC www.fsc.org MIX Papier aus verantwortungsvollen Quellen FSC® C013736

Verlagsgruppe Random House FSC-DEU-0100
Das für dieses Buch verwendete FSC®-zertifizierte Papier
Hello Fat Matt 1,1 liefert Condat, Le Lardin Saint-Lazare, Frankreich.

Zugelassen als Lehrbuch für den katholischen Religionsunterricht
von den Diözesanbischöfen von Augsburg, Bamberg, Eichstätt,
München und Freising, Passau, Regensburg und Würzburg.
Rechtschreibreformiert (2006)

2. Auflage 2011

Umschlagentwurf: Kaselow Design, München
Satz: Kösel-Verlag, München
Druck und Bindung: Kösel, Krugzell
Printed in Germany

ISBN: 978-3-466-50708-5

www.koesel.de

Unterrichtswerk für katholische Religionslehre
an Gymnasien

Religion vernetzt

Erarbeitet von
Nadine Bauer,
Marcus Güll-Uhrmann,
Alfred Hüttinger,
Klaus König, Hubert Limmer,
Stephan Wrana, Silke Zettlmeißl

Herausgegeben von
Prof. Dr. Hans Mendl und Prof. Dr. Markus Schiefer Ferrari

11

Kösel

Inhalt

3 Gott und die Vernunft

Liebe Schülerinnen, liebe Schüler in der gymnasialen Oberstufe,

in den letzten beiden Jahren am Gymnasium sollen Sie sich eine fundierte religiöse Grundbildung erwerben. »Religion vernetzt« will Sie dabei zum selbstständigen Denken und eigenverantwortlichen Arbeiten anregen. Die Themen sind so aufbereitet, dass die gesellschaftliche Bedeutung von Religion, Glaube und Kirche deutlich wird. Sie sollen Ihr Welt- und Selbstverständnis in Auseinandersetzung mit den wesentlichen Perspektiven und Aussagen des christlichen Glaubens – insbesondere über Gott und den Menschen – und mit den Anfragen von philosophischer, psychologischer und naturwissenschaftlicher Seite aus klären. Wenn Sie Ihre Schulzeit beendet haben, sollen Sie Auskunft geben können über die spezifische Art und Weise, wie Religion die Wirklichkeit in Blick nimmt, und über das Wesen des christlichen Glaubens, sowie einen eigenen reflektierten, verantwortlichen Standpunkt in Glaubens- und Lebensfragen gewonnen haben.

Die einzelnen Kapitel sind so aufgebaut:
Das Bild auf der TITELSEITE lenkt Ihren Blick auf das Thema.
Die KONTEXT-Seiten beleuchten, in welch verschiedenen Zusammenhängen man das Thema sehen kann.
Die PINNWAND bietet viele Anregungen, wie Sie sich aktiv und selbstständig mit dem Thema beschäftigen können. Die Aufgabenstellungen beziehen sich auf verschiedene Seiten des Themenbereichs. Entscheiden Sie sich gemeinsam mit Ihrem Religionslehrer oder Ihrer Religionslehrerin in der Klasse, welche Ideen Sie umsetzen wollen! Auf der Pinnwand finden Sie außerdem zwei Informationskästen, die das Kapitelthema mit dem Wissen aus den vergangenen Jahren verknüpfen und Vernetzungen zu Fragestellungen in den anderen Kapiteln dieses Buches herstellen.
Auf den ORIENTIERUNGS-Seiten finden Sie grundlegende Informationen zum Thema: Die jeweilige Fragestellung wird von verschiedenen Blickwinkeln her systematisch erschlossen: worin die gesellschaftliche Herausforderung besteht, welche verschiedenen Positionen es gibt, was Kirche und Theologie dazu meinen, welche prinzipiellen Folgerungen sich für das Leben und den Glauben der Menschen ergeben. Die Impulse und Aufgaben regen dazu an, die Informationen gründlich zu verarbeiten, sich mit eigenen Gedanken und Gefühlen, Einstellungen und Überzeugungen mit dem Thema zu »vernetzen« und so eine eigene Position zu gewinnen.
Die PERSPEKTIVEN-Seiten stellen die Lebensbedeutung des Themas für Menschen verschiedener Zeiten heraus. Wir hoffen, dass auch Sie einladende Perspektiven und Aktionsfelder für Ihr Leben und Ihren Glauben entdecken!
Die AKZENT-Seite bringt auf ganz unterschiedliche Weise die zentralen Anliegen des Themas auf den Punkt und will zum Weiterdenken motivieren. Sie finden hier auch exemplarische Prüfungsfragen: Diese entsprechen in den Anforderungsprofilen dem Niveau der Prüfungsaufgaben für ein Abitur in katholischer Religionslehre.
In den Kapiteln finden Sie bei Begriffen oder Namen immer wieder folgendes Zeichen: (*). Damit werden Sie auf das LEXIKON »Theologie kompakt« hinten im Buch verwiesen. Hier werden die Begriffe in alphabetischer Reihenfolge mit Text und Bild erklärt.

Ihre Autorinnen, Ihre Autoren und Ihre Herausgeber

1 Religion

Religion – Religionen

Eine Religion hat, wer sich zu einer der Religionen bekennt. Das ist eine geläufige Position, in der »Religion« der Singular von »Religionen« ist. Religion kann aber auch mehr als der Singular von Religionen sein, wenn sie eine Einstellung bezeichnet, die sich innerhalb der großen Religionen, aber auch außerhalb finden lässt. Die Bild- und Textelemente dieser Doppelseite zeigen Unterschiede und Gemeinsamkeiten zwischen dem Singular und dem Plural.

RELIGION

Yaruz Sultan Selim Moschee und Liefrauenkirche, Mannheim

Die Mathematik sagt: 1+1=2
Die Liebe sagt: 1+1=1
Die christliche Religion sagt: 1+1+1=1

Heilig-Kreuz-Kirche vor Allianz Arena, München

»Katholik? Protestant? Moslem? Jude? NEIN! Meine Religion heißt FC Schalke 04!«

Alex, 17 Jahre

»Ihre Lebensart und überhaupt, wie wir zu unserer Musik stehen, wie soll ich das sagen? Musik ist für die ihre Religion. Die sehen das wie Religion.«

Petra, 18 Jahre

Hauptsynagoge Ohel Jakob, München

Religion*

- ist die Ergriffenheit von dem, was den Menschen unbedingt angeht (*Paul Tillich*).
- ist Sinn und Geschmack fürs Unendliche (*Friedrich Schleiermacher*).
- bewältigt praktisch die menschliche Kontingenzerfahrung* (*Hermann Lübbe*).
- ist die Suche nach dem absoluten Geheimnis (*Karl Rahner*).
- ist die Kultur der Symbolisierung letzter Sinnhorizonte in der alltagsweltlichen Lebensorientierung (*Wilhelm Gräb*).
- schließt den Menschen in die Ordnung eines heiligen Kosmos ein und bietet ihm so den Schutz des Absoluten vor dem Grauen des Chaos (*Peter L. Berger*).

RELIGIONEN

so ist es

so ist es
sagt man

ein baum zum beispiel
ist so

so ist ein baum

und ein baum ist nicht so
und alles ist nicht so

so ist es

Peter Bichsel

How many years can a mountain exist
Before it's washed to the sea?
Yes, 'n' how many years can some people exist
Before they're allowed to be free?
Yes, 'n' how many times can a man turn his head,
Pretending he just doesn't see?
The answer, my friend ...

Bob Dylan (1963)

- Geben Sie jedem Element dieser Doppelseite eine Überschrift, die aus einer Frage besteht.
- Verschaffen Sie sich einen Überblick über das Kapitel, indem Sie eine oder mehrere Doppelseiten je einem der hier gezeigten Elemente zuordnen.

Vernetzen Sie Ihr Wissen aus den vorangegangenen Jahren

Sie haben sich im Religionsunterricht der letzten Jahre mit wichtigen Religionen beschäftigt. Sie können nun ihre erworbenen Kenntnisse bündeln und mithilfe von Nachschlagewerken gedruckter und elektronischer Art (vgl. www.religionvernetzt.de) auffrischen. Für die Präsentation eines ausgewählten Vergleichspunktes oder Inhalts lassen Sie sich eine pfiffige Methode einfallen, z. B.:

- Erstellen Sie für Ihre Mitschülerinnen und Mitschüler ein kreatives Kreuzworträtsel zum Thema!
- Überlegen Sie sich die Regeln und Inhalte für ein Ratespiel der Religionen, das Sie mit einer Gruppe durchführen können.
- Stellen Sie am Computer mit einem entsprechenden Programm eine anschauliche Präsentation zusammen, die Gemeinsamkeiten und Unterschiede der Religionen thematisiert!
- Führen Sie eine Diskussion zwischen fiktiven Vertretern der großen Religionen durch, deren Rollen Sie einnehmen. Sie müssen gut informiert sein, damit alle Beteiligten die Eigenarten und Vorzüge ihrer Religion einbringen können.
- ...

Religion vernetzt 7

Religion vernetzt 8

Religion vernetzt 9

Religion vernetzt 10

»Knockin' on heaven's door«

Neben Bob Dylans Klassiker gibt es noch viele Titel der Rock- und Popmusik, die auf sehr unterschiedliche Weise »Religion« thematisieren. Ein kleiner Teil bezieht sich in seinen Texten direkt auf Aussagen und Sprachbilder aus den religiösen Traditionen, ein größerer Teil drückt Sehnsüchte und Fragen nach dem Sinn des Ganzen aus, klagt an oder setzt sich für eine bessere Welt ein. Sie können nach Titeln suchen, sie analysieren und der Lerngruppe präsentieren.

Dabei beachten Sie bitte einige Hinweise:

- Es müssen keine Titel sein, die Ihnen gefallen. Geschmack ist Nebensache, der Bezug zu Religion ist die Hauptsache.
- Ihre Suche muss sich nicht auf aktuelle Titel beschränken.
- »Gott kann auch da drin sein, wo Gott nicht draufsteht.« Sinn, Sehnsucht, absolute Liebe, Vergebung, Tod, Paradies oder ähnliche Stichworte sind häufig Schlüssel zur religiösen Dimension.
- Beschränken Sie sich nicht nur auf den Text, sondern beziehen Sie auch die musikalische Gestaltung in Ihre Analyse ein. Es gibt Titel, bei denen eine religiöse Dimension durch die Musik verstärkt oder überhaupt erst deutlich wird (z. B. »Steh auf« von Marius Müller-Westernhagen). In Einzelfällen bietet auch ein Videoclip oder Livemitschnitt weitere Informationen.

Das Titelbild

Das Bild auf der Titelseite dieses Kapitels hat mit der Kapitelüberschrift auf den ersten Blick keine Gemeinsamkeiten, weil von Religion zunächst nichts zu sehen ist. Das kann sich bei näherem Hinsehen ändern.
Es handelt sich um ein Werk des amerikanischen Malers Marc Rothko (1903-1970), das keinen Titel trägt (1953, 194 x 171cm). Da alle Merkmale des Bildes wichtig sind, nehmen Sie sich für seine Betrachtung etwas Zeit. Beschreiben Sie dann die Farbdetails und versuchen Sie, eine Dreidimensionalität zu entdecken.
Das ist die Voraussetzung für eine Interpretation, bei der die Stichworte »Geheimnis«, »Wirklichkeit hinter der Wirklichkeit« oder »Unsichtbares als Unsichtbares sichtbar machen« helfen können.
Wie klärt sich beim »zweiten Blick« das Verhältnis von Bild und Kapitelüberschrift?

Kirche und christliche Gemeinschaften in Deutschland

Nach den Kirchen in Deutschland gefragt, antworten viele: Es gibt die römisch-katholische und die evangelische Kirche. Das ist richtig, aber unvollständig. Denn in Deutschland findet sich neben einer Vielfalt an Religionen auch ein plurales Christentum. Alleine die »Arbeitsgemeinschaft Christlicher Kirchen in Deutschland (ACK)« setzt sich aus über 20 christlichen Gemeinschaften zusammen.

- Informieren Sie sich auf der Homepage der ACK über die Mitgliedskirchen und ihre Spezifika.
- Ordnen Sie die Gemeinschaften in einer Grafik den drei großen christlichen Traditionen – katholisch, orthodox, evangelisch – zu.
- Sammeln Sie Details zum Ökumene-Verständnis des ACK und fassen Sie dies in einer Formel – z. B. »Vielfalt in der Einheit«, »Ein Glaube – verschiedene Konfessionen«, »Alle sollen eins sein (Joh 17,21)« – zusammen.
- In der christlichen Ökumene gibt es einerseits den Wunsch, die Einheit der christlichen Kirchen möglichst weit voranzutreiben, damit Christen nicht von verschiedenen Seiten aus, sondern vereint mit einer Stimme in der Welt über ihre Schwierigkeiten sprechen. Andererseits wird gewarnt, die Ökumene zu weit voran zu treiben, weil es in einer pluralen Gesellschaft mit sehr unterschiedlichen Lebensstilen viele differente Traditionen braucht, um Christsein zu leben. Sammeln Sie Argumente für eine Debatte über Ziele und Aufgaben christlicher Ökumene und führen Sie sie durch.

Vernetzungen im Schulbuch

Es gibt Themen und Perspektiven in diesem Kapitel, die in anderen Kapiteln vertieft oder unter einem anderen Blickwinkel wieder aufgegriffen werden. Wenn Sie hin und wieder Themen quer zur Kapitelstruktur des Buches bearbeiten, gelingt es Ihnen besser, Zusammenhänge zu begreifen.

Kapitel 1

- Was ist Religion? 12 - 15
- Religion und Sprache 28 f.
- Dialog zwischen Religionen 20 f.

Kapitel 2

Stellen Sie dar, was biblische Erzählungen der Begegnung von Menschen mit Gott zur Begriffsbestimmung von Religion beitragen (42 f.).

Kapitel 3

Verdeutlichen Sie im Vergleich zur Sprache der Naturwissenschaften (86 f.) die Eigenart religiöser Sprache.

Kapitel 4

Ergänzen Sie die allgemeinen Kriterien für den interreligiösen Dialog, indem sie für das Verhältnis Buddhismus und Christentum konkretisieren (112 f.).

Religion und Religiosität

Wer fragt, was Religion ist, muss feststellen, dass es keine allgemein anerkannte Begriffsbestimmung gibt. Da sich viele Wissensgebiete mit Religion befassen, versuchen sie aus ihrer Sicht zu sagen, was sie unter Religion verstehen. Die vielen Vorschläge lassen sich aber einer kleinen Zahl von Typen zuordnen. Drei grundlegende Typen werden hier vorgestellt.

Phänomenologischer Typ

Als phänomenologisch gelten hier jene Definitionen, welche die äußerlich wahrnehmbaren Erscheinungsweisen des Religiösen in den Mittelpunkt stellen. Die innere Logik einer solchen phänomenologischen Herangehensweise an die Religion lässt sich in drei Schritten darstellen:

1. In den Blick genommen werden ausschließlich Religionen, die im landläufigen Sinne als solche gelten. Genauer gesprochen: Phänomenologische Definitionen konzentrieren sich auf geschichtlich geprägte Religionen unterschiedlichster Art. Dies können Stammes-, Volks- oder auch Weltreligionen sein.
2. Die Religionen (im Plural!) werden nun auf gemeinsame Merkmale untersucht, und zwar auf Merkmale, die äußerlich wahrnehmbar sind, z. B. Heilige Schriften, Gottesdienste, Bekenntnisformen, ethische Praxis.
3. Diese äußerlich wahrnehmbaren Gemeinsamkeiten wiederum bilden schließlich die Einzelelemente oder Bausteine, um zu umschreiben, was mit dem Wort »Religion« gemeint ist.

Funktionaler Typ

Es gibt Versuche, Religion von dem zu bestimmen, was sie leistet und bewirkt, also von ihrer Funktion her. Dabei wird gesagt, Religion übe eine Schutz- und Schildfunktion angesichts der inneren und äußeren Gefährdungen des Daseins aus, sie nehme dem Menschen die Angst vor seiner Ohnmacht und seiner Begrenztheit, sie beschwichtige in Konfliktfällen, sie biete Trost und Vertröstung angesichts von Leid, Unglück, Scheitern, Schuld, ja auch angesichts des Todes, sie sei eine Form der Leidbewältigung. Religion erfülle Bedürfnisse und Sehnsüchte der Menschen gerade im Umbruch bestimmter Lebensphasen.
Religion wird als Funktion auch dahin bestimmt und verstanden, dass sie bestehende Verhältnisse, zumal Herrschaftsverhältnisse, legitimiere und stabilisiere.
Der Religion wird aber auch eine Änderungsfunktion zugeschrieben, da sie nicht nur Bestehendes stabilisiert, sondern auch verändert und erneuert hat.

Substanzieller Typ

Wenn man fragt: »Was ist Religion?«, muss man sagen, was Religion inhaltlich bestimmt. Das ist angesichts der Vielfalt religiöser Erscheinungen nicht einfach. Um die Substanz von Religion zu klären, wird versucht den Bezugsgegenstand anzugeben. Als Religion werden danach zum Beispiel all jene Formen angesehen, in denen der Glaube an einen oder mehrere Götter im Mittelpunkt steht. So einleuchtend dieser Bezug ist, so trifft er auf den frühen Buddhismus z. B. nicht zu. Einen Ausweg bietet die Möglichkeit, den Bezug allgemeiner zu fassen. Da der Begriff des Heiligen eine mögliche Verallgemeinerung darstellt, wird Religion als ›erlebnishafte Begegnung mit dem Heiligen‹ (Rudolf Otto) verstanden oder als ›menschliches Glauben oder Handeln gegenüber einem heiligen Kosmos‹ (Peter L. Berger). Nun muss aber definiert werden, was »heilig« bedeutet, denn was dem einen heilig ist, kann für den anderen ein alltäglicher Gebrauchsgegenstand sein. An dieser Schwierigkeit lässt sich ablesen, dass die Kategorie des »Heiligen« Religion nur unscharf und vage umreißt.

► Ordnen Sie die kurzen Definitionen von Religion auf **8** des Schulbuchs den oben skizzierten Typen zu und begründen Sie, welche Umschreibung Ihnen plausibel erscheint.

Religiosität

Religiosität nenne ich die subjektive Aneignung und Ausdeutung von Religion. Niemand praktiziert Religion, ohne sich Formen und Inhalte subjektiv anzueignen. Während Religion primär auf der Ebene der institutionalisierten Praktiken und ihres Sinns theoretisch gefasst werden kann, versteht man Religiosität am besten als Zusammenhang von institutionalisierten Praktiken und subjektiver Aneignung und Ausdeutung. Schließlich beinhalten diese Definitionen, dass Menschen religiös handeln können, ohne eine Religion zu praktizieren. Wer montags Zen-Meditation betreibt, dienstags Tische rückt, donnerstags Tarotkarten legt und sonntags zur Messe geht, vollzieht religiöse Handlungen, denen aber der systematische Zusammenhang fehlt. Wenn dieser Zusammenhang allein subjektiv hergestellt wird, ohne dass diese Deutung von anderen geteilt und bestätigt wird, fehlt diesen Praktiken zudem der soziale Charakter einer Religion.

Martin Riesebrodt

Glauben?
Hie und da.
Doch ohne den Glauben anderer
nicht einmal hie und da –
insofern kein Selbstversorger,
insofern nicht der Rede wert.
Ich bin, was ich bin, durch andere;
ich glaube, was ich glaube, dank anderen.
Und so,
mit jedem Atemzug:
Leben aus geselliger Gnade.

Kurt Marti

Eine Religionsdefinition, die unterschiedlichen Ansprüchen und Wissensgebieten genügt, muss folgende Bedingungen erfüllen:

- Sie darf nicht nur die großen Weltreligionen abdecken, sondern muss sich auch auf Phänomene beziehen, die ihnen zum Teil ähnlich sind oder auch einige ihrer Aufgaben übernehmen. Andererseits muss sie der Gefahr der Beliebigkeit und Unbestimmtheit entgehen.
- Als universale Definition muss sie das jeweilige Selbstverständnis der Religionen überschreiten, aus deren Tradition sie stammt. Andererseits muss sie die Eigenperspektive der Religionen widerspiegeln, wenn es den Gläubigen möglich sein soll, ihre Religion in der Definition wieder zu erkennen.

► Analysieren Sie die Definitionswege, die durch die drei vorgestellten Typen angegeben sind, auf ihre Fähigkeit, die oben genannten Bedingungen zu erfüllen.
► Bestimmen Sie in einer beschrifteten Grafik Bezüge zwischen Religion und Religiosität und beziehen Sie dabei den Text von Kurt Marti ein.
► Sie können die Aussage aus dem dargestellten Titelbild einer Zeitschrift »Was Gott ist, bestimme ich!« diskutieren, indem Sie sich auf die Begriffe »Religion« und »Religiosität« beziehen.

Religion im Wandel

Die gegenwärtige Zeit ist unter anderem dadurch geprägt, dass sich vieles verändert. Davon ist auch Religion betroffen. Ein Versuch, ihren Wandel zu charakterisieren, erfolgt durch den Begriff Säkularisierung. Dabei lassen sich eine ältere und eine jüngere Bedeutungsvariante unterscheiden.

- Die ältere Form bestimmt Säkularisierung als Verweltlichung, in der Religion in einer von Wissenschaft und Technik geprägten modernen Welt zunehmend an Bedeutung verliert, bis sie ganz zu verschwinden droht. Für diesen Prozess spricht, dass immer weniger Menschen in Westeuropa eine kirchlich bestimmte Religiosität praktizieren und der Einfluss des bis dahin dominanten Christentums auf die Gestaltung individueller und sozialer Lebensverhältnisse zurückgeht.
- Die jüngere Variante beurteilt diese Einschätzung als zu einseitig: Das Christentum verschwindet auch in Westeuropa nicht, es finden sich vielmehr individuelle und kirchlich weniger gebundene Formen christlichen Glaubens. Zudem entwickelt sich eine vielseitige Kultur des Religiösen, die sich aus vielen Quellen speist. Im Ergebnis wird die These vom Verschwinden der Religion bestritten und durch die Annahme eines Wandels von Religion und Religiosität ersetzt.

Der Theologe Hans-Joachim Höhn charakterisiert diesen Wandel als Zerstreuung:

»Zerstreuung steht für das Phänomen der Aussiedlung des Religiösen in die nicht-religiösen Segmente der modernen Kultur, für die Durchmischung von Glaubensinhalten unterschiedlicher Herkunft und die Herausbildung neuer religiöser Charaktere, die virtuos Versatzstücke aus verschiedenen Religionen kombinieren und neu aufbereiten. Zerlegt und neu zusammengesetzt wird das Ensemble religiöser Anbieter und Adressaten, das Set religiöser Erwartungen und Bedürfnisse sowie die bisherige Zuordnung religiöser Funktionen und Institutionen. Diese Zerstreuung geht so weit, dass Funktionen, die einst vom Christentum als dem religiösen Leitsystem einer Gesellschaft gebündelt wahrgenommen wurden, heute von Instanzen, Institutionen und Akteuren erfüllt werden, die sowohl von ihrem Selbstverständnis her als auch im allgemeinen Bewusstsein kaum noch als ›religiös‹ gelten.
Auf dem Gesundheitsmarkt ist bisweilen kaum mehr entscheidbar, ob man es mit religiös getarnten Psychokonzernen à la Scientology oder mit Therapieanbietern zu tun hat, die sich ungewollt mit einem auf psychische Heilung umformatierten Bedürfnis nach Heil und Erlösung konfrontiert sehen. Die religiöse Zerstreuung lässt neue Berufe entstehen, in denen die ästhetisch-therapeutischen Sinnelemente des Christentums aus ihrem dogmatischen Sinnsystem herausgelöst und von freischaffenden ›Ritendesignern‹ an den Wendepunkten einer Biografie zur Selbst- und Sinnvergewisserung verunsicherter Individuen eingesetzt werden. Als Resultate religiöser Zerstreuung lassen sich auch jene säkularen Liturgien und Wallfahrten verstehen, die aus Anlass von ›Kultevents‹ bei Rock- und Popfestivals oder sportlichen Großereignissen veranstaltet werden.«

Gegenüber den überlieferten Religionen ist die Zerstreuung des Religiösen

- unsichtbar, weil sie sich kaum öffentlich oder institutionell organisiert;
- unübersichtlich, weil sie sich durch ein kaum überschaubares Angebot religiöser Orientierungen, Lebenshilfen und Heilstechniken auszeichnet;
- uneinheitlich, weil in ihr eine Ablehnung von Uniformität mitschwingt;
- unbeständig, weil ihre Anhänger häufig neue Einsichten, Erfahrungen und Orientierungen suchen.

- ▶ Konkretisieren Sie das ein oder andere im Text von Hans-Joachim Höhn genannte Beispiel oder suchen Sie Bereiche für die Zerstreuung des Religiösen, die er nicht nennt.
- ▶ Stellen Sie Zusammenhänge zwischen Säkularisierung, Religion und Religiosität dar.
- ▶ Erläutern Sie Beziehungen zwischen der Zerstreuung des Religiösen und religiösem Fundamentalismus. Sie können die Umschreibung dieses Begriffs im Lexikon des Schulbuchs durch den Text auf www.ekd.de/ezw/Lexikon_110.php erweitern.

Jeff Koons, 1988

Anfang 18. Jh.

Der Wandel von Religion spiegelt sich auch in der Kunst wider. So können zeitgenössische Künstler klassische Motive, Materialien und Farben religiöser Darstellungen zitieren oder diese auch in einen zum Teil völlig neuen Kontext setzen. Die Porzellanskulptur »Michael Jackson and Bubbles« von Jeff Koons (100 x 180 x 82,5 cm) zeigt den Popstar mit seinem damaligen Lieblingstier. Die Skulptur setzt – im Unterschied z. B. zu einer Fotografie – durch den Ausdruck, die Anordnung der Figuren und die Farbwahl eigenständige und eigenwillige Akzente. Eine mögliche Deutung der Skulptur ergibt sich aus dem Vergleich mit barocken Skulpturen, etwa mit der Figur Johannes' des Täufers aus der Pfarrkirche in Röhrmoos. Mit den Worten »Seht, das Lamm Gottes, das die Sünde der Welt hinwegnimmt« hatte Johannes den Messias angekündigt (Joh 1,29). Deshalb wird er in der Kunst häufig mit einem Lamm und mit dem Spruchband *»Ecce Agnus Dei«* an einem Kreuzstab abgebildet.

- Stellen Sie Gemeinsamkeiten und Unterschiede der beiden Darstellungen heraus.
- Der Vergleich bietet eine religiöse Perspektive für die Interpretation der Skulptur von Jeff Koons an. Nutzen Sie dafür sowohl die Texte dieser Doppelseite als auch die Farbsymbolik der christlichen Bildtradition, in der Gold auf die Sphäre des Heiligen und Göttlichen hinweist.

Computernutzung als religiöser Akt?

Computer und Internet werden vielfältig genutzt: bei der Arbeit, zur Beschaffung von Informationen, als Unterhaltung, zur Kommunikation ... Immer mehr Menschen verbringen immer mehr Zeit am Computer, und die diversen Möglichkeiten der Nutzung werden ihnen immer wichtiger. Wenn Menschen etwas sehr wichtig ist, ihre Wirklichkeit von einer Beschäftigung ganz bestimmt wird, dann lässt sich fragen, ob und inwiefern dies für sie einen religiösen Charakter besitzt. Die folgenden Aussagen stammen aus Befragungen Jugendlicher zu ihrer Form der Computernutzung. Ihre Aussagen werden direkt oder indirekt wiedergegeben und durch Elemente aus der christlichen Tradition ergänzt.

Neue Schöpfung?

Der 17-jährige Nils besucht die 10. Klasse einer Gesamtschule und möchte Abitur machen. Er verbringt viel Zeit am Computer, wobei das Programmieren zu seiner wichtigsten Beschäftigung gehört. Es fällt ihm nicht leicht zu sagen, worin sein Interesse eigentlich begründet ist. Er wählt Beispiele: Wie man »aus sinnlosen Zahlenkolonnen ja auch irgendwie fiktive Welten erstellen kann« ist für ihn ebenso faszinierend wie die Tatsache, dass »der Computer aus Tausenden von Zahlen eben zum Teil echt wahnsinnig schöne Bilder macht«.

Abb. links:
Fractalbild, 2008

Abb. rechts:
Der Schöpfergott als Baumeister der Welt, Nordfrankreich um 1250

Am Anfang schuf Gott Himmel und Erde, die Erde aber war wüst und wirr.

Gen 1,1-2a

Du, Gott, aber hast alles nach Maß, Zahl und Gewicht geordnet.

Weish 11,20

Nils, Sabine und Peter wären überrascht, ihre Aussagen zur Computernutzung in einem Religionsbuch zu finden. Hintergrund dafür ist die religiöse Kulturhermeneutik: Das bedeutet, Prozesse der gegenwärtigen Kultur – z. B. die Nutzung des Computers – unter religiösen Gesichtspunkten zu verstehen (Hermeneutik = Lehre vom Verstehen). Damit wird ein Gesichtspunkt dieser Vorgänge hervorgehoben, um sie aus dieser Perspektive zu verstehen. Es handelt sich um Vorgänge, die gerade nicht aus dem Bereich der tradierten Religionen stammen und deren Akteure sich auch nicht unmittelbar der Religion zuordnen würden.

Virtuelle Wallfahrt?

Die 15-jährige Sabine ist an Technik sehr interessiert und hat sich im Computerbereich viele Kompetenzen angeeignet. Sie lebt in einer Kleinstadt unter familiär schwierigen Verhältnissen. Sabine gestaltet ihr Äußeres in Fantasy- bzw. Mystery-Weise: Sie trägt schwarze Haare, liest Zauber- und Wahrsagebücher, sie hat Kräuter in ihrem Zimmer hängen und versteht sich selbst als Hexe. Auch die Themen, zu denen sie Bücher liest, sind Fantasy-Themen. Sabine schreibt am Computer selbst Fantasy- bzw. Mystery-Abenteuergeschichten. So tauscht sie mit einem Jungen immer wieder Geschichten zum Weiterschreiben aus. Sabine hat hohe Level in Rollenspielen aus dem Fantasy- bzw. Mystery-Bereich erreicht. Andere Spieler hat sie schon im Gameshop der Nachbarstadt getroffen, dort wird zusammen gespielt. Sabine chattet im SPiN Chat, von dem sie erzählt, dort hätte sie auch ihren Freund. Die Beziehung zu einem virtuellen Kommunikationspartner versteht Sabine als reale Paarbeziehung. Der Computer ist für Sabine ein Medium, das ihr hilft, ihrer schwierigen familiären und beengten kleinstädtischen Situation zu entkommen.

Über die Wallfahrt

Mitbestimmende Faktoren sind beim Wallfahrtsgeschehen neben dem Wunsch des Kontaktes zur Transzendenz und der Heilssuche zu allen Zeiten Alltagsflucht und Gemeinschaftssuche ...
Gemeinsame Marien- und Heiligenverehrung in der Form von Wallfahrten brechen die Isolierung, Einsamkeit und Monotonie auf im Leben jener Menschen, die ständig mit Leiden konfrontiert sind. Somit bezeugen sie die Heilsbotschaft und dienen dem Menschen.

Oliva Wiebel-Fanderl, Volkskundlerin

Ausdehnung von Wirklichkeit?

Der 16-jährige Gymnasiast Peter hat keine Hobbys – außer Computer.
»Ich weiß nicht, ich verbringe viel Zeit an meinem Computer und ich lass ihn auch immer laufen. Um Musik zu hören, habe ich den, und, was weiß ich, um für die Schule etwas zu machen, oder, er ist eigentlich immer am Laufen.«
Früher hat er Ego-Shooter gespielt, jetzt interessieren ihn Rollenspiele: »Ein Rollenspiel ist eigentlich so ... man wählt sich halt einen Charakter aus, den kann man gestalten, wie man will ...
Wenn ich Rollenspiele spiele, spiele ich eigentlich immer einen weiblichen Charakter ... Weil es etwas anderes ist. Man hat dann die Freiheit, etwas zu sein, was man will, und dann habe ich mir halt gedacht, bin ich halt mal eine Frau, die da rumläuft.«
Die Möglichkeiten virtueller Welten begeistern Peter auch über das Rollenspiel hinaus: »Ja, ich find es auch mal schön, wenn man sieht, wie ausgestaltet das ist und wie das alles funktioniert und so, das finde ich sehr, sehr schön ... man hat unbegrenzte Möglichkeiten, weil man überall hingehen kann ...«

Was ist Religion?

An der Grenze zum Anderen, zu Unbekanntem, vorerst Unvertrautem und Fremdem kann aufscheinen, dass das, was ist, nicht alles ist. Diese Intention zur Übersteigung des Vorfindlichen scheint mir der Grundtenor des religiösen Interesses zu sein.
Das Verlassen des beschränkten Horizonts, die Überwindung eines systematisierenden Begriffs- und Ordnungsdenkens, das das Fremde ausgrenzt, die Sehnsucht ins Grenzenlose – dies sind entscheidende Kennzeichen der Religion.

Henning Luther, Theologe

- ▶ Die Aussagen von Nils, Sabine und Peter werden mit unterschiedlichen Formen und Inhalten aus der christlichen Religion kombiniert. Nachdem Sie diese Texte und die Religionsdefinitionen dieses Kapitels auf 8 und 12 genau gelesen haben, erklären Sie Nils, Sabine und Peter, ob und inwiefern ihre Nutzung des Computers etwas mit Religion zu tun hat. Sie können dies in einem Partnergespräch durchführen.
- ▶ In einem anschließenden Plenumsgespräch erörtern Sie, ob eine religiöse Kulturhermeneutik neben den aufklärenden auch kritische Aufgaben besitzt. Unter der Frage, ob »alles schon Religion ist, was sich so anfühlt«, beziehen Sie auch andere kulturelle Bereiche wie Film, Musik und Werbung mit ein.

Religionsfreiheit I: Entstehung und Anwendung

Religionsfreiheit, wie sie die Europäische Menschenrechtskonvention (s. Kastentext) formuliert, ist weder besonders alt noch gilt sie weltweit. Sie entstand im europäisch-amerikanischen Denken des 18. Jahrhunderts und ist der abendländischen Aufklärung verpflichtet.
Das aufgeklärte Denken stellte u. a. die Frage nach der Legitimation politischer Herrschaft. Die bis dahin geltende Antwort, nach der sich politische Herrschaft durch den unterschiedlichen Stand der Geburt (adelig ↔ nicht adelig) legitimierte, galt nicht mehr. Denn es setzte sich die Einsicht durch, dass alle Menschen von Natur aus gleich sind und kein Mensch mehr mit natürlichen Vorrechten ausgestattet ist. Herrschaft wurde nun als ein Vertragsverhältnis verstanden, wobei die Beherrschten den Herrschenden bestimmte Machtbefugnisse überschreiben, die Herrscher im Gegenzug den Beherrschten grundsätzliche Rechte zuerkennen. Dazu gehört die Gewissensfreiheit und als Teil davon die Freiheit des religiösen Bekenntnisses.
Der geschichtliche Weg von der gedachten zur praktizierten Religionsfreiheit kennt Schwierigkeiten und Brüche. Er ist von Diskriminierungen einzelner Religionen und Konfessionen begleitet.
Gegenwärtig ist angesichts religiöser Pluralität durchaus umstritten, wie weit die Anwendung des Grundrechts auf Religionsfreiheit in einzelnen Fällen reichen soll.

Die Religionsfreiheit ist in Art. 9 der Europäischen Menschenrechtskonvention (EMRK, unterzeichnet 1950, in Kraft getreten am 1.11.1998), die für alle Mitgliedsstaaten des Europarates Geltung hat, gewährleistet:

(1) Jede Person hat das Recht auf Gedanken-, Gewissens- und Religionsfreiheit; dieses Recht umfasst die Freiheit, seine Religion oder Weltanschauung zu wechseln, und die Freiheit, seine Religion oder Weltanschauung einzeln oder gemeinsam mit anderen öffentlich oder privat durch Gottesdienst, Unterricht oder Praktizieren von Bräuchen und Riten zu bekennen.
(2) Die Freiheit, seine Religion oder Weltanschauung zu bekennen, darf nur Einschränkungen unterworfen werden, die gesetzlich vorgesehen und in einer demokratischen Gesellschaft notwendig sind für die öffentliche Sicherheit, zum Schutz der öffentlichen Ordnung, Gesundheit oder Moral oder zum Schutz der Rechte und Freiheiten anderer.

Bei Verstößen gegen die Europäische Menschenrechtskonvention durch einen Unterzeichnerstaat kann der Europäische Gerichtshof für Menschenrechte in Straßburg angerufen werden.

- ▶ In vielen Stammesgesellschaften legitimierte sich politische Herrschaft durch eine besondere Verbindung zu den Göttern, die einzelne Familien durch ihren Stammbaum herstellten. Da sie von einem Gott, einem gottähnlichen Wesen abstammten, waren sie hervorgehoben und besonders edel. Diese Edelleute (= Adel) herrschten über alle, die eine solche Herkunft nicht behaupten und nachweisen konnten. Begründen Sie in einigen Sätzen, warum es in solchen Gesellschaften keine Religionsfreiheit geben kann.
- ▶ Verschaffen Sie sich in verschiedenen Medien – z. B. Tageszeitung, allgemeine und theologische Lexika, Internet – einen Überblick zur Frage, in welchen Regionen der Erde das Grundrecht auf Religionsfreiheit in welchem Maß angewendet wird. Gibt es Zusammenhänge zwischen der abendländischen Herkunft dieses Grundrechts und dem Umfang seiner Anwendung? Stellen Sie Thesen für eine Debatte auf.
- ▶ Die Durchsetzung des Rechts auf Religionsfreiheit wird vor allem in Westeuropa geschichtlich begleitet durch den Prozess der Säkularisierung (vgl. 14). Begreift man Säkularisierung als Verlagerung des Religiösen, folgt daraus, dass Religion und Christentum vielfältiger geworden sind und Religiosität vom Einzelnen selbstständig(er) gestaltet wird. Stellen Sie die Verbindungen zwischen dem Grundrecht auf Religionsfreiheit und dem Säkularisierungsprozess in einer beschrifteten Grafik dar.

Religionsfreiheit praktisch: Moscheen bauen in Deutschland

Geschichte des Moscheebaus in Deutschland
Nach dem Zweiten Weltkrieg bis in die Mitte der 1960er-Jahre bauten Muslime in Hamburg, Aachen und München Moscheen, die von muslimischen Studierenden, Geschäftsleuten, Flüchtlingen und Diplomaten genutzt wurden. Mit der Anwerbung vor allem türkischer Arbeitnehmer seit Ende der 1960er-Jahre entstanden angemietete »Hinterhofmoscheen«, die in leer stehenden Lager- und Werkshallen, Wohnhäusern, Garagen oder Schuppen einen provisorischen Charakter hatten. Mit der zunehmenden Aufenthaltsdauer der Migranten wuchs das Bedürfnis, die Provisorien in vielen Groß- und Kleinstädten in repräsentative, als Moscheen erkennbare Großbauten zu verwandeln. Seit den 90er-Jahren des 20. Jahrhunderts hat ein reger Baubetrieb für Moscheen eingesetzt, der meist orientalischen Vorbildern folgt: Kuppeln in verschiedener Größe, schlanke Minarette und multifunktionale Gebäude bilden wichtige Kennzeichen.

oben:
ehemalige »Hinterhof-Moschee« in Leverkusen

links:
Hicret-Moschee in Lauingen

Der baurechtliche Weg zur Moschee
Wenn eine muslimische Gemeinde eine Moschee bauen möchte, muss sie ein gängiges Verfahren beachten: Zunächst reicht sie an die zuständige Kommune eine Bauvoranfrage ein, durch die die Eignung des gewählten Grundstücks für die Moschee – Größe, Parkplatzangebot, Veränderung des Ortsbilds – geklärt wird. Erteilt die Kommune einen Bauvorbescheid, kann die muslimische Gemeinde das Grundstück erwerben. Nun muss sie mit konkreten Bauplänen einen Bauantrag stellen und die Nachbarschaft vom Bauvorhaben unterrichten. Nachdem der Bauantrag vom Stadtrat, dem Bauamt, dem Wasserwirtschaftsamt genehmigt wurde, kann mit dem Bauvorhaben begonnen werden.

Mögliche Schwierigkeiten
Der beschriebene, relativ einfache Weg zum Bau einer Moschee gestaltet sich in der Praxis meist schwieriger, denn häufig treten Konflikte ganz unterschiedlicher Art auf, in die viele Personen und Gruppen – muslimische Gemeinde, Parteien, Kirchen, Verwaltung, Verbände, Anwohner, Bürgerinitiativen u. Ä. – verwickelt sind. Dabei gibt es
- raumbezogene Konflikte: die Veränderung des Ortsbilds, erhöhtes Verkehrsaufkommen ...
- ethnisch-kulturelle Konflikte: Angst vor Überfremdung, Einschränkung der eigenen Freiheit, z. B. durch Lärm ...
- religionsbezogene Konflikte: Islam als Gefahr, Fundamentalismus, Verlust des Sonntags ...

▶ Informieren Sie sich in unterschiedlichen Medien über aktuelle Konflikte zu Moscheebauten in Deutschland.

▶ Mit den Informationen über aktuelle Konflikte zu Moscheebauten in Deutschland bereiten Sie eine Bürgerversammlung eines Ortes/Stadtteils vor, in der sich unterschiedliche Personen und Gruppen – Muslime, Kirchenvertreter, Anwohner, Kommunalpolitiker ... – mit dem geplanten Bau einer Moschee auseinandersetzen. Nachdem Sie die Rollen verteilt haben, führen Sie die Bürgerversammlung durch.

▶ Es gibt die Einschätzung, dass Religionsfreiheit, die den Muslimen in Deutschland gewährt wird, Christen in einigen islamischen Ländern kaum zusteht. Da diese Beurteilung ein komplexes Problem berührt, können Sie sich in einem fachkundigen Referat um eine Differenzierung bemühen. Erste Hinweise finden Sie in der Zeitschrift »Islam und Globalisierung«, Heft 2/3/2033, Der Bürger im Staat, hrsg. von der Landeszentrale für politische Bildung in Baden-Württemberg.

Religionsfreiheit II: Religionsunterricht im Vergleich

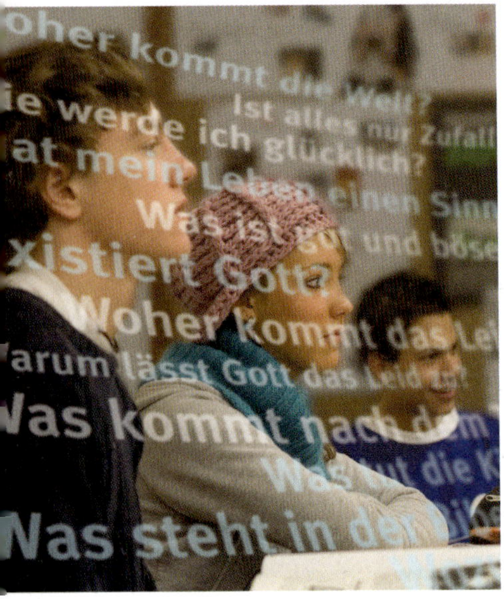

Der Religionsunterricht ist als einziges Unterrichtsfach in unserer Verfassung verankert. Nach Art. 7 Abs. 3 des Grundgesetzes für die Bundesrepublik Deutschland ist der Religionsunterricht ein »ordentliches Lehrfach« an den allgemeinbildenden und beruflichen Schulen. Wie alle anderen Fächer unterliegt er der staatlichen Schulaufsicht. Gleichzeitig wird er »in Übereinstimmung mit den Grundsätzen der Religionsgemeinschaften erteilt«. Das heißt, dass die Kirchen und Religionsgemeinschaften die Ziele und Inhalte des Religionsunterrichts verantworten. Der Religionsunterricht ist somit ein konfessionell profilierter Unterricht. Warum kooperieren Staat und Kirche beim Religionsunterricht?

Der freiheitliche und demokratische Rechtsstaat ist religiös und weltanschaulich neutral. Er identifiziert sich mit keiner Religion oder Konfession, aber auch nicht mit dem Unglauben. Er verzichtet auf jedes Urteil in religiös-weltanschaulichen Fragen, sofern religiöse Lehren oder Praktiken nicht im Widerspruch zu den Grundwerten der Verfassung stehen. Deshalb kann der Staat auch nicht die Inhalte des Religionsunterrichts festlegen.

Die religiöse Neutralität des Staates ist jedoch kein Selbstzweck. Sie dient der Verwirklichung der Glaubens- und Gewissensfreiheit (Art. 4 GG). Dieses Grundrecht verlangt nicht nur, die religiösen Überzeugungen des Einzelnen zu achten, sondern auch die rechtlichen Voraussetzungen für die freie Religionsausübung zu schaffen. Der Religionsunterricht in der Schule soll die Schülerinnen und Schüler befähigen, von ihrem Recht auf Gewissens- und Religionsfreiheit Gebrauch zu machen und in religiösen Fragen urteils- und dialogfähig zu werden. Guter Religionsunterricht verbindet die Vermittlung von religiösem Grundwissen mit der Frage nach Orientierung für das eigene Leben. Kinder und Jugendliche wollen wissen, welche Religionen es gibt, worin Gemeinsamkeiten und Unterschiede zwischen den Religionen bestehen. Sie wollen aber auch wissen, was sie selbst glauben sollen, was wahr und richtig ist. Jeder Religionslehrer kennt die Situation, dass eine Schülerin oder ein Schüler fragt: »Glauben Sie das denn?« Mit dieser Frage wollen Schüler in einen Dialog über die Wahrheitsfrage eintreten. Sie wollen darüber sprechen, ob das, was Christen oder Muslime oder andere glauben, glaubwürdig ist, ob dieser Glaube Orientierung auch für ihr eigenes Leben geben kann.

Ein bekenntnisneutraler Unterricht kann nur Sachinformationen über die verschiedenen Religionen geben. Das ist für einen lebendigen persönlichen Bildungsprozess in existenziellen Fragen zu wenig. Ganz anders der konfessionelle Religionsunterricht. Er muss nicht und will nicht neutral sein, sondern kann in der Begegnung mit einer bestimmten Glaubensüberzeugung und Glaubenspraxis gültige Lebensorientierung vermitteln.

- ▶ Stellen Sie die im Text genannten Argumente für einen konfessionellen Religionsunterricht thesenhaft vor.
- ▶ Der Text gibt Ausschnitte aus einer Broschüre der katholischen Kirche aus dem Jahr 2007 wieder, die den Titel »Argumente für den Religionsunterricht an öffentlichen Schulen« trägt. Auf der Homepage der Deutschen Bischofskonferenz können Sie unter der Rubrik »Schriften« die ganze Broschüre einsehen.
- ▶ »In einer weltanschaulich neutralen Schule darf es keinen Religionsunterricht geben, dessen Inhalte von den einzelnen Kirchen bestimmt werden. Damit wäre ein Politikunterricht vergleichbar, für den die regierende politische Partei die Inhalte festlegt, was nicht der Fall ist und auch nicht sein darf.« Stützen Sie diese These durch einige Argumente, um dann eine Debatte zum Thema »Religionsfreiheit und Religionsunterricht« zu gestalten.
- ▶ Neben dem konfessionellen Religionsunterricht gibt es in einzelnen Bundesländern auch andere Formen des Fachs. Informieren Sie sich über die Praxis und deren Hintergründe.

In Europa gibt es kein einheitliches Konzept für den Religionsunterricht. Er hat in allen Ländern seine eigene Geschichte, die mit der Politik und dem Verständnis von Religionsfreiheit verknüpft ist.

Frankreich

Seit 1905 gilt in Frankreich – mit Ausnahme von Elsass-Lothringen – die vollkommene Trennung von Staat und Kirche. Es gibt keine vom Staat eingezogene Kirchensteuer und keine offiziellen Daten der Religionszugehörigkeit, weshalb alle diesbezüglichen Zahlen auf Schätzungen beruhen. Religion wird als private Angelegenheit betrachtet, der Staat gestattet jedem die freie Religionsausübung.
In Frankreich gibt es offiziell keinen Religionsunterricht an staatlichen Schulen. Priestern und Ordensleuten ist es untersagt, in öffentlichen Grundschulen zu unterrichten. Religionsunterricht findet deshalb außerhalb des regulären Unterrichts statt.
Dagegen kann in Sekundarschulen ein »Katechet« (»aumônier«) auf Anfrage der Eltern innerhalb des Schulgebäudes jedoch außerhalb der regulären Unterrichtseinheiten – meist am Mittwochnachmittag – mit Genehmigung der Schuldirektion Religionsunterricht erteilen. Prinzipiell ist eine Anmeldung der Schülerinnen und Schüler durch die Eltern erforderlich. Die »aumôniers« werden durch die kirchlichen Autoritäten bestellt und von den Familien bezahlt. Ungefähr 30% der Kinder und Jugendlichen besuchen diesen Unterricht – mit abnehmender Tendenz. In den Klassenräumen französischer Schulen sind alle religiösen Symbole verboten, ebenso dürfen Lehrerinnen und Lehrer in der Schule keine Zeichen eines religiösen Bekenntnisses tragen.
Alle Schüler erhalten Informationen über die Religionen im Geschichts-, Geografie- und Philosophieunterricht.

Religionen in Frankreich[1]

60,8 Mio. Einwohner	(2006)
Katholiken:	82%
Protestanten:	1,2%
Orthodoxe:	0,3%
Muslime:	10%
Juden:	1%
Buddhisten:	1%
Andere:	4,5%

[1] Geschätzt

England und Wales

In England – nicht in Großbritannien – ist die Anglikanische Kirche Staatskirche, sie wird wie eine staatliche Einrichtung behandelt. Dagegen sind die anderen christlichen und religiösen Gemeinschaften den Vereinen gleichgestellt. In England und Wales ist an staatlichen Schulen Religionsunterricht ein nicht konfessionelles Pflichtfach für alle Schülerinnen und Schüler, das benotet wird und versetzungsrelevant ist. Eltern können ihre Kinder vom Religionsunterricht abmelden. Die Lehrpläne werden auf lokaler oder regionaler Ebene unter einem gemeinsamen Rahmen von Arbeitsgruppen erstellt, in welchen die Anglikanische Staatskirche, andere christliche Kirchen, Lehrergewerkschaften, andere Religionsgemeinschaften und die zuständige Erziehungsbehörde vertreten sind. Religionsunterricht wird also von allen in der Region präsenten Religionen gemeinsam verantwortet und in der Klasse für Schülerinnen und Schüler aller Religionen gemeinsam gehalten.
Die Schulgottesdienste sind multireligiöse Feiern, religiöse Symbole sind sowohl in den Klassenzimmern als auch bei Schülern und Lehrenden erlaubt.

Religionen in Großbritannien

60,6 Mio. Einwohner	(2006)
Anglikaner:	57%
Protestanten:	16,1%
Katholiken:	13,1%
Orthodoxe:	0,6%
Muslime:	2,6%
Juden:	0,8%
Hindus:	0,8%
Sikh:	0,4%
Andere:	8,6%

- Stellen Sie die unterschiedlichen Regelungen und Praktiken des schulischen Religionsunterrichts in Deutschland, England und Frankreich in einer Tabelle übersichtlich zusammen.
- Religionsfreiheit besitzt eine positive und eine negative Ausrichtung: Sie garantiert die freie Ausübung des persönlichen religiösen Bekenntnisses und verbietet jeden Zwang, sich zu einer bestimmten Religion oder überhaupt zur Religion bekennen zu müssen. Am Beispiel des Religionsunterrichts an öffentlichen Schulen wird deutlich, wie unterschiedliche Länder die beiden Ausrichtungen der Religionsfreiheit verstehen und praktisch umsetzen. Diskutieren Sie die Auffassung: »Der Staat hat das Recht auf freie Religionsausübung zu schützen und zu stützen« auf dem Hintergrund deutscher, französischer und englischer Regelungen zum Religionsunterricht.

Wahrheit – Toleranz – Dialog

Der Dalai Lama zum interreligiösen Dialog

In diesem neuen Jahrtausend ist es wichtiger denn je, die Einheit der Menschheit anzuerkennen. Viele Konflikte unserer Welt entstehen daraus, dass wir die essenzielle Wahrheit aus dem Blick verloren haben, die uns als menschliche Familie verbindet. Wir vergessen, dass die Menschen trotz der oberflächlichen ethnischen, kulturellen, sprachlichen und religiösen Unterschiede alle denselben Wunsch nach Frieden und Glück teilen …
Gerade aus meiner Verehrung für die großen Religionen der Welt heraus bin ich kein Verfechter von Versuchen, die verschiedenen Traditionen zu einer einzigen »Weltreligion« zu vereinigen. Ich bin der festen Überzeugung, dass wir unterschiedliche Religionen brauchen. Eine einzige Tradition könnte der enormen Vielfalt der menschlichen Gemeinschaft nicht gerecht werden. Jeder hat das Gefühl, seine eigene Form der religiösen Praxis sei die beste. Ich selber meine, dass der Buddhismus für mich am geeignetsten ist. Aber das heißt nicht, dass dies für jeden gilt. Jeder Mensch hat das Recht, seine eigene Wahl zu treffen. Allerdings glaube ich nicht, dass man leichtfertig von der Religion seiner Geburt zu einer anderen übertreten sollte. Es ist vielmehr nötig, ein Verständnis für die Unterschiede der verschiedenen Traditionen zu entwickeln. Ja, ich bin sogar der Überzeugung, dass eine innere spirituelle Verwandlung auf der Basis unserer eigenen Religion uns hilft, den Wert anderer Traditionen zu würdigen. Harmonie, gegenseitiger Respekt, Erbarmen und Toleranz zu kultivieren, ist etwas, womit wir in unserem eigenen Leben beginnen können.

Kardinal Lehmann zum interreligiösen Dialog

Entscheidend ist nun, wie die fragmentarische und partielle Gemeinsamkeit der Religionen beurteilt wird. Natürlich kann es sich nicht um eine bloße Gleichschaltung der verschiedenen religiösen Ansätze handeln, da man dadurch weder dem Selbstverständnis der nicht christlichen Religionen noch dem Anspruch des christlichen Glaubens gerecht werden könnte. Immerhin formuliert das Zweite Vatikanische Konzil ein Maximum der Affirmation und der Anerkennung gemeinsamer Elemente: »Die katholische Kirche lehnt nichts von alledem ab, was in diesen Religionen wahr und heilig ist. Mit aufrichtigem Ernst betrachtet sie jene Handlungs- und Lebensweisen, jene Vorschriften und Lehren, die zwar in manchem von dem abweichen, was sie selber für wahr hält und lehrt, doch nicht selten einen Strahl jener Wahrheit erkennen lassen, die alle Menschen erleuchtet. Unablässig aber verkündet sie und muss sie verkündigen Christus, der ist ›der Weg, die Wahrheit und das Leben‹ (Joh 14,6), in dem die Menschen die Fülle des religiösen Lebens finden, in dem Gott alles mit sich versöhnt hat« (*Nostra aetate 2*).
Nur durch eine solche dynamische Antwort, welche dem begegnenden Partner ein Minimum an Gemeinsamkeit zubilligt, aber zugleich das Ringen um die vollendete Fülle für alle nicht ausspart, kann es Gespräch und Zusammenarbeit geben. Wer die fremden Religionen nur als Unglaube und Götzendienst verstehen kann, isoliert sich selbst, schafft eine grundsätzliche Dialogunfähigkeit und verliert die universale Weite der Begegnung, wie sie dem Katholischen zu eigen ist.

- ▶ In der Begegnung der großen Religionen sind zwei Positionen, die sich auf die Diskussion der Wahrheitsfrage beziehen, häufig zu hören: Die einen sagen, jede Religion habe ihre eigene Wahrheit und dies sollte von allen toleriert und akzeptiert werden. Die anderen sagen, alle Religionen haben Anteil an der einen, übergeordneten Wahrheit und sollten sie gemeinsam finden und formulieren. Welche Chancen und Probleme verbinden sich mit beiden Positionen und wie verhalten sich die Stellungnahmen des Dalai Lama und von Kardinal Lehmann dazu? Sammeln und sortieren Sie Positionen und Argumente.
- ▶ Beim Bemühen, Wahrheitsansprüche der Religionen mit Toleranz zu verbinden, können Kriterien hilfreich sein, die für alle am Dialog Beteiligten gelten. Stellen Sie mithilfe aller Texte dieser Doppelseite einen Kriterienkatalog für den Dialog auf. Wenn Sie ihn erstellt haben, prüfen Sie, ob der »Vorschlag« auf 24 weitere Argumente liefert.
- ▶ Interreligiöser Dialog soll »handlungsorientiert« (vgl. IDIZEM) sein. Listen Sie mögliche interreligiöse Projekte vor dem Hintergrund der verschiedenen Fassungen der Goldenen Regel und der Initiative »Weißt Du, wer ich bin?« auf.

Die Goldene Regel in den Religionen

Konfuzianismus

Was du selbst nicht wünschst, das tue auch nicht anderen Menschen an.

Konfuzius, Gespräche 15,23

Judentum

Tue nicht anderen, was du nicht willst, dass sie dir tun.

Rabbi Hillel, Sabbat 31a

Islam

Keiner von euch ist ein Gläubiger, solange er nicht seinem Bruder wünscht, was er sich selber wünscht.

40 Hadithe von an-Nawawi 13

Buddhismus

Ein Zustand, der nicht angenehm oder erfreulich für mich ist, soll es auch nicht für ihn sein; ein Zustand, der nicht angenehm oder erfreulich für mich ist, wie kann ich ihn einem anderen zumuten?

Samyutta Nikaya V. 353.35-354.2

Hinduismus

Man sollte sich gegenüber anderen nicht in einer Weise benehmen, die für einen selbst unangenehm ist; das ist das Wesen der Moral.

Mahabharata XIII.114.8

Christentum

Alles, was ihr also von anderen erwartet, das tut auch ihnen.

Mt 7,12; vgl. Lk 6,31

Das muslimische IDIZEM[1] zum interreligiösen Dialog

Weltweit beobachten wir aktuell leider sehr viele Konflikte und die daraus resultierende Gewalt. Ohne Zweifel sind die wahren Gründe politisch und wirtschaftlich. Um Vorurteile abzubauen, ist der interkulturelle und interreligiöse Dialog als erster Schritt unerlässlich.
Wir glauben, dass Zusammenstöße nicht durch Aufrüstung, sondern durch Miteinander-in-Kontakt-Treten vermieden werden können. Ferner glauben wir, dass ein friedliches Miteinander ohne Vorurteile nur durch einen gesunden und kontinuierlichen Dialog möglich ist. Eine Religion, egal welche, kann und darf nicht für politische und wirtschaftliche Interessen instrumentalisiert werden. Obwohl wir wissen, dass jede Religion den Krieg verabscheut, sehen wir nur wenige Menschen, die öffentlich den Krieg verurteilen und die Essenz der Religionen darlegen.
Dem interkulturellen Dialog sind keine Grenzen gesetzt. Er kann am Arbeitsplatz genauso stattfinden wie im Sportverein oder zwischen den unterschiedlichen Religionsgemeinschaften. Der Dialog sollte sich auf verschiedene Ebenen erstrecken und Gemeinschaften, Religionen und Staaten umfassen. Er sollte handlungsorientiert sein, sich nicht auf das Reden beschränken und die Zusammenarbeit in vielen Bereichen einschließen.

[1] Interkulturelles Dialogzentrum in München

WEISST DU WER ICH BIN?

Im September 2006 nahm das interreligiöse Projekt »Weißt Du, wer ich bin?«, bei dem es um das Überwinden und den Abbau von Vorurteilen und das friedliche Zusammenleben der Religionen und Kulturen geht, seine Arbeit auf. Getragen wird es vom Zentralrat der Juden in Deutschland, der Arbeitsgemeinschaft Christlicher Kirchen in Deutschland (ACK), dem Zentralrat der Muslime in Deutschland und der Türkisch-Islamischen Union der Anstalt für Religion. Gespräche und Aktionen wollen das Interesse und Verständnis für andere Religionen wecken.
Informiere dich im Internet über das Projekt.

Religiöse Angebote befragen

Ständig begegnen wir religiösen Angeboten: Jeder Kirchenbau, den wir sehen, ist eine Einladung, die Buchläden sind voller religiös-esoterischer Literatur, die Zeugen Jehovas auf der Straße halten uns ihre Zeitschrift hin, Filme, Bilder, Musik artikulieren Religion, die Werbung verspricht den Himmel auf Erden und die Volkshochschule bietet Meditationskurse an. Diese Liste lässt sich erweitern, das Angebot ist reich und unübersehbar.
Wir können und müssen uns entscheiden: Welche Einladung nehmen wir an und welches Angebot schlagen wir aus? Welche Richtung hat Qualität und was verstehe ich darunter? Die Entscheidung kann und soll uns keiner abnehmen – auch der Religionsunterricht nicht. Wenn wir uns nicht – immer wieder – entscheiden, besteht die Gefahr, Einladungen nicht einordnen zu können und von zufällig vorhandenen Angeboten vereinnahmt und bestimmt zu werden.
Hier sind Wachsamkeit und Urteilskraft gefragt, weil die Vielfalt der Angebote nichts über ihre Güte aussagt. Wir brauchen also Kriterien, die uns eine Unterscheidung und dann auch eine Entscheidung ermöglichen. Ein Vorschlag:

Führt Religion in eine transzendente Weite,
die mehr sein lässt als das, was gerade faktisch gilt?
ODER
Lässt Religion die Welt schrumpfen, weil für alles eine Erklärung, eine Position da ist,
die weiß, was die Welt im Innersten zusammenhält?

Öffnet Religion Wege, können wir mit ihr Freiheit gewinnen und eigenständig Entscheidungen treffen?
ODER
Gibt uns Religion einen Sehschlitz vor, der Gewissheiten herstellt
und durch den wir Welt und Leben anschauen müssen?

Leitet uns Religion an, um Erlösung* zu bitten, weil wir selbst nicht alle Unvollkommenheiten
meistern können und müssen?
ODER
Verspricht Religion Erlösung aus unserer Fehlbarkeit und Endlichkeit und gibt machbare Rezepte dafür vor?

Fordert mich Religion zu kritischer Solidarität und Dialogbereitschaft mit allen Menschen auf?
ODER
Unterscheidet Religion zwischen den Guten hier drinnen und den Feinden dort draußen?

Provoziert Religion, ist sie manchmal unbequem und ruft mich
aus den Selbstverständlichkeiten meines Alltags heraus?
ODER
Erfüllt Religion nur meine Sehnsüchte und Wünsche?

- Sie können diesen Vorschlag auf ein religiöses Angebot anwenden, ihn kommentieren, neu schreiben oder ergänzen.
- Das Bild »Praying« des Amerikaners Alex Grey **25** versucht, die Anatomie des Menschen über die Lichtmetaphorik mit Religion zu verbinden. Die Übersetzungen der religiösen Texte in der Gloriole finden Sie unter www.religionvernetzt.de. Deuten Sie das Bild unter der Überschrift »Mensch – Religion«.
- Nachdem Sie den Vorschlag auf dieser Seite bearbeitet haben, schreiben Sie eine (fiktive) Stellungnahme zum Bild an den Maler oder versuchen Sie, auf dem Hintergrund des Bildes (evtl. einer Kopie) eine Skizze zu erstellen, die Ihre Position zum Thema deutlich werden lässt.

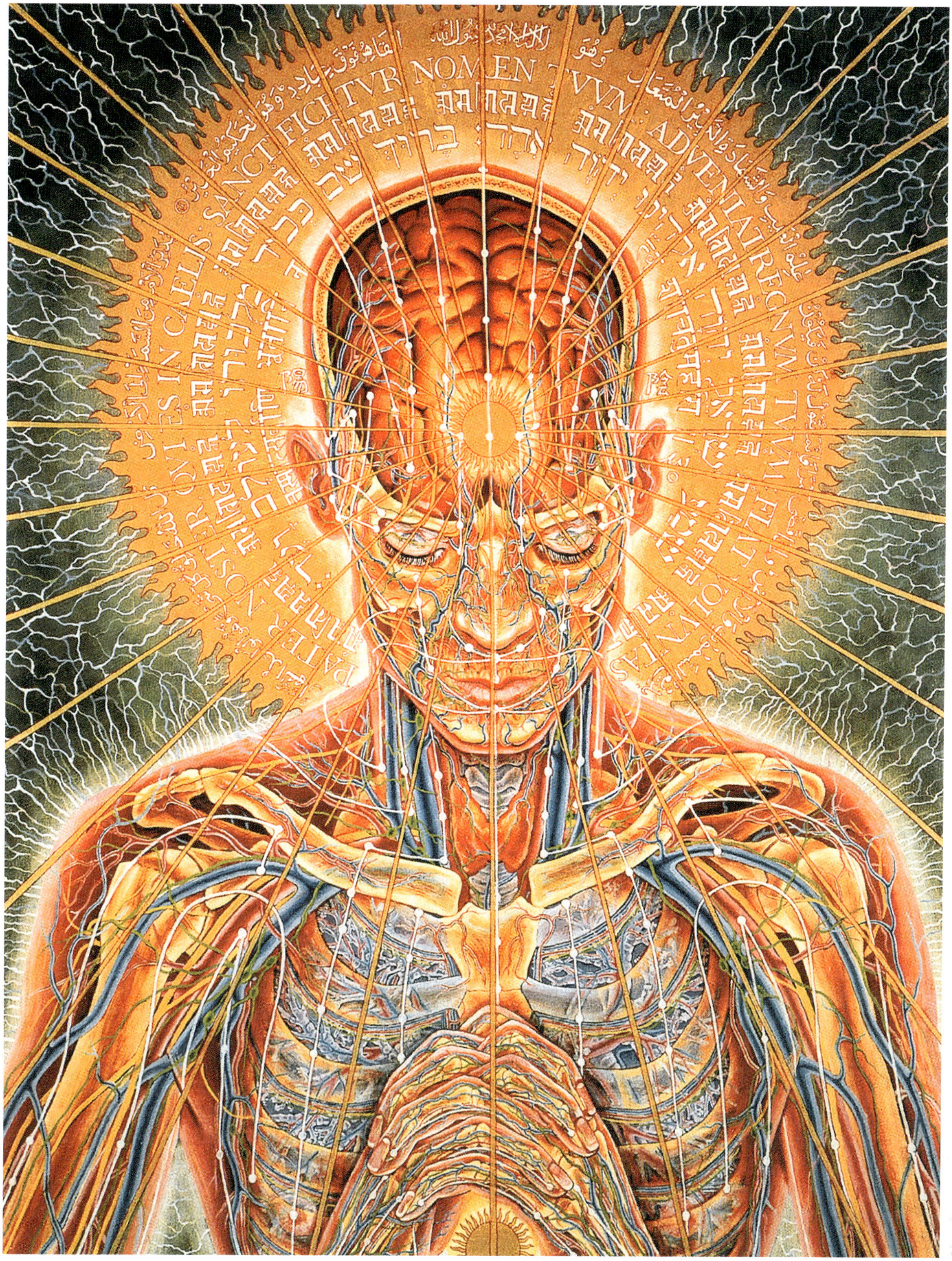

Alex Grey, 1984

Religion sucht Antworten auf Existenzfragen

Menschen fragen nach der Herkunft, nach dem Sinn und Ziel ihres Lebens. Welcher Bereich für die Bearbeitung der Existenzfragen zuständig ist und woher diese kommen, wird unterschiedlich beurteilt.

»Das Feld der Philosophie in weltbürgerlicher Bedeutung lässt sich auf folgende Fragen bringen:
1. Was kann ich wissen?
2. Was soll ich tun?
3. Was darf ich hoffen?
4. Was ist der Mensch?
Die erste Frage beantwortet die Metaphysik*, die zweite die Moral, die dritte die Religion und die vierte die Anthropologie. Im Grunde könnte man alles dieses zur Anthropologie rechnen, weil sich die drei ersten Fragen auf die letzte beziehen.«

Immanuel Kant, Philosoph

»Die Menschen erwarten von den verschiedenen Religionen Antwort auf die ungelösten Rätsel des menschlichen Daseins, die heute wie von je die Herzen der Menschen im Tiefsten bewegen: Was ist der Mensch? Was ist Sinn und Ziel unseres Lebens? Was ist das Gute, was die Sünde? Woher kommt das Leid, und welchen Sinn hat es? Was ist der Weg zum wahren Glück? Was ist der Tod, das Gericht und die Vergeltung nach dem Tode? Und schließlich: Was ist jenes letzte und unsagbare Geheimnis unserer Existenz, aus dem wir kommen und wohin wir gehen?«

2. Vatikanisches Konzil: Nostra Aetate

»Wenn sich zunehmend weniger Menschen mit Antworten (Lehren, Riten) der überlieferten (meist kirchlich-christlichen) Religion identifizieren mögen, so kann daraus also noch nicht ohne Weiteres geschlossen werden, dass sie auch für die dahinter stehenden religiösen Fragen unansprechbar sind. Zwar bedürfen die religiösen Fragen der Subjekte zu ihrer Artikulation der Tradition überlieferter religiöser Antworten (objektive Seite der Religion), aber sie gehen in ihnen nicht auf, erschöpfen sich nicht in ihnen. In den religiösen Deutungssystemen ist der produktive Überschuss der Fragen »aufgehoben«, allenfalls vorübergehend ›stillgestellt‹, nie aber beseitigt. Theologisch gesprochen: Der Glaube ist nie Antwortsicherheit, sondern fragende Existenz zwischen Anfechtung und Gewissheit.«

Henning Luther, Theologe

Das christliche Mittelalter war von einer bestimmten Menschen- und Weltsicht geprägt. Es wusste sich in einem beinahe selbstverständlichen und fraglosen Wissensbesitz über die Totalität der Welt und der Geschichte, der Herkunft des Menschen und seiner Daseinsbestimmung. Als die Glaubwürdigkeit und Geltung dieses beinahe fraglosen Wissens am Ende des Mittelalters und im Laufe der Neuzeit dahinschwanden, gingen keineswegs auch die Fragen verloren, auf die dieses fraglose Wissen die Antwort war. Der Glaubwürdigkeitsschwund und Geltungsverlust der mittelalterlichen Antworten hinterlassen die ihnen adäquaten Fragen, auf die dann eine neue Antwort fällig wird. Solche Antworten geben in der Neuzeit Begriffe wie Geld, Rasse, Nation, Leistung. Sie müssen nun leisten, was im Mittelalter durch Begriffe aus dem Christentum geklärt wurde.

Nach: Hans Blumenberg, Philosoph

- Die vier Textausschnitte stellen zu den Existenzfragen unterschiedliche Bezüge her. Notieren Sie die Grundaussagen aller Texte.
- Die Textausschnitte lassen sich auch als Kommentare zur These »Der Mensch ist ein religiöses Wesen« lesen. Analysieren Sie die Position der Texte bezüglich dieser These, indem Sie Unterschiede und Gemeinsamkeiten herausarbeiten.
- Das Bild von Rupprecht Geiger 27 fordert Ihre Sehweisen heraus. Denn auf dem Bild gibt es nichts zu entziffern, keine Details sind aufeinander zu beziehen und es gibt keine Anordnung verschiedener Elemente. Wir sind es gewohnt, vieles zu sehen, hier ist nur das Eine wahrzunehmen. Das irritiert, weil das Eine, das Ganze außerhalb unserer Erkenntnis liegt. Setzen Sie sich dem Bild einige Minuten lang aus. Notieren Sie Ihre Gedanken und Assoziationen zum Bild. Sie können diese Notizen zu einer Bildmeditation verarbeiten, die Sie mit Ihrer Gruppe durchführen.

Rupprecht Geiger, 1989

Vom Unaussprechlichen sprechen

Das Problem

Die Sprache der Liebe unterscheidet sich von der Sprache der Mathematik, eine Ingenieurin verwendet in ihrer Berufsausübung eine andere Sprache als der Priester bei sakramentalen Feiern. Das bezieht sich nicht nur auf unterschiedliche Inhalte, auch die Form der Sprache differiert. Verschiedene Lebensbereiche besitzen je eigene Formen, welche die spezifischen Inhalte ausdrücken.
Religion hat es in ihrem Kern mit dem Unaussprechlichen zu tun: dem Göttlichen, der Frage »Was kommt nach dem Tod?«, der Hoffnung auf eine Neugestaltung der Welt. In diesen Bereichen werden die Aussagemöglichkeiten der Sprache überstiegen. Um religiöse Aussagen treffen zu können, bedarf es einer Sprache, die das Unaussprechliche ausspricht, ohne dass der Charakter der Unaussprechlichkeit dabei verloren geht.
Dabei dürfen die Religionen keine außergewöhnliche Sprache besitzen, die als »Geheimsprache« nur Auserwählten zugänglich ist, weil eine Religion für die Erfahrungen, Nöte und Sehnsüchte ihrer Mitglieder offen sein muss.

Eine Lösung

In den Religionen wird dieses Problem beispielsweise durch die Verwendung von sprachlichen Formen und Textgattungen gelöst, die unterschiedliche Wirklichkeitsebenen verbinden und damit die eine, vorfindbare Wirklichkeit übersteigen. Auch andere Lebensbereiche nutzen solche Formen, sie sind nicht ausschließlich der Religion zuzurechnen. Die Eigenart religiöser Sprache ergibt sich also aus dem Zusammenhang von spezifischen Inhalten in bestimmbaren Formen. Dieser Zusammenhang ist wichtig, weil sich die Bedeutung der Sprache nicht nur durch den Inhalt der Worte und ihrer Kombination z. B. in einem Satz ergibt. Auch die Form trägt zum Aufbau von Bedeutung bei. Das wird deutlich, wenn zwei Sätze, die aus den gleichen Worten bestehen, sich in ihrer Bedeutung unterscheiden, weil sie in verschiedenen Formen ausgesagt werden: »Wir sitzen alle im gleichen Boot« könnte als Aussage von dem Mitglied einer Gruppe stammen, die sich – nach verschiedenen Umwegen – endlich im gleichen Boot zu einem Ausflug getroffen hat. Als Bildwort könnte ein Politiker diesen Satz gebrauchen, um zu verdeutlichen, dass z. B. eine Krise alle Mitbürger betrifft, die er zur Solidarität untereinander aufruft. Die Religionen nutzen den Bedeutungsgehalt vieler Formen, um den Worten eine bestimmte Aussagerichtung zu geben. Die Liste auf 29 stellt einige wichtige Formen vor.

- ▶ Notieren Sie sich Vorteile und Schwierigkeiten zu einzelnen Aussageformen und entwickeln Sie davon ausgehend Argumente, welche die Eignung dieser Formen für religiöse Aussagen diskutieren.
- ▶ »Gott ist König« stellt eine Bekenntnisaussage in Form einer Metapher dar. Worin unterscheidet sie sich von der Aussage »Klaus ist König«?
- ▶ Religionen kennen neben den Bildworten auch gegenständliche Zeichen als Medium religiöser Kommunikation. Solche Zeichen kommen entweder aus der religiösen Tradition (z. B. Kreuz, Wasser, Brot) oder Menschen bringen Zeichen, die ihnen besonders wichtig sind, in die religiöse Praxis mit ein. Ihren religiösen Charakter entwickeln Zeichen weniger durch eine Erklärung als durch den Umgang mit ihnen. Ihr wichtigster Ort ist das religiöse Ritual, die gottesdienstliche Feier. Üben Sie den Umgang mit der Religiosität von Zeichen, indem Sie ein kurzes Eröffnungsritual Ihrer Religionsstunde gestalten. Dabei sollte jedes Mal ein Zeichen im Mittelpunkt stehen, das Sie mit Musik, einer Erzählung, einer Erfahrung, einer religiösen Aussage o. Ä. verbinden.
- ▶ »Das Undarstellbare darstellen« – religiöser Ausdruck in Bildern steht vor dem gleichen Grundproblem (vgl. 10) wie religiöser Ausdruck durch die Sprache. Entdecken Sie Lösungsvorschläge von Künstlern zu diesem Problem, indem Sie einige Bilder in diesem Kapitel daraufhin untersuchen.

Form	Beispiele
Die **Paradoxie** stellt Gegensätze oder Widersprüche nebeneinander, wobei die Logik, dass »a« nicht zugleich »nicht-a« sein darf, gesprengt wird. Vor allem in Erzählungen, Bekenntnistexten und meditativer religiöser Praxis hat die Paradoxie ihren Platz.	– *Aus der Bhagavad Gita 9.17, einer heiligen Schrift des Hinduismus, in der sich Krishna als Gott vorstellt:* »Ich bin der Vater von dir und dieser Welt, die Mutter, der Schöpfer, der Großvater.« – *Aus dem Neuen Testament (Mk 8,35):* »Denn wer sein Leben retten will, wird es verlieren; wer aber sein Leben um meinetwillen und um des Evangeliums willen verliert, wird es retten.«
Die **Metapher** verknüpft in einer Aussage zwei einander zunächst fremde Sinnhorizonte: »Achill gleicht einem Löwen« oder »Achill ist ein Löwe«. Wörtlich genommen ist Achill kein Löwe, die Metapher setzt aber Unvereinbares zueinander, um über beide Elemente des Satzes/Textes eine neue, nicht direkt übersetzbare Aussage zu machen.	– Gott ist der König. (vgl. Ps 47,8) – Jesus sagte zu ihnen: ... Ich bin die Tür. (Joh 10,7-9) – Das Reich Gottes gleicht einem Sauerteig, den eine Frau unter einen großen Trog Mehl mischte, bis das Ganze durchsäuert war. (Mt 13,33)
Das **Symbol** nutzt Eigenschaften einer Aussage, um für eine zweite Ebene eine inhaltliche Analogie herzustellen. Die zweite Ebene muss in der Regel durch den Kontext deutlich sein, damit eine Aussage als symbolisch erkannt werden kann.	– *Der Koran über Himmel (Sure 31,8-9) und Hölle (Sure 6,128):* »Für diejenigen, die glauben und die guten Werke tun, sind die Gärten der Wonne bestimmt; darin werden sie ewig weilen. Das ist das Versprechen Gottes in Wahrheit.« »Gott spricht: Das Feuer ist eure Bleibe; darin werdet ihr ewig weilen, es sei denn, Gott will es anders.«
Die **Allegorie** ist ein Satz oder ein Text, der etwas und zugleich etwas anderes sagt. Die Aussage auf der Textebene ergibt für sich genommen einen Sinn, die Aussage auf der zweiten Bedeutungsebene muss erst erschlossen werden. Dabei wird je ein Element aus dem Text durch ein neues Element aus der zweiten Bedeutungsebene ersetzt: E1 E2 E3 E4 ... En ↓ ↓ ↓ ↓ ↓ B1 B2 B3 B4 ... Bn Ein Satz/Text kann von sich aus eine Allegorie sein oder er kann – ohne eine Allegorie zu sein – allegorisch gedeutet werden. Dies wird Allegorese genannt.	– *Das Gleichnis vom Sämann (Mk 4,3-9) wird im Evangelium selbst allegorisch gedeutet (Mk 4,14-20). Das zeigen schon die ersten Verse:* 3 Hört! Ein Sämann ging aufs Feld, um zu säen. 4 Als er säte, fiel ein Teil der Körner auf den Weg und die Vögel kamen und fraßen sie. 5 Ein anderer Teil fiel auf felsigen Boden, wo es nur wenig Erde gab, und ging sofort auf, weil das Erdreich nicht tief war; 6 als aber die Sonne hochstieg, wurde die Saat versengt und verdorrte, weil sie keine Wurzeln hatte ... 14 Der Sämann sät das Wort. 15 Auf den Weg fällt das Wort bei denen, die es zwar hören, aber sofort kommt der Satan und nimmt das Wort weg, das in sie gesät wurde. 16 Ähnlich ist es bei den Menschen, bei denen das Wort auf felsigen Boden fällt: Sobald sie es hören, nehmen sie es freudig auf; 17 aber sie haben keine Wurzeln, sondern sind unbeständig, und wenn sie dann um des Wortes willen bedrängt oder verfolgt werden, kommen sie sofort zu Fall ...

»Stückwerk ist unser Erkennen«

9 Denn Stückwerk ist unser Erkennen, Stückwerk unser prophetisches Reden;
10 wenn aber das Vollendete kommt, vergeht alles Stückwerk ...
12 Jetzt schauen wir in einen Spiegel und sehen nur rätselhafte Umrisse,
dann aber schauen wir von Angesicht zu Angesicht.
Jetzt erkenne ich unvollkommen, dann aber werde ich durch und durch erkennen,
so wie ich auch durch und durch erkannt worden bin.

1 Kor 13

→ mensch kann nur teilweise was erkennen

Ein Spiegel ist ein vertrauter Gegenstand, den viele Menschen im Alltag selbstverständlich nutzen. Für die Fragen nach den Formen unserer Wahrnehmung und Grenzen unserer Erkenntnis lohnt es sich, mit ihm einmal genauer umzugehen:

► Schauen Sie in einen Spiegel! Was genau sehen Sie, was fehlt? Wie erweitert und verengt der Spiegel Ihre Wahrnehmung? Versuchen Sie eine exakte »Bildbeschreibung«. Was erfahren Sie über sich selbst, wenn Sie in den Spiegel blicken? Fassen Sie Ihre Spiegelerfahrungen in einigen Thesen zusammen.

Ein Spiegel verändert den Blick auf die eigene Person. Das lässt sich auch auf einer Ebene begreifen, auf welcher der Spiegel zur Metapher wird: Um mehr von mir zu erfahren, brauche ich Situationen und andere Menschen, die mich spiegeln und für die ich ein Spiegel bin.

► Blicken Sie auf eine Situation, in der Sie sich wohlfühlen, und auf eine, die Ihnen Schwierigkeiten bereitet. Fassen Sie beide Situationen als Spiegel Ihrer eigenen Person auf! Wie nehmen Sie sich selbst in konkreten Kontexten wahr? Welches Bild vermittelt Ihnen diese Beobachtung? Nutzen Sie diese sensibilisierte Selbstwahrnehmung für eine spielerische Übung in der Gruppe:
Sie sitzen im Stuhlkreis und haben die Aufgabe, anonym zwei Personen zu spiegeln. Die eine Person sind Sie selbst, die andere Person wählen Sie aus der Gruppe aus. Die Reihenfolge ist nicht festgelegt, wahren Sie die Anonymität – sprechen Sie also nur von der einen und der anderen Person. Nun erzählen Sie über sich und die ausgewählte Person: Sagen Sie nur Konkretes und nur das, was Sie für positiv und richtig halten. Wenn sich zwei oder drei der Mitschülerinnen oder Mitschüler auf diese Weise geäußert haben, können Sie – nur wenn es alle wollen – die Anonymität auflösen. Überlegen Sie sich auch Variationen für die Spielregeln. In einer Abschlussrunde thematisieren Sie, ob und wie dieses Spiel Grenzen der Erkenntnis ausweitet und markiert! Welche Wahrheit kommt durch das Spiel zum Ausdruck?

Der/die Andere als Spiegel lässt sich weiterführen, indem der/die Andere durch das Ganz-Andere, das Vollkommene, das sich Gott nennt, ersetzt wird. Gott bildet allerdings kein direktes Gegenüber, das mich hör- oder sichtbar spiegelt. Aber es gibt im Christentum z. B. Formen, in denen für Menschen erfahrbar wird, wie eine Hinwendung zu Gott ihre Selbst- und Weltwahrnehmung verändert. Die intensive Auseinandersetzung mit der Heiligen Schrift spiegelt das eigene Leben in Texten, die vom Wirken Gottes erzählen. Im Gottesdienst wird der Alltag in die symbolische Vergegenwärtigung der erlösenden Taten Gottes mit hineingenommen und als Teil einer befreienden Geschichte erfahrbar. Das Gebet kann eine Aufforderung sein, die eigenen Erlebnisse genau wahrzunehmen, um sie verbunden mit einem Dank, Lob, einer Klage oder Bitte vor Gott auszusagen.

► Es lohnt sich, das gesamte 13. Kapitel des 1. Korintherbriefes unter der Überschrift »Erkenntnisgrenzen und Wahrheitssuche« zu lesen. In ihm wird deutlich, dass das Vollkommene keine abstrakte Gegenüberstellung zur menschlichen Unvollkommenheit ist, sondern inhaltlich auf spezifische Weise gefüllt wird. Noch spannender wird die Lektüre, wenn Sie Jak 1,22-25 hinzufügen.

In einigen Redewendungen unserer Sprache nutzen wir »Licht« als Symbol für richtige, angemessene Erkenntnis: Wir wollen Licht in eine Sache oder ins Dunkel bringen, wobei uns dafür ein Licht aufgehen soll. Bei Licht besehen erscheinen die Dinge klarer und deutlicher, umso mehr, wenn wir sie ins rechte Licht rücken. Die Aufklärung erhob das »Licht der Vernunft« zu ihrem Leitbild und formulierte damit den Anspruch, dass das Licht der Wahrheit durch den Gebrauch der Vernunft hell leuchten werde.

Damit wurde ein unaufgebbares und sehr wirkungsvolles Programm formuliert. Es gibt Unerklärbares und einiges, was in der Vergangenheit als erkannt galt, hat sich später als falsch herausgestellt. Erkennen und verstehen sind irrtumsanfällig, korrigierbar und überbietbar.

Eine Irritation klarer Erkenntnis bietet das Bild »Mythos des Lichts« von Toyen, bürgerlich Marie Čermínová (1902-1980). Auf einer geschlossenen Tür werfen auf der rechten Bildhälfte zwei Frauenhände den Schatten eines Hundekopfes. Auf der linken Bildhälfte zeichnet sich der leicht deformierte Schatten eines Mannes ab, der selbst nicht erscheint. Die Hand des Schattenmanns hält eine grüne Pflanze mit vollem Wurzelwerk in Händen. Die Pflanze ist physisch greifbar und fügt sich mit zarten Schatten in die männliche Schattenhand ein.

Toyen, 1946

- Wo Schatten sind, muss eine Lichtquelle sein. Versuchen Sie diese für das Bild zu finden. Sie können auf diesem Weg die Widersprüchlichkeit der Bildkomposition, das Spiel mit An- und Abwesenheit sowie mit unterschiedlichen Schattenformen beschreiben.
- »Spiegelerfahrungen«, »1 Korinther 13«, »Mythos des Lichts« – formulieren Sie auf dem Hintergrund dieser Doppelseite einige Aussagen zu den Grenzen menschlicher Erkenntnis.

Religion – Sehnsucht – Kultur

Ein Blick auf die Bilder

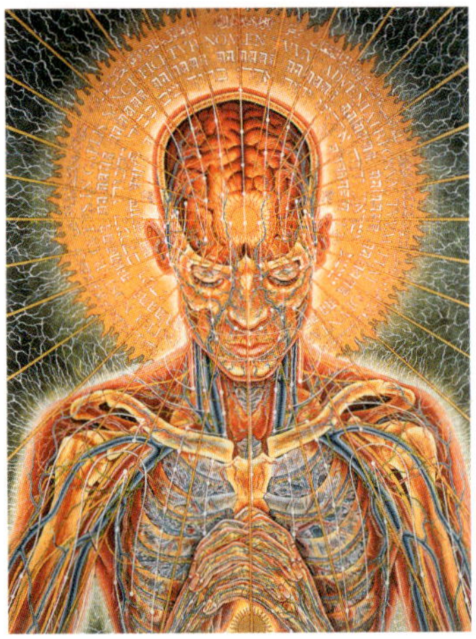

Menschen haben Sehnsucht. Damit ist ein den Menschen eigentümliches, inhaltlich unbestimmtes, unendliches Verlangen gemeint. Der Grund dafür liegt in den Grenzen, die Menschen haben und kennen.
Religion weckt, vertieft und erfüllt Sehnsucht. Die großen Religionen beantworten das Verlangen auf vielfältige Weise und kritisieren die Erfüllung der Sehnsucht durch endliche Dinge.

- ▶ Fassen Sie die Ergebnisse Ihrer Arbeit an diesem Kapitel in einem kleinen Essay zusammen, der die Wechselbeziehungen zwischen Sehnsucht und Religion thematisiert. Dabei beziehen Sie sich auf mindestens zwei der Kapitelbilder, die Sie unter der Überschrift »Sehnsucht und Religion« interpretieren.

Ein vertiefter Blick auf Religion

Der tragende Gehalt der Kultur ist die Religion und die notwendige Form der Religion ist die Kultur.

Paul Tillich, evang. Theologe

Nach der Bearbeitung dieses Kapitels haben Sie sich unter verschiedenen Aspekten und Fragestellungen mit »Religion« auseinandergesetzt. Sie können Ihre erworbenen Kompetenzen und Ihr vernetztes Wissen überprüfen, indem Sie sich der folgenden Aufgabe stellen. Wählen Sie in der Klasse eine Form (z. B. schriftliche Bearbeitung oder mündlicher Vortrag, Einzel- oder Partnerarbeit) und legen Sie die verfügbare Zeit für die Erledigung der Aufgabe fest!

- ▶ Beschreiben Sie mit eigenen Worten den von Paul Tillich erhobenen Zusammenhang von Religion und Kultur und verdeutlichen Sie ihn an einigen Beispielen.
- ▶ Erläutern Sie an einem Beispiel, ob und wie diese These für die Analyse eines ausgewählten kulturellen Zeugnisses – z. B. Computernutzung, Bild – hilfreich sein kann.
- ▶ Beziehen Sie Stellung zu der Behauptung, die Modernisierung unserer Welt habe einen inneren Zusammenhang mit dem Verschwinden von Religion. Beziehen Sie auch hier das Diktum Paul Tillichs mit ein.

2 Gott erfahren

Gotteserfahrungen

Erfahrungen mit Gott lassen sich auf so vielfältige Weise ausdrücken, wie es Menschen gibt, die dazu bereit sind: sei es in einem Lied oder als biblischer Text in Psalmform oder in bildhaft-künstlerischer Weise ...

From a distance

From a distance, the world looks blue and green
And the snow-capped mountains white
From a distance, the ocean meets the stream
And the eagle takes to flight

From a distance, there is harmony
And it echoes through the land
It's the voice of hope, it's the voice of peace
It's the voice of every man

From a distance, we all have enough
And no one is in need
There are no guns, no bombs, and no disease
No hungry mouths to feed

From a distance, we are instruments
Marching in a common band
Playing songs of hope, playing songs of peace
They're the songs of every man

God is watching us, God is watching us
God is watching us from a distance

From a distance, you look like my friend
Even though we are at war
From a distance, I just cannot comprehend
What all this fighting is for

From a distance, there is harmony
And it echoes through the land
It's the hope of hopes, it's the love of loves
It's the heart of every man
It's the hope of hopes, it's the love of loves
This is the song of every man

And God is watching us, God is watching us
God is watching us from a distance
And God is watching us, God is watching us
Oh God is watching us from a distance

Julie Gold (1985)

- Charakterisieren Sie, wie im Lied von Julie Gold das Verhältnis von Gott und Welt beschrieben wird.
- Vergleichen Sie damit Psalm 139 und die Plastik von Auguste Rodin. Stellen Sie in einer geeigneten selbst gewählten Methode die Ergebnisse dar. Dabei können Sie vom Motiv der Hand ausgehen.
- Wie können darüber hinaus religiöse Erfahrungen und Gotteserfahrungen zum Ausdruck gebracht werden?

Psalm* 139

[1] Herr, du durchschaust mich,
du kennst mich bis auf den Grund.
[2] Ob ich sitze oder stehe, du weißt es,
du kennst meine Pläne von ferne.
[3] Ob ich tätig bin oder ausruhe,
du siehst mich; jeder Schritt, den ich mache,
ist dir bekannt.
[4] Noch ehe ein Wort auf meine Zunge kommt,
hast du, Herr, es schon gehört.
[5] Von allen Seiten umgibst du mich,
ich bin ganz in deiner Hand.
[6] Dass du mich so durch und durch kennst,
das übersteigt meinen Verstand;
es ist mir zu hoch, ich kann es nicht fassen.
[7] Wohin kann ich gehen, um dir zu entrinnen,
wohin fliehen, damit du mich nicht siehst?
[8] Steige ich hinauf in den Himmel – du bist da.
Verstecke ich mich in der Totenwelt – dort bist du auch.
[9] Fliege ich dorthin, wo die Sonne aufgeht,
oder zum Ende des Meeres, wo sie versinkt:
[10] auch dort wird deine Hand nach mir greifen,
auch dort lässt du mich nicht los.
[11] Sage ich: »Finsternis soll mich bedecken,
rings um mich werde es Nacht«,
[12] so hilft mir das nichts; denn auch die Finsternis ist für
dich nicht dunkel
und die Nacht ist so hell wie der Tag.
[13] Du hast mich geschaffen mit Leib und Geist,
mich zusammengefügt im Schoß meiner Mutter.
[14] Dafür danke ich dir, es erfüllt mich mit Ehrfurcht.
An mir selber erkenne ich:
Alle deine Taten sind Wunder!
[15] Ich war dir nicht verborgen,
als ich im Dunkeln Gestalt annahm,
tief unten im Mutterschoß der Erde.
[16] Du sahst mich schon fertig, als ich noch ungeformt war.
Im Voraus hast du alles aufgeschrieben;
jeder meiner Tage war schon vorgezeichnet,
noch ehe der erste begann.
[17] Wie rätselhaft sind mir deine Gedanken, Gott,
und wie unermesslich ist ihre Fülle!
[18] Sie sind zahlreicher als der Sand am Meer.
Nächtelang denke ich über dich nach
und komme an kein Ende.
[19] Gott, bring sie doch alle um,
die dich und deine Gebote missachten!
Halte mir diese Mörder vom Leib!
[20] Sie reden Lästerworte gegen dich; Herr,
deine Feinde missbrauchen deinen Namen!
[21] Wie ich sie hasse, die dich hassen, Herr!
Wie ich sie verabscheue, die gegen dich aufstehen!
[22] Deine Feinde sind auch meine Feinde,
ich hasse sie glühend.
[23] Durchforsche mich, Gott, sieh mir ins Herz,
prüfe meine Wünsche und Gedanken!
[24] Und wenn ich in Gefahr bin, mich von dir zu entfernen,
dann bring mich zurück auf den Weg zu dir!

Übersetzung: Gute Nachricht Bibel

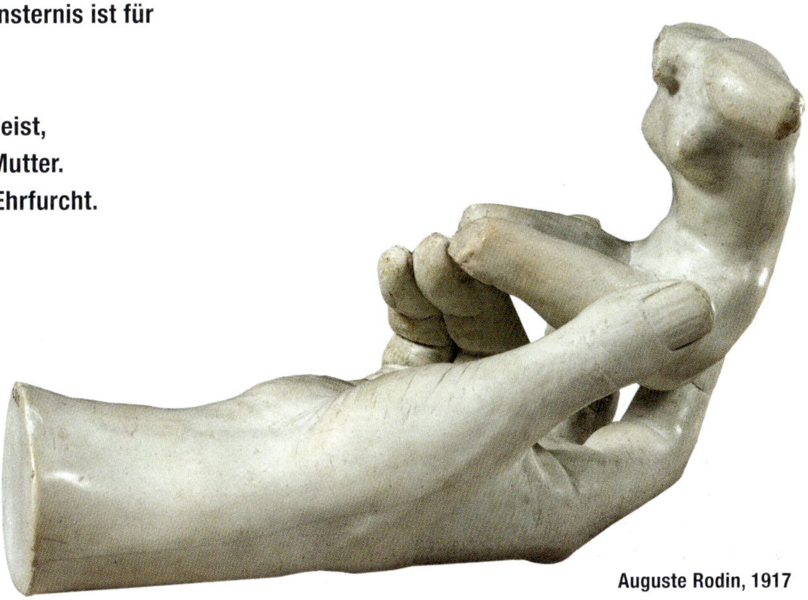

Auguste Rodin, 1917

Vernetzen Sie Ihr Wissen aus den vorangegangenen Jahren

Sie haben sich im Religionsunterricht der letzten Jahre immer wieder mit der Heiligen Schrift, der Bibel, beschäftigt und wichtige Erkenntnisse der Bibelwissenschaft/Exegese kennengelernt. Vernetzen und vertiefen Sie Ihr Wissen zur Vorbereitung auf die exemplarischen Zugänge in diesem Kapitel:

- Welche Methoden stellt die biblische Exegese zur Auslegung der Heiligen Schrift zur Verfügung und welche spezifischen Anliegen sind damit verbunden?
- Erklären Sie den Begriff »Osterbrille« im Zusammenhang mit dem Thema »Jesus begegnen« 48 - 55.
- Klären Sie die Bedeutung der Evangelien für die biblische Botschaft.

Religion vernetzt 10

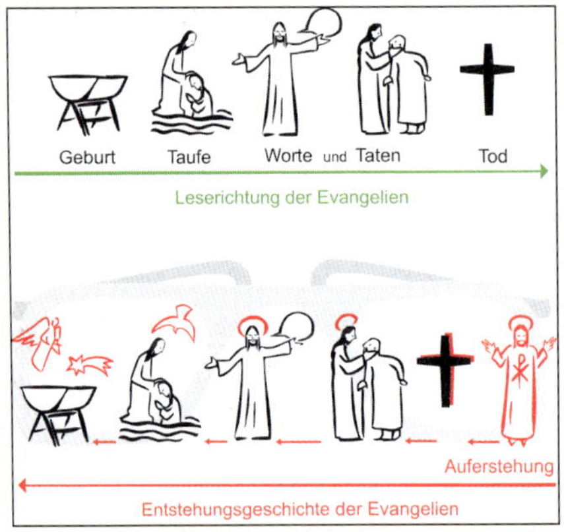

Religion vernetzt 10

Religion vernetzt 7

Maria von Magdala in der Kunst

Recherchieren Sie Darstellungen des Motivs »Maria von Magdala« in der bildenden Kunst. Ordnen Sie anschließend die gefundenen Kunstwerke den Deutungen der biblischen Figur als reuige Sünderin, verzichtbereite Büßerin, erotische Verführerin, kontemplative Beterin und ekstatische Auferstehungszeugin zu.
Erörtern Sie Schwierigkeiten der Zuordnung oder Mehrfachzuordnungen.

Maria von Magdala in der Bibel

Stellen Sie die Unterschiede in der biblischen Darstellung der Maria von Magdala im synoptischen Vergleich dar.
Welche unterschiedliche Bedeutung kommt der Frauengestalt zu?

In Galiläa:	Lk 8,1-3
Beim Kreuz Jesu:	Mk 15,40f.; Mt 27,55f.; Lk 23,49; Joh 19,25f.
Beim Begräbnis Jesu:	Mk 15,47; Mt 27,61; Lk 23,55
Am Ostermorgen:	Mk 16,1.9-11; Mt 28,1.9f.; Lk 24,10; Joh 20,1.11.18

Jesus entdecken

Betrachten Sie das Auferstehungsbild von Hetty Krist auf der Kapiteleingangsseite 33 und artikulieren Sie Ihre Entdeckungen.
Ergänzen Sie neben den im Bild enthaltenen Titel »Sohn – Gott – Retter« weitere Beinamen Jesu.

Der Jünger, den Jesus liebte

Im Johannesevangelium begegnen Jesus sehr viele unterschiedliche Menschen. Neben einem Mann namens Nikodemus wird auch mehrmals der namenlose »Jünger, den Jesus liebte« genannt. Lesen Sie folgende Perikopen und bewerten Sie, welche Stellung dieser Jünger im Johannesevangelium einnimmt und welche Bedeutung er für die johanneische Gemeinde haben konnte: Joh 13,23-26a; 19,26f.35f.; 20,1-8; 21,7.20.

Vernetzungen im Kapitel

Reflektieren Sie den Aufbau dieses Kapitels und erstellen Sie ein Verlaufsschema, das folgende Begriffe beinhaltet: »Jesus Christus – die Botschaft der Evangelien«, »Verzweifeln, hoffen, glauben«, »Gotteswort als Menschenwort«, »Gotteserfahrung: ein biblisches Beispiel«, »Religiöse Erfahrungen ausdrücken«, »Leitfaden zur Bibelauslegung«, »Selbstoffenbarung Jesu Christi«, »Trinität«, »Gotteserfahrung im Alten Testament«.

Vernetzungen im Schulbuch

Auch in diesem Kapitel gibt es Themen und Fragestellungen, die in anderen Kapiteln des Buches vertieft oder unter einer veränderten Perspektive aufgegriffen werden. Verfolgen Sie die Hinweise zu angegebenen Themen quer zur Kapitelstruktur des Buches:

Kapitel 2
- Grenzenlose Erkenntnis 35
- Gottes gegenwärtige Herrschaft 48
- Ausdrucksweisen religiöser Erfahrungen 34

Kapitel 1
Beschreiben Sie den Zusammenhang von Ps 139 und den Grenzen der Erkenntnis (30 f.).

Kapitel 4
Beschreiben Sie den Fortbestand der Überzeugung Jesu im Indikativ und Imperativ des Heils (109).

Kapitel 3
Vergleichen Sie die Ausdrucksweisen religiöser Erfahrungen mit den Möglichkeiten, über Gott zu sprechen (66 f., 84, 90 f.).

Die Heilige Schrift historisch-kritisch erschließen

Die Bibel ist das heilige Buch des Christentums. Sie umfasst zwei Teile: Der erste Teil, das sogenannte »Alte« oder »Erste« Testament, entspricht weitgehend der Heiligen Schrift des Judentums; der zweite Teil verkündet die Frohe Botschaft vom Leben und Wirken Jesu Christi sowie von den Anfängen der Kirche. Die biblischen Texte spannen dabei einen Bogen vom Anfang der Welt als Gottes guter Schöpfung, in der er wirkt und als »Ich-bin-da«-Gott erfahrbar ist, bis hin zu einer Vision der Vollendung jenseits aller Zeit.

Zugangsweisen zu biblischen Texten

Ihren einzigartigen Stellenwert bezieht die Bibel aus der Überzeugung, dass in ihren menschlichen Worten das Wort Gottes zu vernehmen ist. Aus dieser Verlässlichkeit und Autorität schöpfen viele Menschen Mut für die Gestaltung ihres eigenen Lebens nach den Weisungen der Bibel. Sie finden in den Texten einen Ausdruck ihrer Hoffnungen, aber auch ihrer Sorgen und Ängste, weil alle Bücher der Bibel von exemplarischen Erfahrungen erzählen und diese als Erfahrungen mit Gott deuten. Zugleich lassen sich erklärungsbedürftige Brüche und widersprüchliche Darstellungen in den biblischen Überlieferungen nicht leugnen. Vor allem die kulturelle und zeitliche Distanz zu den Texten aus der Antike erschwert heutigen Lesern den direkten Zugang zur Wirklichkeit »hinter« diesen Schriften. Deshalb versucht die Exegese*, mithilfe der »historisch-kritischen Methode« Entstehung und Ursprungssituation biblischer Überlieferungen zu erforschen und die Texte entsprechend zu interpretieren. Diese Auslegungsweise war nicht unumstritten, bis zur Bibelenzyklika *Divino afflante spiritu* 1943 sogar lehramtlich verboten. Nur 50 Jahre später stellt die päpstliche Bibelkommission fest: »Die historisch-kritische Methode ist die unerlässliche Methode für die wissenschaftliche Erforschung des Sinnes alter Texte. Da die Heilige Schrift, als ›Wort Gottes in menschlicher Sprache‹, in all ihren Teilen und Quellen von menschlichen Autoren verfasst wurde, lässt ihr echtes Verständnis diese Methode nicht nur als legitim zu, sondern es erfordert ihre Anwendung.«
Auch Prinzipien und Arbeitsschritte der historischen Kritik beschreibt die Bibelkommission:

Grundprinzipien der historischen Kritik

Es ist eine *historische Methode*; nicht nur, weil sie sich auf alte Texte bezieht und deren historische Tragweite erforscht, sondern auch und vor allem, weil sie versucht, den historischen Prozess der Entstehung der biblischen Texte zu klären: Dieser diachrone Prozess war oft kompliziert und von langer Dauer. In den verschiedenen Stadien ihrer Entstehung wandten sich die Bibeltexte an verschiedene Kategorien von Zuhörern oder Lesern, die sich in verschiedenen Situationen in Raum und Zeit befanden.
Es ist eine *kritische [= unterscheidende] Methode*, denn sie arbeitet in ihrem ganzen Vorgehen mithilfe wissenschaftlicher, möglichst objektiver Kriterien, um so dem heutigen Leser den Zugang zum Inhalt der biblischen Texte zu ermöglichen, deren Sinn oft schwer zu erfassen ist.
Als analytische Methode erforscht sie den biblischen Text auf die gleiche Art und Weise, wie sie jeden anderen Text der Antike erforscht. Sie erläutert ihn als Erzeugnis der menschlichen Sprache.

Schritte der historisch-kritischen Methode

Die Textkritik eröffnet die Reihe der wissenschaftlichen Forschungsvorgänge. Indem sie sich auf das Zeugnis der ältesten und besten Manuskripte stützt, wie auch auf die Papyri, die alten Übersetzungen und die Überlieferungen der Kirchenväter, versucht sie, nach bestimmten Regeln, einen biblischen Text zu erstellen, der dem Originaltext so nahe wie möglich kommt ... Die Literarkritik bemüht sich dann, Anfang und Ende der großen und kleinen Texteinheiten zu bestimmen und die innere Stimmigkeit und Logik des Textes zu prüfen. Die Existenz von Wiederholungen und Doppelungen, unvereinbaren Gegensätzen und anderen Indizien lassen den zusammengesetzten Charakter gewisser Texte erkennen; man unterteilt sie in kleine Einheiten, um deren mögliche Zugehörigkeit zu verschiedenen Quellen zu ermitteln. Die Gattungskritik versucht, die literarischen Gattungen, ihr Ursprungsmilieu (»Sitz im Leben«), ihre spezifischen Merkmale und ihre Entwicklung zu bestimmen. Die Traditionskritik situiert die Texte in den Überlieferungsströmen, deren Entwicklung im Laufe der Geschichte sie zu präzisieren versucht. Die bisherigen Methodenschritte betrachten den Text unter einer diachronen Perspektive, die das Werden der Texte erklärt. Die Redaktionskritik schließlich untersucht die Veränderungen, die die Texte erfahren haben, bevor sie zu ihrer endgültigen Form gelangten. Dieser letzte Arbeitsschritt schließt mit einer synchronen Untersuchung ab: Man beleuchtet nun den Text als solchen und betrachtet ihn unter dem Gesichtspunkt einer Botschaft, die der Verfasser seinen Zeitgenossen vermitteln will.

Die Interpretation der Bibel in der Kirche, 1993

Anliegen und Anspruch der historischen Kritik

Mit dem beschriebenen Methodenkanon gewinnt die Exegese fundierte Einblicke z. B. in die Entstehungsgeschichte der Evangelien (»Zwei-Quellen-Theorie«) bzw. von Einzeltexten. Weil die historische Kritik die biblischen Schriften zudem mit der sozialen Welt vernetzt, in der sie entstanden sind (sozialgeschichtliche Exegese), haben sowohl die ersten christlichen Gemeinden als auch der historische Jesus schärfere Konturen bekommen. Die Taten und Worte Jesu können in ihrer konkreten gesellschaftlichen Verflechtung beleuchtet werden. So zeigt sich in historischer Perspektive: An Jesus scheiden sich die Geister, wenn es um die Beurteilung seiner sozialen Aktionen geht, z. B. seine Tischgemeinschaft mit Zöllnern (vgl. 40).
Die Auswertung archäologischer Funde und von Schriften aus jener Zeit komplettiert ein Hintergrundbild, vor dem sich Anliegen und Anspruch der historischen Kritik formulieren lassen:

1. Den Text in seiner Zeit lassen und wirken lassen. Mit dem Beharren auf dem Ursprungssinn der Schriften will die historische Kritik den Basisschriften zu einem eigenständigen Recht verhelfen. Sie tut dies nicht, um die Schriften zu archivieren, sondern um den Text aus der Pionierzeit des Christentums als Gegenüber zur heutigen Praxis stark zu machen. Sie kann dabei heutigen Benutzern einen heilsamen Schock verpassen: Vieles war am Anfang anders. Damit soll zugleich der Impuls vermittelt werden: Es könnte auch wieder anders werden.

2. Entwicklungen festhalten und Brüche aufdecken. Die Literarkritik untersucht die historische Schichtung der Texte. Es ist der Versuch, innerhalb eines Textes einen Vorgängertext aufzuspüren, der als Kernelement des späteren Textes stehen geblieben ist. Ziel dieser Vorgehensweise ist, deutlich zu machen, dass unsere heiligen Texte entstanden, gewachsen – und nicht einfach vom Himmel gefallen sind. Und dabei gab es nicht nur grammatikalische, sondern vor allem inhaltliche Brüche. Die Schrift selbst ist ein Traditionsgeflecht, das in sich höchst beweglich und spannungsreich ist. Diese Brüche in diesen Traditionsströmen gehören zur christlichen Identität.

3. Die heiligen Schriften lesen als Zeugnis für die Auseinandersetzung mit der Gesellschaft bzw. christlicher Gruppen untereinander. Es geht darum, die Fremdheit des alten Textes ernst zu nehmen und den Text aus der Sinnwelt heraus zu verstehen, aus der er ursprünglich kommt. Die historische Kritik versucht deshalb, Texte in präzisen historischen Situationen zu verankern, um die ursprüngliche Bodenhaftung des Textes ausfindig zu machen, um den Text als Diskurspartner seiner Zeit wahrnehmen zu können. Sie fragt: Wie greift der biblische Text Vorstellungen und Sprachmuster seiner Zeit auf, um eigene Akzente zu setzen? Wie reagiert der Text auf gesellschaftliche Trends?

Dazu ein Beispiel: In der Zeit, als das Markusevangelium geschrieben wird, geht ein Ruck durch die Alte Welt. Vespasian, ein eher zweitrangiger Mann aus dem Ritterstand, hat den Sprung auf den Kaiserthron – bisher der obersten Elite vorbehalten – geschafft. Und aufgrund der Fördermaßnahmen Vespasians wird bald klar: Durch Loyalität zum Kaiser kann jedermann ein Großer werden. Und das Markusevangelium? Es bringt die Kreuzesnachfolge auf die Kurzformel: »Wer groß werden will unter euch, soll euer Diener sein!« (Mk 10,43). Den Text des Markus vor den gesellschaftlichen Trends der Zeit zu lesen, zeigt nicht nur, wie sensibel der Text auf das reagiert, was politisch und gesellschaftlich »in der Luft lag«, sondern bewahrt auch davor, das Stichwort »dienen« im Sinne von Demut und Gehorsam spirituell zu überhöhen.

Historische Kritik will ein Christentum zum Vorschein bringen, das sich einklinkt in die Reizthemen seiner Zeit und das zu durchaus unterschiedlichen Stellungnahmen fähig ist und sie auch zulassen kann.

Martin Ebner

- Beschreiben Sie in eigenen Worten Ziel und Arbeitsweise der einzelnen Schritte der historisch-kritischen Methode. Weitere Hinweise finden Sie auf der Homepage des wissenschaftlichen Bibellexikons im Internet.
- Wenden Sie die Arbeitsweisen der Literar- und Gattungskritik an Mk 2,1-12 an. Ordnen Sie Textteile den Gattungen »Wundergeschichte« und »Streitgespräch« zu und diskutieren Sie über deren »Sitz im Leben«.
- Lesen Sie Mk 10,35-45 vor dem im Beispiel oben beschriebenen zeitgeschichtlichen Hintergrund und legen Sie ihn als Kommentar des Evangelisten zur Situation in seiner Gemeinde aus. Vergleichen Sie dann die Richtungsweisung im Markusevangelium mit den Angaben in 1 Tim 3,1f.; Tit 1,7, hinter denen offensichtlich reale Erfahrungen mit »Ersten« stehen.
- Angenommen, bei einem Gespräch über 1 Tim 2,11f. folgert jemand: »Seht ihr, bei einem Gottesdienst sollten Frauen nicht mehr als Lektorinnen zugelassen werden!« – Antworten Sie mit Rückgriff auf die Bedeutung der Erkenntnisse der historischen Kritik bei der Auslegung biblischer Texte.

Weitere Wege der Auslegung biblischer Texte

»Eines hat Gott gesagt, zweierlei habe ich gehört« (Ps 62,12). Dieses Zitat aus dem Buch der Psalmen ermutigt, hellhörig zu sein für die Vielstimmigkeit der biblischen Überlieferungen. Deshalb eröffnen verschiedene Verfahren – wissenschaftlich orientierte ebenso wie persönlich-unmittelbare oder künstlerisch-interpretierende – zahlreiche Zugänge zur Botschaft in und hinter den Worten. Beeindruckend ist der jüdisch rabbinische Grundsatz, wonach jedem Wort der Heiligen Schrift 70 Auslegungsmöglichkeiten innewohnen. Die altehrwürdige kirchliche Deutung der biblischen Schriften kennt den sogenannten mehrfachen Schriftsinn (KKK 115ff.): »Der *wörtliche* Sinn ist der durch die Worte der Schrift bezeichnete und durch die Exegese, die sich an die Regeln der richtigen Textauslegung hält [vgl. 39 f.], erhobene Sinn«. Der *geistliche* Sinn umfasst einen *allegorischen* Aspekt (vgl. 29), einen *moralischen* Aspekt, der zum richtigen Handeln veranlasst, und einen *anagogischen* Aspekt, der Wirklichkeiten und Ereignisse in ihrer ewigen Bedeutung deutet.

Leser- oder kontextorientierte Zugänge

Keine Auslegung findet im luftleeren Raum statt, ebenso wie das Verfassen der biblischen Texte an konkrete Menschen, Situationen und Aussageabsichten gebunden ist. Immer bestimmt das prägende Umfeld, der Kontext, in dem sich die Schreibenden und die Auslegenden befinden, eine wesentliche Rolle. So liest jede Menschengruppe die Bibel unter einer Perspektive, die den je eigenen Kontext berücksichtigt (*kontextuelle Exegese*): Gewaltsam unterdrückte Menschen hören z. B. die Botschaft von der Befreiung anders als diejenigen, die von Unterdrückung und Gewalt profitieren. Gesellschaftlich an den Rand gedrängte Gruppen nehmen z. B. aufmerksam wahr, wem die Sorge und Freundschaft Jesu in besonderer Weise gilt: Schließlich ruft man ihm: »Dieser Fresser und Säufer, dieser Freund von Zöllnern und Sündern!« (Lk 7,34 par) hinterher – Freund also von Menschen, mit denen in jener Zeit niemand etwas zu tun haben will. Frauen entdecken andere Aspekte in Bibeltexten als Männer, unter anderem, weil sie neue, ungewohnte Fragen an Texte richten. Frauen haben deutlich gemacht, dass die Bibel vom patriarchalen Verständnis der Antike geprägt ist. Und entsprechend sind in der Bibel männliche Gottesbilder vorherrschend; aber Frauen haben auch entdeckt, dass es eine »weibliche Seite« Gottes gibt (vgl. 44 f.) und dass die Bibel von starken Frauen erzählt, die selbstbewusst und entschieden ihren Weg gehen (vgl. 52 f.). Ohne die heute gültige Gleichberechtigung von Frauen unhistorisch in die alten Texte einzutragen, machen Frauen doch darauf aufmerksam, dass das Lesen und Erforschen von Bibeltexten unter einer expliziten Frauenperspektive (*feministische Exegese*) zu einem umfassenderen Verständnis der Heiligen Schrift beiträgt.

► Lesen Sie Lk 7,36-50 in getrennten Frauen- und Männergruppen. Tauschen Sie sich aus, inwiefern es eine Rolle spielt, ob ein Mann oder eine Frau den Text betrachtet. Teilen Sie Ihre Ergebnisse den anderen Gruppen mit.

Tiefenpsychologische Auslegung

Die tiefenpsychologische Exegese geht davon aus, dass unter der Textoberfläche, die ein Autor geschaffen hat, eine Tiefenstruktur verborgen ist, die in unbewussten seelischen Vorgängen des Menschen gründet (vgl. 100). Ankerpunkte dieser Textauslegung sind grundlegende Motive menschlicher Empfindungen wie Angst, Vertrauen, Einsamkeit, Geborgenheit, Abhängigkeit oder Freiheit. Die tiefenpsychologische Exegese will dazu beitragen, Entwicklungs- und Veränderungsprozesse in den Tiefen der Psyche der Leser anzustoßen. So schreibt Eugen Drewermann zu Mk 2,1-12:

»Im Grunde wird in diesem Evangelium die Heilung von einer Krankheit berichtet, die wir alle kennen, weil wir mehr oder weniger alle darunter leiden. Freilich handelt es sich um eine recht sonderbare Form von Krankheit. Erlebt wird sie als Gelähmtheit des Körpers, aber ihr Grund liegt eher in einer Unbeweglichkeit der Seele. Empfunden wird sie als Starre des Leibes, aber ihr Ursprung liegt in einer tiefen Angst der Seele vor möglicher Schuld in der Zukunft bzw. in einer tiefen Resignation infolge bereits begangener Fehler in der Vergangenheit.«

Die Wundergeschichte aus dem Markusevangelium kann als heilsame Erfahrung von Menschen gelesen werden, die aus der Starre in die Beweglichkeit geführt worden sind. Diese Erfahrung wird mit der Glaubensaussage verbunden: In der Begegnung mit Jesus werden Menschen umfassend heil.

► Lesen Sie Mk 10,46-52 und formulieren Sie tiefenpsychologische Interpretationsansätze zu diesem Text.

Im Dialog mit der Bibel

Einen besonders unmittelbaren Zugriff auf biblische Texte praktizieren Formen der Auslegung durch gestaltete Inszenierungen. Während beim »Bibliodrama« im Text »gespeicherte« Erfahrungen durch Einfühlung, Körperübung, kreatives Rollenspiel und Reflexion in der Gruppe verlebendigt werden, geht der »Bibliolog« davon aus, dass die Bibel noch heute lebendig zu Menschen spricht. Die Teilnehmenden identifizieren sich beim Bibliolog mit den vom Text vorgegebenen Rollen. In diesen Rollen füllen sie die »Leerräume« der Texte, das »weiße Feuer«, mit eigenen Ideen und gewinnen dadurch einen lebendigen Zugang zu dem »schwarzen Feuer« der Buchstaben des Textes. Lebensgeschichte und biblische Geschichte verweben sich dabei miteinander und legen sich gegenseitig aus.

- ▶ Informieren Sie sich im Internet näher über die Methode des Bibliologs.
- ▶ Sie können sich für eine Bibelstelle, die im Schulbuch behandelt wird, entscheiden und sich unter Anleitung einer Lehrkraft auf die Umsetzung als Bibliolog einlassen.

Kanonische Exegese/Intertextuelle Auslegung

Die Gesamtheit der in die Bibel verbindlich aufgenommenen Schriften heißt Kanon (lat. = Leitfaden). Jede Perikope und jedes biblische Buch steht also im Kontext einer Vielzahl von Schriften, die sich in produktiver Weise aufeinander beziehen und deshalb »miteinander« zu lesen sind. Neben dem Kanon selbst ist die Lesegemeinschaft – das Volk Gottes, das selbst Thema der Bibel ist – wichtiger Bezugspunkt für die kanonische Exegese. Diese schaut intensiv auf kleine Textpassagen in ihrer Endgestalt und nicht in ihrem Gewachsensein, dann auf übergreifende Text- und Erzählzusammenhänge und schließlich auf intertextuelle Bezüge zu biblischen und außerbiblischen Texten. Wer die Bibel kanonisch auslegt, wird auf folgende erkenntnisleitende Perspektiven stoßen: 1. Die Bibel entfaltet das Werden und die Rolle des Volkes Gottes unter den Völkern; 2. sie versteht »Heil« als Überwindung von Gewalt in einer allein nach dem Willen des Rettergottes gestalteten Welt; 3. sie kennt für diesen Gott die Basismetapher »universaler König«. Grundtenor der Bibel ist folglich die Durchsetzung der umfassenden Königsherrschaft Gottes, dessen zentrale Aufgaben in Gericht/Richtigstellung und Rettung zu sehen sind.

- ▶ Lesen Sie das Vaterunser (Mt 6,9-13) und überprüfen Sie, inwiefern sich die beschriebenen erkenntnisleitenden Perspektiven darin widerspiegeln. Stellen Sie dann Bezüge zum unmittelbaren (umliegende Verse) und weiteren (Verortung in der Bergpredigt) Textumfeld her sowie zu Mk 1,15; Lk 15,11-32; Hos 11,4; Sir 28,2.

Wirkungsgeschichte und Rezeptionsästhetik

Oft wird der Begriff »Wirkungsgeschichte« synonym zu den Begriffen »Rezeptions- oder Auslegungsgeschichte« benutzt. Diese fragen nach biblischen Motiven, Traditionen und Texten in Kunst, Literatur, Musik oder Film und untersuchen, was daran heute noch fasziniert. Die *Wirkungsgeschichte* macht darauf aufmerksam, dass sich alle, die einen (biblischen) Text verstehen wollen, bewusst machen müssen, dass sie bereits mitten in der Wirkungsgeschichte dessen stehen, was sie untersuchen wollen. Heutige Leser sind also von den Wirkungen dieses Textes längst betroffen. Die *Rezeptionsästhetik* geht davon aus, dass Leser (Rezipienten) beim Erzeugen eines Textsinns eine aktive Rolle spielen. Umberto Eco beschreibt Texte als offene Kunstwerke, die stets eines Lesers bedürfen, um aktualisiert zu werden. Im Grunde werden die Buchstaben und Worte erst im Akt des Lesens zu Texten, und deshalb sind literarische Texte nur im Spiegel ihrer Rezeption beschreibbar. Einen Text verstehen, heißt daher nicht, die »Sache des Textes« zu verstehen, sondern sich selbst vor dem Text zu verstehen.

Weil Texte erst in den unterschiedlichen Lektüreprozessen eine Bedeutung erhalten, sind biblische Texte vielfältig deutbar und haben stets mehr als den »einen richtigen« Sinn. Dies gilt es auf den folgenden Doppelseiten zu verifizieren.
Dabei setzt die wissenschaftliche Erforschung auf der Grundlage der historischen Kritik einen sicheren Bezugsrahmen für weitere Auslegungsweisen. Denn auf der einen Seite bildet sie das Gegengewicht zur Leserorientierung; auf der anderen Seite bewahrt sie vor wortwörtlichen Auslegungen, die nicht selten in fundamentalistischen Kreisen zu finden ist.
Um zu einem tieferen Sinn vorzustoßen, haben Leserinnen und Leser biblischer Texte einen dauerhaften Auftrag: »Üb – ersetzen!«, in eine jeweils eigene Sprache mit anderen und neuen Sinndimensionen, und beweg dich bei der Interpretation in der ursprünglichen Sinnrichtung.

Jakob begegnet Gott

Die Bibel erzählt von Menschen, die aus dem Glauben an Gott ihr Leben gestalten. Einige Stellen thematisieren direkt die Begegnung eines Menschen mit Gott. Da diese Texte vom Gottesbild und von Erfahrungen der biblischen Autoren bestimmt sind, helfen unterschiedliche Wege der Exegese, ihren Gehalt für die gegenwärtigen Leser zu erschließen. Auf eigene Weise erzählt Gen 32,23-33 von der Begegnung Jakobs mit Gott. Wenn der Text als Antwort auf eine Frage oder als Bearbeitung eines Problems verstanden wird, kann die Frage von verschiedenen Menschen gestellt werden, und das hinter dem Text stehende Problem zeigt sich in unterschiedlichen Situationen.

Gen 32,23-33 in der Lebensgeschichte Jakobs

Jakob ist der Sohn Isaaks und der Enkel Abrahams. Er hat einen Zwillingsbruder – Esau –, der kurz vor ihm geboren wird. Als junger Mann kauft Jakob seinem Bruder das Erstgeburtsrecht ab (Gen 25,27-34) und erschleicht mit Hilfe seiner Mutter Rebecca auch noch den Segen des todkranken Vaters Isaak (Gen 27). Dies bringt ihm neben einem großen Erbteil auch die Todfeindschaft seines Bruders ein. Jakob – der Betrüger (Gen 27,36) – muss fliehen und verliebt sich in Rahel. Um sie heiraten zu können, muss er Auflagen seines trickreichen künftigen Schwiegervaters erfüllen, die ihn 20 Jahre in der Fremde bleiben lassen. Als es ihm endlich durch eine List gelingt, sich von seinem Schwiegervater zu lösen, will er zurück nach Kanaan ziehen. Dort wird er auf seinen inzwischen ebenfalls reich und mächtig gewordenen Bruder treffen. Die Feindschaft ist nicht vergessen, der Konflikt mit Esau muss gelöst werden. Jakob bereitet die Begegnung umsichtig vor, er sendet Boten voran, will sein Lager aus Angst vor einem Überfall seines Bruders trennen und stellt Geschenke zusammen (Gen 32,2-22). Direkt vor der vermutlich lebensbedrohenden Begegnung mit seinem Bruder ist die Erzählung von Jakobs Kampf (Gen 32,23-33) platziert. Anschließend wird die Versöhnung der beiden Brüder geschildert (Gen 33). Die Erzählung vom schillernden Lebensweg Jakobs ist durchzogen von dem Segen Gottes, der sich immer wieder bestätigt (z. B. Gen 28,14; 33,30; 35,9) und mit der Verheißung großer Nachkommenschaft verbunden ist.

Gen 32,23-33 und die Geschichte des Volkes Israel

Die Geschichte Israels ist eine Geschichte zwischen Gott und seinem Volk. Sie verläuft nicht als eine gradlinige Erfolgsgeschichte, die aus der Erwählung des Volkes durch Gott zu wachsendem Glauben und vielleicht sogar zu stetig steigendem Wohlstand und größerer Macht führen würde. Die Geschichte des Volkes Israel ist vielmehr durchzogen von Brüchen, Krisen und Neuanfängen. Nach einem unterdrückten Beginn in Ägypten, einem problemgeladenen Zug in das verheißene Land folgt zunächst eine Phase der Blüte: Die Könige David und Salomo herrschen über ein Land von damals mittlerer Größe, das sich zwischen den umgebenden Großmächten behaupten kann. Innerer Zwist führt zur Teilung in zwei Gebiete, von denen der nördliche Teil durch die Assyrer und später der südliche Teil durch die Babylonier erobert werden. Viele Menschen werden ins Exil gebracht, die staatliche Integrität ist verloren und der Bezug zu dem einen Gott gefährdet. Nach Jahrzehnten in der Fremde beginnt ein langsamer Neuaufbau.
Das »staatliche« Auf und Ab des Volkes Israel korrespondiert mit vielen inneren Krisen, die von Glaubensschwierigkeiten und prophetischer Erneuerung geprägt sind.
All dies ist für Israel religiös deutungsbedürftig: Ist der göttlichen Verheißung an die Stammväter noch zu trauen? Wie berechenbar oder widersprüchlich ist Gottes Handeln am auserwählten Volk? Was bedeutet die Nähe Gottes für Israel?

- Lesen Sie Gen 32,23-33 und skizzieren Sie, was nach der ersten Lektüre des Textes fragwürdig oder faszinierend auf Sie wirkt.
- Wenn Sie Gen 32,23-33 als Antwort auf die Lebenssituation Jakobs oder als Bearbeitung der wechselvollen Geschichte Israels verstehen, besteht Ihre Aufgabe darin, die Fragen und Probleme herauszubekommen, auf die der Text antwortet. Welche Fragen stellen sich für Jakob und das Volk Israel und welche Antworten gibt der Text?
- In der Gegenwart hat sich z. B. der Maler Herbert Falken mit Gen 32,23-33 auseinandergesetzt. Er eröffnet zwei neue Perspektiven für die Deutung der Erzählung: Das Bild und sein Titel weisen auf einen Zusammenhang mit dem Neuen Testament (vgl. Mt 27,46) hin, seine Stellungnahme zum Text auf persönliche Erfahrungen. Erläutern Sie seine Deutung, indem Sie die Veränderungen zu den beiden alttestamentlichen Interpretationsmöglichkeiten hervorheben.

Herbert Falken, Jakobskampf = Christuskampf, 1984

»Meine Studien zum biblischen Jakobskampf sind zunächst aus mir selbst erwachsen. Ich ringe mit meinem ›Über-Ich‹, aber auch mit meinem inneren ›Schweinehund‹. Darüber hinaus stehen meine ›Jakobskämpfe‹ auch für die Erfahrungen mit einem DU, das ich nicht selbst sein kann, das ich oft nicht zu benennen, nicht zu erfassen und daher auch nicht in Besitz zu nehmen vermag. Ich bilde mir ein, manchmal mit Gott gerungen zu haben. Obwohl, wenn ich das so sage, es mir bereits falsch erscheint.«

Herbert Falken

Gesichter Gottes

Im Alten und im Neuen Testament begegnet Gott Menschen auf vielfältige Weise. Ihre Erfahrungen mit den unterschiedlichen Seiten oder »Gesichtern« Gottes reflektieren sie, erzählen davon weiter und schreiben sie nach und nach auf. Hinter dem hebräischen Wort *panim* für »Angesicht« steht das Verb mit der Bedeutung »sich zuwenden«. Die Summe aller Texte, die von Gottes Zuwendungen – oft in individuellen Erlebnissen und ohne Anspruch auf Objektivität – erzählen, ergibt die kollektive Erfahrung einer Glaubensgemeinschaft. Die dabei transportierten »Bilder« Gottes sind wandelbar und verändern sich, im Volk Israel und der jungen Kirche ebenso wie heute. So werden bekannte und neue Gesichter des einen Gottes nebeneinander wahrgenommen, durch neue überlagert oder abgelöst. In gewisser Hinsicht lässt sich von einem evolutionären, einem anwachsenden Glauben sprechen, an den sich immer wieder neue Gottesbildelemente »anlagern«. Sie sind sowohl in religiös-theologischen als auch lebenspraktischen Ausdrucksformen ablesbar und lassen sich bestimmten Situationen in der Geschichte des Volkes Israel zuordnen.

Bilderverbot

Anders als die Völker seiner Umwelt darf sich Israel von seinem Gott kein Bild machen (vgl. Hos 11,1-4.7-9). Das Bilderverbot ist eine Konkretion des ersten Gebotes: »Du sollst keine fremden Götter neben mir haben« (Ex 20,3; Dtn 5,7). Gemeint ist ein »Schnitzbild«, eine Götterstatue, die kultisch verehrt wird (vgl. Ex 20,5; Dtn 5,9). Das Bilderverbot spricht kein generelles Kunstverbot aus, sondern tabuisiert Götzendienst. Ein Götterbild repräsentiert die Gottheit und sie wird verehrt, indem das Bild verehrt wird. Israel setzt sich – vor allem in der Prophetie – nicht nur vom Vielgötterglauben ab, sondern auch vom Bilderkult (vgl. Jes 40,10-31; 41,21-29). Die Bilderlosigkeit entspricht der Einzigkeit und Transzendenz Gottes. Das Bilderverbot weiß von der Macht religiöser Bilder und will sie im Interesse der Macht des einen Gottes brechen, der sich durch seine Offenbarung selbst ins Bild setzt.

Entwicklungslinien des Gottesbildes im AT

Drei Schlüsselerfahrungen des Volkes Israel mit Gott sind die tragende Basis für wichtige Wesenszüge dieses Gottes: 1. Die Offenbarung des »Gottes der Väter«, die Abraham, dem Oberhaupt einer Nomadengruppe, widerfährt (Verheißung von Schutz, Führung, Nachkommenschaft, Landbesitz); 2. Offenbarung des Gottesnamens JHWH und die Rettung des Volkes aus der Knechtschaft in Ägypten (Eingreifen Gottes zugunsten seines Volkes; fortan Bekenntnis zum Gott Israels; Konstituierung der Gemeinschaft als Volk); 3. die Gotteserscheinung am Sinai und der Empfang der Tora (Dekalog und Bund, Verbindung der Rechtssatzungen mit dem Willen Gottes).
Diese Grunderfahrungen machen deutlich, dass die adäquate Haltung Gott gegenüber die der vertrauenden Hoffnung (und nicht etwa der Kult) ist, dass Gott sich nicht abbilden lässt und keine feste Bindung an einen Ort eingeht, sondern mit dem wandernden Volk unterwegs ist. Aus alldem ergibt sich nicht, wer Gott an sich ist. Wie und was Gott für die Menschen ist, zeigt sich an den Gottesnamen; er erweist sich vor allem als der verlässliche Helfer und als der über alle Mächte herrschende Mächtige. Nach einer Zeit der Klärung gelangt Israel zu seinem fundamentalen Glaubensbekenntnis, dass Gott ein einziger Gott ist (vgl. 46 f.). Hier tritt eine Auseinandersetzung Israels mit seiner Umwelt zutage, die zu einer kritischen Haltung gegenüber Dämonenglauben, Magie, Priester- und Opferwesen geführt hat, aber auch mit sich gebracht hat, dass JHWH Züge der Götter des Kulturlandes integrierte.
Der Herrschaftsbereich Gottes ist im Glaubensverständnis Israels schließlich allumfassend: Gott gibt das Leben und nimmt es, er ist der Ewige, der aus dem Tod rettet; er ist der Hüter des sozialen Lebens und Schöpfer des ganzen Kosmos; er führt sein Volk in Fürsorge wie ein Hirte, er liebt Israel, wie ein Vater und eine Mutter ihr Kind lieben;

- Zeichnen Sie die evolutionäre Entwicklung des Gottesbildes im Alten Testament nach, indem Sie in einer Skizze die jeweils zu den Schlüsselerfahrungen Israels passenden Gottesnamen (substantivisch oder attributiv) eintragen.
- Lesen Sie die Erzählung über die Gotteserfahrung des Mose am Dornbusch (Ex 3,1-17) und sammeln Sie wichtige Wesenszüge Gottes.
- Erläutern Sie die Bedeutung des Bilderverbots und inwiefern zum Verständnis dieses Verbots die historisch-kritische Exegese hilfreich ist.
- Diskutieren Sie, welche alten und neuen Gesichter Gottes heute aufscheinen und auf welche Erfahrungen und Entwicklungen diese wohl zurückzuführen sind.

– väterlich und mütterlich

er ist Richter, der die Lebensordnung und Gerechtigkeit wiederherstellt; er wird alle Völker in dieses Heil einbeziehen; er wird als König allen Mächten ein Ende setzen, indem er seine Herrschaft über alles errichtet und eine vollendete neue Schöpfung in Aussicht stellt.
Die Gotteserfahrungen sind so dynamisch, dass sich nicht nur der Glaubensbereich ständig erweitert, sondern dass Gott nur in widersprüchlicher und paradoxer Rede bezeugt werden kann: Eine helle und eine dunkle Seite werden ihm zugeschrieben. Er handelt einerseits übermächtig souverän und andererseits eröffnet er den Raum menschlicher Freiheit und Verantwortung. Er erweist sich als nahe und bleibt zugleich absolut fern. Er wirkt, inspiriert und kritisiert durch sein Wort und zugleich schweigt er abgründig, wenn Menschen zu ihm rufen.

»Gott weiblich«?

Eine gleichnamige Ausstellung hat große Aufmerksamkeit erregt. Die rund 250 Exponate entfalteten das Thema der Präsenz des Weiblichen in Gottesvorstellungen antiker orientalischer Religionen. Altisraelitische Inschriften wie: »Sei gesegnet im Namen Jahwes und seiner Aschera« sorgten für Aufsehen. Neben JHWH, dem Gott Israels, erscheint eine weibliche Gottheit. Im Tempel von Jerusalem ist sie bis zur Kultreform des israelitischen Königs Joschija im Jahre 622 v. Chr. mit verehrt worden. In gewisser Weise hat nach Aschera die als Frau personifizierte Weisheit diesen Platz eingenommen; sie wird zur Mitschöpferin, die vor dem Ursprung der Welt entstanden ist und Gott bei der Schöpfung zur Seite stand (Spr 8,27-31). Die Erzählung von der Erschaffung des Menschen mündet in die Aussage, dass Mann *und* Frau Abbild Gottes sind (Gen 1,27).
Auch wenn das Gottesbild der Bibel weithin durch männliche Attribute gekennzeichnet ist, wird Gott auch in weiblichen Bilder umschrieben: als »Mutter« (Jes 66,13), als »gebärende Frau« (Jes 42,14) oder als »Hebamme« (Jes 66,9). Dabei ist zu beachten, dass keines der Bilder mehr sein kann, als es ist: ein Vergleich; jedes hat begrenzte Geltung.

Zum Beispiel: Hosea 11

In Hos 11 kommen beide – weibliche und männliche – Vergleichsmöglichkeiten zusammen. Zwei Gefühlsregungen Gottes geraten aneinander: Wut und Zorn streiten mit Liebe und Barmherzigkeit. Wut und Zorn zeigen sich in Bildern von Krieg und Vernichtung, im Kampf der Männer mit dem Schwert; Liebe und Barmherzigkeit sind in Bildern der Fürsorge einer Mutter ausgedrückt, die ihr Kind in den Armen wiegt und ihm zu essen gibt. Die Hinwendung Gottes zu Israel, die »weibliche« Seite Gottes, behält das letzte Wort: »Nicht will ich handeln nach der Glut meines Zornes, nicht wiederum Ephraim verderben, denn Gott bin ich und nicht Mann ...« (Hos 11,9; die Einheitsübersetzung übersetzt schwach mit »Mensch«).
Hier eine Gegensätzlichkeit der Geschlechter sehen zu wollen, würde die Intention der Perikope verfehlen. Hosea spricht noch in einer Zeit vor dem Durchbruch jenes Dualismus, der das Weibliche und das Männliche aufspaltet. Er kann darum sowohl männliche wie weibliche Bilder und Metaphern für Gott verwenden. Während er im Bild von Gott als Ehemann und Israel als treuloser Ehefrau die männlich-weibliche Polarität so verteilt, dass Gott auf der männlichen, Israel auf der weiblichen Seite steht, geschieht dies in Hos 11 so, dass JHWH als Mutter dem männlich vorgestellten Kind (Hos 11,1: Sohn) gegenübersteht.
Die gängigen Metaphern Richter, König, Held, Ehemann reichen offensichtlich nicht aus. In der verzweifelten Situation vor dem endgültigen Zusammenbruch des Nordreiches greift der Prophet auf Bilder zu, die treffender geeignet sind, seine letzten und tiefsten Erfahrungen mit dem Gott Israels auszudrücken. Nur in der Mutterliebe Gottes sieht der Prophet noch eine Chance für Israel.

- ▶ Zeigen Sie auf, inwiefern der Gott der Bibel Vater und Mutter zugleich sein kann, und beziehen Sie dabei Hos 11 mit ein.
- ▶ Erschließen Sie sich die Grundanliegen eines kontextuellen Zugangs zu biblischen Texten und hier des feministischen Ansatzes (vgl. 40). Benennen Sie Chancen und Grenzen dieser Auslegungsart.
- ▶ Begründen Sie, warum der Mensch auf Bilder – auch auf Gottesbilder – angewiesen ist und inwiefern diese von der eigenen Lebenssituation – auch derjenigen der biblischen Verfasser – beeinflusst sind.

Israels Weg zum Monotheismus

Wie lässt sich die Vielzahl der Gottesbilder des Alten Testaments mit dem Glauben Israels an den einen und einzigen Gott, der den Glauben an die Existenz anderer Götter grundsätzlich ausschließt, vereinbaren? Warum und wie gelangte Israel zu einem solchen Monotheismus?

> **»Höre, Israel!**
> **JHWH, unser Gott, JHWH ist einzig.«**
>
> *Dtn 6,4*

Nach der Geschichtsdarstellung der Bibel stellt die Entdeckung des Monotheismus kein Problem dar: Demnach hat JHWH selbst – vermittelt durch Mose – Israel schon in der Frühzeit seine göttliche Einzigartigkeit auf dem Berge Sinai offenbart und die Verehrung anderer Götter neben ihm für alle Zeiten verboten (Dtn 4f.; Ex 19f.). Danach ist allerdings diese Erkenntnis verdunkelt worden, als Israel mit der Einwanderung ins Gelobte Land, teilweise verführt durch andere Völker, zu anderen Göttern und Göttinnen abgefallen ist (Num 25; Ri 2ff.). Nachdem es immer wieder einmal kurzfristig zur alleinigen JHWH-Verehrung durch Samuel (1 Sam 7), Elija (1 Kön 18), Jehu (2 Kön 9f.) und Hiskija (2 Kön 18) zurückgeführt worden ist, hat schließlich der fromme König Joschija kurz vor dem Exil die reine JHWH-Verehrung der Frühzeit wieder entdeckt und Israel dauerhaft darauf verpflichtet (2 Kön 22 – 23).

Die ägyptische Mutter- und Himmelsgöttin Hathor schenkt den Menschen, die der Schöpfergott Chnum auf der Töpferscheibe formt, Leben.

Ein genauer Blick in die Bibel stellt diese Sicht allerdings infrage: So setzt eine Reihe von Bibelstellen die Existenz anderer Götter voraus, wenn sich beispielsweise Gottesnamen wie El Eljon, höchster Gott (Gen 14,18-22), finden oder JHWH im Kreis anderer Götter und im Mittelpunkt eines ganzen Pantheons geschildert wird.

> **»Gott steht auf in der Versammlung der Götter,**
> **im Kreis der Götter hält er Gericht.«**
>
> *Ps 82,1*

Religionsgeschichtliche Forschungen und archäologische Funde, wie beispielsweise Siegelstempel mit Göttersymbolen, Figürchen von Göttern und Göttinnen und einige Inschriften religiösen Inhalts, können zeigen, dass Israel eingebunden war in die Kulturen und Religionen der vorderasiatischen Völker und dass Israels Religion in der Frühzeit polytheistisch war, so wie die seiner Nachbarn. Biblische Texte, die über eine weithin monotheistische Frühzeit Israels berichten, werden heute von der Mehrheit der Alttestamentler hinsichtlich ihrer Entstehungszeit spät datiert und als idealisierende Rückprojektionen jüngerer Epochen beurteilt.

Erzählende Zeit eines Textes (Entstehungssituation und -zeit) und *erzählte Zeit* (Zeit, in der eine Geschichte spielt, thematisiert wird) fallen in den biblischen Büchern so gut wie nie zusammen. Auch wenn sich die biblischen Autoren darum bemüht haben, die erzählte Geschichte möglichst »passend« durch antikisierende Ausgestaltung in die erzählte Zeit bzw. in die eigenen Vorstellungen von der erzählten Zeit einzufügen, so tragen sie dennoch den eigenen Zeitgeist mit ein, zumal sie immer auch eine Botschaft für die eigene Zeit vermitteln wollen.

Der Alttestamentler Erich Zenger legt den derzeitigen Forschungsstand über den Weg Israels zum Monotheismus als komplexen »Prozess dar, der von folgenden drei Faktoren bzw. Ereignissen maßgeblich bestimmt worden ist:

1. Soweit erkennbar bzw. rekonstruierbar brachte der Gott JHWH in das sich zwischen 1200 und 1000 v. Chr. formierende biblische Israel sowie in dessen zu jener Zeit polytheistische Götterwelt ein besonderes Profil eines Gottes ein, das seinen späteren Aufstieg zum einzigen Gott Israels und schließlich zum alleinigen Gott der Welt begünstigte.
2. Nach und nach erweiterte sich das Profil des Gottes JHWH durch die Integration von Wirkweisen und Kompetenzen, die außerhalb Israels und bis dahin in Israel anderen Gottheiten zugesprochen waren. Der Vorgang dieser Kompetenzerweiterung des Gottes JHWH führte (in Israel) zu einer Entmachtung oder gar zu einem Verschwinden dieser anderen Gottheiten. Dieser Prozess erreichte einen Höhepunkt mit dem in Dtn 6,4 vorliegenden Bekenntnis der göttlichen Einzigartigkeit JHWHs als des für Israel einzigen Gottes. Der Fachbegriff hierfür ist ›exklusive Monolatrie‹ (griech. *monos* = einzig, allein; *latreía* = kultische Verehrung).
3. Der ›revolutionäre‹ Durchbruch zum expliziten bzw. selbstreflexiven Monotheismus vollzog sich im Exil, greifbar bei Deutero-Jesaja und in der sogenannten Priesterschrift. Entscheidend war, dass man einerseits die Katastrophe des Exils nicht als Sieg fremder Götter, sondern als Gericht des eigenen Gottes JHWH über Israel betrachtete, der sich dazu der Fremdgötter bediente, und dass man andererseits das erhoffte bzw. angekündigte Ende der Katastrophe als Offenbarungserweis der göttlichen Einzigartigkeit JHWHs vor der Völkerwelt proklamierte.«

Trotz einiger entfernter Parallelen im Alten Orient und in Ägypten, wie etwa die »monotheistischen Tendenzen« unter Echnaton (um 1350 v. Chr.), bleibt der Weg Israels zum Monotheismus ein Unikum in der religionsgeschichtlichen Entwicklung der Menschheit. Erich Zenger hält fest, dass es sich nicht nur um eine langsame Addition von »monotheistischen Tendenzen« innerhalb des Polytheismus handelt, sondern um einen völligen Umschlag des Denkens:
»Die im 6. Jahrhundert erreichte Position des reflektierten Monotheismus bot die Möglichkeit, das Profil des einen und einzigen Gottes JHWH auch weiterhin mit einer Fülle von göttlichen Wirkweisen ›anzureichern‹, sodass sich nun ein *polyvalenter und polyphoner Monotheismus* entfaltete; die vielleicht eindrucksvollste ›Kompetenzerweiterung‹ besteht ... darin, dass der transzendente Gott des Himmels und der Erden eine intensive Beziehung zu jedem einzelnen Menschen aufnimmt (vgl. Ps 8,5), ja sogar zu den Tieren (vgl. Ps 36,7) ... Dieser Monotheismus realisiert auf faszinierend kreative Weise die Perspektive ›Einheit in Vielfalt‹, freilich mit der klaren Priorität auf dem Aspekt der Einzigkeit. Daran konnte das Christentum mit seinem Konzept vom drei-einen Gott anknüpfen.«

- Stellen Sie mithilfe einer Übersicht über die Geschichte Israels, z. B. in www.religionvernetzt.de, die Entstehung des Monotheismus nach der biblischen Geschichtsdarstellung auf einem Zeitstrahl dar.
- Ordnen Sie die wesentlichen Ereignisse auf dem Weg Israels zum Monotheismus nach Erich Zenger ebenfalls in einer chronologischen Übersicht an. Verwenden Sie dazu auch die Darstellung der Entwicklung des Monotheismus auf der Seite des wissenschaftlichen Bibellexikons im Internet.
- Vergleichen Sie die Ergebnisse der beiden vorausgehenden Aufgaben und erläutern Sie daran den Unterschied zwischen erzählender und erzählter Zeit.
- Verdeutlichen Sie durch einen Vergleich der Abbildung auf 46 mit der zweiten biblischen Schöpfungserzählung (Gen 2,4b-24) das Phänomen der Kompetenzerweiterung JHWHs.
- Vergleichen Sie die Aussagen in Dtn 6,4 und Dtn 32,8f. mit Ps 77,17-20 und Ps 82 und ordnen Sie Ihre Ergebnisse in die Übersicht zur Entstehung des Monotheismus ein.
- Erläutern Sie ausgehend von den verschiedenen Gottesbildern im AT (44 f.) den Begriff des »polyphonen bzw. polyvalenten Monotheismus« und versuchen Sie, Ihre Ergebnisse in einem Schaubild darzustellen.

In Jesus Gott begegnen

Die Gotteserfahrungen im Alten Testament zeigen, dass es kein eindeutiges Gottesbild gibt (44 f.). Verschiedene Erfahrungen und Einflüsse haben die Menschen immer wieder zu einer Fortschreibung ihrer Vorstellungen von Gott veranlasst. Diese Linie setzt sich auch im Neuen Testament fort. Hier gründen sich Aussagen vor allem auf das, was Jesus von Gott erzählt hat und wie er in seinem Namen gehandelt hat. Auf dem Weg der Reflexion sind die Menschen zu dem Bekenntnis gelangt: In Jesus begegnen wir Gott.

Jesu Gottesanrede: Abba

Am eindrücklichsten an der Rede Jesu über Gott ist wohl seine Anrede Gottes als Abba (von aram. *abi* = mein Vater, Papa) gewesen. Diese Anrede ist bemerkenswert, weil das Wort aus der Alltagssprache stammt. Die gebräuchlichen jüdischen Anreden Gottes sind eher von Ehrfurcht geprägt: Herr, König, Schöpfer der Welt, der Heilige und Ewige. Wer von Gott als dem »Vater« redet, zeigt, dass er ein enges, familiäres Verhältnis zu ihm hat. Dabei gebraucht Jesus den Vatertitel für Gott nicht ausschließlich für sein persönliches Gottesverhältnis; er redet auch den Jüngern gegenüber von »deinem« und »eurem Vater« und schließt sie gleichsam in die Familienbande mit ein. Und Jesus lehrt seine Jünger beten, wie er es selbst getan hat: »Unser Vater im Himmel ...«

Jesu Handeln repräsentiert das Handeln Gottes

Im NT wird immer wieder deutlich, dass die Jünger und Jüngerinnen Jesu nach seiner Auferstehung versucht haben, die besonderen Erfahrungen, die sie mit Jesus gemacht und worin sie das Handeln Gottes erkannt hatten, in Worte zu fassen. Davon mussten sie ihrer Umwelt erzählen – wie Jesus zu und von Gott gesprochen hatte, was er über den Bereich gesagt hatte, in dem »Leben in Fülle« möglich sein könnte; wie er gehandelt hatte in der Überzeugung, dass sich alles und alle nach dem Willen Gottes, seiner guten Weisung zum Leben, richten würden. Zumindest anfanghaft sieht Jesus diese Gottesherrschaft als angebrochen an (vgl. Mk 1,15).
Wie ist Jesus zu einem solchen Verständnis gelangt? Den Hintergrund bildet das damals prägende doppelstöckige Weltbild: Im »oberen« Stockwerk handelt Gott zum Heil seiner Geschöpfe und im »unteren« Stockwerk vollzieht sich das Handeln Gottes in kleinen, aber unaufhaltsamen Schritten analog nach. Jesus hat die visionäre Überzeugung, dass Gott selbst bereits – im Himmel – einen kosmischen Umbruch eingeleitet hat (vgl. Lk 10,18). Die dämonischen Chaosmächte sind gestürzt und entmachtet – jetzt tritt die Herrschaft Gottes als neue Ära zutage.
Seine realen Erfahrungen – auf Erden – mit offensichtlich erfolgreichen Exorzismen deutet Jesus im Horizont dieser angebrochenen Gottesherrschaft: »Wenn ich mit dem Finger Gottes die Dämonen austreibe, dann ist die Herrschaft Gottes schon zu euch gekommen« (Lk 11,20). Dieses Wort bringt Jesu Selbstverständnis und seine Sendung präzise auf den Punkt. Er versteht sich als Repräsentant der sich durchsetzenden Herrschaft Gottes. Aber Jesu Handeln kann nur dann als Gottes heilendes Wirken erfahren werden, wenn der Empfänger das Geschehen gläubig deutet. Aussagen wie: »Dein Glaube hat dich gerettet«, markieren eine Voraussetzung, wie Jesu Wirken als Zeichen der Nähe Gottes und der Rettung durch Gott zu verstehen sind.
Dieses heilsam-rettende Moment kommt auch in der Sammlungsbewegung Jesu zum Ausdruck: Jesus beruft 12 Apostel analog zu den 12 Stammvätern Israels; und er schart Zöllner und Sünder und allerlei Menschen vom Rande der »Gesellschaft« um sich, um mit ihnen gemeinsam zu essen und zu trinken. Gerade sie haben schon jetzt Anteil an dem Festmahl, von dem Jesus in Gleichnissen spricht; sie bilden in provozierender Weise das Zentrum des Gottesvolkes, denn sie haben sich einladen lassen – anders als die ursprünglich geladenen Gäste im Gleichnis vom Festmahl (Lk 14,15-24). Dieser Umgang Jesu spiegelt wider, was der Prophet Ezechiel den ins babylonische Exil geführten Israeliten als Vision beschrieben hat: Gott selbst hat sich aufgemacht und sammelt als der gute Hirte seines Volkes die Zerstreuten (Ez 34,11-16). Dieser Sammlungsinitiative Gottes schließt sich Jesus an.

- Fassen Sie in eigenen Worten zusammen, inwiefern das Gottesbild, das durch Jesu Worte und Taten vermittelt wird, an Vorstellungen des Alten Testaments anknüpft und Wesenszüge Gottes akzentuiert.
- Lesen Sie Mk 5,1-20. Diese Perikope wurde von Eugen Drewermann tiefenpsychologisch (vgl. 40) gedeutet. Erläutern Sie mithilfe des Dokuments auf www.religionvernetzt.de Chancen und Grenzen dieser Methode.
- Inwiefern ist im Handeln Jesu das Handeln Gottes erkennbar?

Der Weg: vom Mittler zur Mitte des Glaubens

Nach dem Tod und der Auferstehung Jesu nehmen die meisten seiner Anhänger an, dass das Ende der Welt und das Anbrechen eines neuen Reiches unmittelbar bevorstehe (Parusie, von griech. *parousía* = Erscheinung, Ankunft). Hinweise auf diese Naherwartung finden sich v. a. in den Briefen des Apostels Paulus (z. B. 1 Thess 4,15; 1 Kor 15,51f.). Obwohl sich die Hoffnung auf eine baldige Wiederkunft Jesu nicht erfüllt, erkennen die urchristlichen Gemeinden in der Reflexion, dass mit Jesus bereits etwas von dem sichtbar geworden ist, was die Menschen für das Ende der Zeit erwarten – und dadurch gewinnt Jesu Leben eine neue Dimension. Diesen Weg, dass der Mittler des Glaubens (Jesus von Nazaret) zur Mitte des Glaubens (Jesus als Messias, zu dem sich seine Jünger und Anhängerinnen bekennen) wird, zeigt sich z. B. in den sogenannten Ich-bin-Worten des Johannesevangeliums.

Die Ich-bin-Worte

Die Ich-bin-Worte stellen eine Verbindung zwischen den Aussagen zum Bild Gottes im AT und NT her und nehmen eine Verdichtung vor: Jeder kennt die Erfahrung, dass das Telefon klingelt und der Gesprächspartner statt seines Namens am anderen Ende der Leitung nur sagt: »Ich bin es!« Er setzt voraus, dass es dem Angerufenen genügt, wenn er sich durch diese drei kleinen Worte zu erkennen gibt. Ähnliches geschieht in der Begegnung mit den »Ich-bin-Worten« Jesu im Neuen Testament. Als derjenige, der in seinem Handeln und seinen Worten ganz mit dem Vater übereinstimmt, ja in dessen Tun sich das Tun des Vaters zeigt (vgl. 48), spricht Jesus immer wieder die Worte »Ich bin ...«. Neben den absoluten Ich-bin-Worten gibt es diese aber auch in Verbindung mit Bildworten, z. B.: »Ich bin der Weg und die Wahrheit und das Leben« (Joh 14,6).
Diese »Ich-bin-Worte« Jesu sind deswegen von besonderer Bedeutung, weil sie an die Offenbarungsform Gottes im Alten Testament als alleinigen Herrn der Geschichte (Ex 20,2; Jes 43,11; 51,12) anknüpfen. Hier spricht also nicht einer, der wie die Propheten das Wort Gottes bezeugt, indem er sagt: »So spricht der Herr«, sondern hier spricht der Herr selbst zu den Menschen. Die johanneischen Bildworte sagen also in knappster Form aus, wer Jesus seinem Wesen nach ist und was er für die Menschen bedeutet. Sie dienen nicht nur der Selbstidentifikation, sondern sind Epiphanie (griech. = Erscheinung) des Gottessohnes. Und hierin zeigt sich, dass Jesus nicht mehr von der Heilsbotschaft Gottes an die Menschen spricht und sie durch sein Heilshandeln erfahrbar macht in der Funktion eines Mittlers. Vielmehr ist er Christus (griech. = hebr. *Messias* = [von Gott] Gesalbter), der Sohn Gottes.

ICH BIN ...

das Brot des Lebens	Joh 6,35.48
das Licht der Welt	Joh 8,12
die Tür	Joh 10,7.9
der Gute Hirt	Joh 10,11.14
die Auferstehung und das Leben	Joh 11,25
der Weg, die Wahrheit und das Leben	Joh 14,6
der wahre Weinstock	Joh 15,1.5

Jesus, der Christus

Der Weg vom Mittler zur Mitte des Glaubens zeigt sich auch in den Reaktionen der Jünger und Jüngerinnen Jesu. Weil Jesus als der »Erste der Entschlafenen« (1 Kor 15,20) durch Gottes Handeln auferweckt worden ist, kommt ihm eine einzigartige Bedeutung zu. Dies drückt sich darin aus, dass Jesus mit sogenannten Hoheitstiteln wie Messias, Menschensohn oder *Kyrios* (griech. = Herr) bezeichnet wird. Gleichzeitig wird damit das Bekenntnis zu Jesus als Christus formuliert. In den sogenannten Christus-Hymnen des NT wird dieser Glaube ausgefaltet, z. B. als Bekenntnis zu Jesus Christus als Bild des unsichtbaren Gottes (Kol 1,15) oder als Wort, das Fleisch geworden ist (Joh 1,1-18). Darin soll seine Präexistenz betont werden, dass er als Sohn Gottes schon vor allen Zeiten existiert hat. Jesus Christus steht damit am Ursprung der Welt; mit dem Auferstandenen ist in den Augen der Jünger eine neue Weltordnung in Kraft getreten, an deren Spitze Jesus Christus selbst steht. Die Diskussion um seine Stellung im Heilsgeschehen und in der Zuordnung zu Gott hat die Kirche dann in den ersten Konzilien beschäftigt (vgl. 90 f.).

- Zeichnen Sie in eigenen Worten den Weg nach, wie Jesus vom Mittler des Glaubens zur Mitte des Glaubens geworden ist.
- Inwiefern stellen die Ich-bin-Worte des Johannesevangeliums eine Verbindung zwischen dem Alten und dem Neuen Testament her?
- Eine erste Kurzformel des Glaubens lässt sich aus dem Symbol des Fisches (griech. *ichthýs*) ablesen, das die Christen als Geheimzeichen verwendet haben, um vor Verfolgung sicher zu sein. Informieren Sie sich, welches Bekenntnis in diesem Symbol verborgen ist, und vergleichen Sie es hinsichtlich der Aussagen über Jesus mit einem neutestamentlichen Christus-Hymnus.

Jesus begegnen wie Nikodemus (Joh 3,1-13)

Schon die ersten Worte des ältesten Evangeliums – »Evangelium Jesu Christi« (= »frohe Botschaft ›von‹ und ›über‹ Jesus Christus«; Mk 1,1) – zeigen, dass Jesus, das Subjekt des Evangeliums, d. h. der Prediger des Gottesreiches, zunehmend zum Gegenstand (Objekt) der Predigt und des Glaubens wird. Den Schriften geht es also um eine Glaubensperspektive, die über das faktische Wissen um Jesu irdische Existenz hinausgeht. Sie verkünden, wer er für die Menschen ist und was er ihnen bleibend bedeutet.

Das Evangelium als Rahmen einer Begegnungsgeschichte

Die folgende Begegnungsgeschichte aus dem Johannesevangelium gibt ein Beispiel, wie Menschen auch heute noch Jesus begegnen können. Mit Blick auf die Erkenntnisse der exegetischen Forschung soll zugleich deutlich werden, inwiefern Hintergrundinformationen zu den Texten wichtige Hinweise geben, damit eine solche Begegnung »evangeliumsgemäß« sein kann. Dazu ist u. a. die spezifische Abfassungssituation der Schriften zu berücksichtigen.
Das Johannesevangelium lässt sich – wie alle anderen Schriften des Neuen Testaments – auf verschiedenen Ebenen lesen (vgl. 46): einerseits auf der Ebene der erzählenden Zeit, also gegen Ende des 1. Jahrhunderts n. Chr., als sich die johanneische Gemeinde nach dem Zerwürfnis mit der jüdischen Gemeinde und nach einer internen Spaltung mit jenen Gruppierungen arrangieren musste, in denen Petrus und die synoptischen Evangelien eine tragende Rolle spielten – in dieser prekären Gemeindesituation schreibt der Evangelist; andererseits lassen sich die Texte auf der Ebene der erzählten Zeit des Lebens und Wirkens Jesu um 30 n. Chr. lesen. Indem der Evangelist »seine« Jesusgeschichte in besonderer Weise ausgestaltet (weshalb sich diese auch von den Darstellungen bei den Synoptikern abhebt), gibt er immer zugleich einen Kommentar zu aktuellen Fragen während der Abfassungszeit. Er nimmt die Figuren, die Jesus im Johannesevangelium begegnen, hierzu in Dienst. Deshalb sind sie im Vergleich zu denjenigen bei den Synoptikern nicht in einer individuellen Eigenart beschrieben. Johannes zeichnet sie vielmehr in typisierender Absicht: An und mit ihnen stellt der Evangelist unterschiedliche Reaktionsweisen auf die Begegnung mit Jesus dar. Diese führt er seinen Lesern vor Augen, damit sie sich orientieren und ihre eigenen Antworten auf Jesus finden und realisieren können.

Nikodemus' Auftritt und Dilemma

Ein Pharisäer, das Evangelium beschreibt ihn als »führenden Mann unter den Juden«, kommt zu Jesus. Diesen Nikodemus beeindrucken die Zeichen, die Jesus wirkt. Im Schutz der Nacht sucht er Jesus auf, wodurch das Gespräch eine besondere Atmosphäre erhält.
Da das Johannes-Evangelium mit einem Hell-Dunkel-Dualismus (Joh 3,19-21 u. ö.) arbeitet, taucht Nikodemus in dieser Szene gleichsam als »Schatten-Gestalt« auf. Nach diesem »Nachtgespräch« tritt er noch zwei Mal im Evangelium auf die Bildfläche (Joh 7,50-52; 19,38-40).
Nikodemus ist einerseits Mitglied in der führenden Religionspartei, welche die Evangelien als Gegner Jesu charakterisieren. Andererseits ist ihm aber Jesus bekannt und er ist offensichtlich an seiner Botschaft interessiert und zeigt sich wissbegierig.
Nikodemus ist als Lehrer Israels zuständig für die wichtigen Fragen des Lebens, z. B. »wie man in den Himmel kommt«. Da er sich selbst scheinbar in der Antwort nicht sicher ist, wagt sich Nikodemus zu Jesus – heimlich, nachts.
Bei der Begegnung kann von einem dialogischen Gespräch im eigentlichen Sinn nicht die Rede sein: Nikodemus kommt über die Rolle des Stichwortgebers nicht hinaus. Jesus beherrscht von Anfang an die Szene, setzt das Thema fest und spricht sodann von sich selbst. Dabei wird schnell deutlich, dass Nikodemus Schwierigkeiten mit der metaphorischen Sprache Jesu hat; sie ist ihm nicht vertraut, er muss nachfragen, inwiefern ein Mensch, der bereits auf Erden ist, neu geboren werden kann. Jesus hingegen redet von einer Geburt »aus Wasser und Geist«.
Nach dem nächtlichen Besuch steht Nikodemus bald vor einem Dilemma: Wie soll er sich, nachdem er Jesus und seine Botschaft kennengelernt hat, verhalten, als ihn andere Pharisäer – vor aller Augen – über Jesus befragen?

- Lesen Sie Joh 3,13-16 und zeigen Sie mit Ihrem Wissen um die Situation der johanneischen Gemeinde auf, inwiefern das »Dilemma des Nikodemus« der Versuch des Johannes ist, eine Antwort auf Fragen der Adressaten seines Evangeliums zu geben.
- Zeigen Sie auf, welche Bedeutung die Figuren im Johannesevangelium ganz allgemein haben. – Lesen Sie Joh 13,23-25; 19,26f.35f.; 20,8; und 21,7 und erschließen Sie, welche Funktion der »Jünger, den Jesus liebte« als Gegenüber zu Petrus im Evangelium haben könnte.
- Inwiefern bietet die Figur des Nikodemus Identifikationsmöglichkeiten, die eine Begegnung mit Jesus heute anbahnen oder erleichtern können?

Die vier Dimensionen des johanneischen Christusbildes

In Einzelbegegnungen wie in dem Kontakt Jesu mit Nikodemus oder in der Begegnung zwischen Jesus und Maria von Magdala (52 f.) erfahren die Wesenszüge Jesu, die der Prolog im Johannesevangelium (Joh 1,1-18) in poetischer Weise umkreist, eine Konkretisierung. Um in der Verkündigung vom Mittler zur Mitte des Glaubens zu kommen und den Lesern aller Zeiten die Möglichkeit zu eröffnen, Jesus zu begegnen, verwenden die biblischen Texte – so auch das Johannesevangelium – immer wieder Bilder.
Künstlerische und damit auch literarische Bilder wollen den Blick des Betrachters auf etwas lenken, was ohne diese Vermittlungsinstanz nur schwer wahrgenommen werden kann. Entsprechend lässt sich im vierten Evangelium ein Christusbild entdecken, das mehrere Ebenen aufweist und den Lesern des Evangeliums den Blick auf Jesus, den Christus, nach und nach freigibt. Wie bei einem Mosaik entsteht langsam ein Gesamtbild; die Adressaten der Botschaft gelangen also schrittweise zur vollen Erkenntnis der Bedeutung Jesu Christi.

Mosaik der Christusbilder im Johannesevangelium

Spiegelbild eigener Erfahrungswelt → Jesus vergleicht sich mit Brot (»Ich-bin-Worte«, vgl. 49) → der als lebensnotwendig Erfahrbare	*Erinnerungsbild zum geschichtlichen Jesus* → historisch konstruiertes Bild → der geschichtliche Mensch	*Abbild Gottes* → in Jesus wird erfahrbar und sichtbar, wie Gott ist, der sich jeder Anschauung entzieht → der Göttliche	*Vorbild eines Lebens im Glauben* → tröstliches Bild für die Gestaltung der Zukunft in der Gegenwart (vgl. 60 f.) → der Bleibende
anthropologische Dimension	**geschichtliche Dimension**	**theologische Dimension**	**ethische Dimension**

Die unterschiedlichen eigenständigen Betrachtungsebenen formen letztlich ein christologisches Gesamtbild, das mehr ist, als die Summe der Einzelteile. Wenn Jesus als Brot, als Weinstock oder als Hirte gezeigt wird (vgl. 49), dann lassen die Leser vor ihrem inneren Auge ein Christusbild erstehen, das eng mit dem eigenen Erfahrungshorizont verknüpft ist. Mit Brot, Weinstock oder Tür kann jedermann etwas verbinden und deren Bedeutungen im Alltag sind bekannt: Sie ermöglichen Leben.
Im Rückblick auf Jesus von Nazaret wird deutlich, dass er als Mensch unter Menschen gelebt hat. Dabei stellen die Bilder den erinnerten und nicht in erster Linie den historischen Jesus dar. In ihnen drückt sich aus, wie Jesu Worte und Taten nach Ostern tiefer verstanden und gedeutet werden. Als der von Gott Auferweckte und damit durch Gott auf einmalige Weise Bestätigte wird einerseits Jesu Botschaft zur letztgültigen Offenbarung des Willens Gottes; andererseits vollzieht sich die Verknüpfung der Botschaft Jesu mit der theologischen Bedeutung Jesu als Christus und von Gott erhöhter Herr (*Kyrios*).
Da zur Zeit der Abfassung des Johannesevangeliums die Wiederkunft Jesu Christi noch immer aussteht, hat dieses Christusbild auch eine ethische Dimension. Diese wird durch die Sendung des Geistes Gottes als *Paraklet* (griech. = herbeigerufener Beistand, Anwalt) verdeutlicht und im Liebesgebot konkret: »Liebt einander, so wie ich euch geliebt habe« (Joh 15,12). Wer mit der Haltung dieser Liebe handelt, begegnet Jesus auch heute unmittelbar.

- ▶ Zeigen Sie auf, welche Dimensionen das Christusbild im Johannesevangelium aufweist und inwiefern der Verfasser dadurch den Lesern seines Evangeliums hilft, Jesus, dem Christus, zu begegnen oder ihn zu erfahren.
- ▶ Inwiefern ist es Voraussetzung, Methoden der Exegese auf das Johannesevangelium anzuwenden, um die theologische Botschaft verstehen und diese für das eigene Verständnis und die jeweilige Lebenszeit und -situation erschließen zu können?
- ▶ Beschreiben Sie, ob und wie es Ihnen als Menschen des 21. Jahrhunderts gelingen kann, Jesus und damit Gott wie Nikodemus zu begegnen.
- ▶ Das Schaubild führt noch einmal verschiedene Dimensionen vor Augen, die im Johannes-Evangelium in der Darstellung Christi begegnen. – Erklären Sie diese auch unter Bezugnahme der folgenden Seiten und erörtern Sie, inwiefern diese literarische Komposition der Christusdarstellung die bleibende Bedeutung des Evangeliums als Glaubenszeugnis ausmacht.

Maria von Magdala begegnet Jesus

Alle Evangelien nennen Maria von Magdala unter den ersten Zeugen der Auferweckung Jesu. Zusammen mit anderen Frauen (bzw. bei Johannes allein) entdeckt sie das leere Grab, in dem ihr Engel erscheinen. Bei Markus, Matthäus und Lukas erfährt sie bei dieser Erscheinung die Botschaft von der Auferweckung Jesu. Zudem erhält sie den Auftrag, den anderen Jüngern zu verkünden, dass er ihnen nach Galiläa vorangehe und dort erscheinen werde. Während Markus aus erzähltechnischen Gründen fortfährt, dass Maria und die Frauen niemandem davon berichteten (Mk 16,8), erzählen Matthäus und Lukas, dass die Frauen ihr Erlebnis am Grab als Botschaft verkünden (Mt 28,8; Lk 24,9). Bei Matthäus erscheint sogar der Auferstandene selbst vor den Frauen und wiederholt den Auftrag der Engel.
Die größte Bedeutung als Osterzeugin schreibt das Johannesevangelium Maria von Magdala zu (Joh 20,11-18): Ihr begegnet der Auferstandene, den sie zunächst für den Gärtner hält. Als er sie beim Namen ruft, erkennt sie ihn und nennt ihn »Rabbuni«, »mein Meister«, wie sie ihn wohl auch zu Lebzeiten genannt hat. Doch Jesus gebietet ihr: »Halte mich nicht fest.« Die Zeit der Begegnung von Jüngerin und Lehrer ist vorbei. Der Auferstandene ist nun auf dem Weg zu Gott, »zu meinem Vater und eurem Vater«. Mit dieser Botschaft sendet er Maria von Magdala zu den Jüngern. Sie wird zur »Apostola Apostolorum«, zur Gesandten der Apostel, und verkündet: »Ich habe den Herrn gesehen.«
Gerade in der Figur Marias von Magdala zeigen sich Veränderungen in der Interpretation und im Verständnis (vgl. Grafik rechts). Von der Auslegungs- bzw. Wirkungsgeschichte (40) her betrachtet trägt die Aneignung des Textes, die individuell durch Leser oder gesellschaftlich in verschiedenen Bereichen (z. B. Literatur, Kunst) stattfinden kann, zum tieferen Verständnis eines Textes bei. Dabei verändern sich die Auslegungen des Textes durch die sich stets wandelnden Fragen, die Leser oder Künstler stellen, und deren Antworten. Entsprechend bieten z. B. künstlerische Umsetzungen von biblischen Inhalten oder von Motiven in Bild und Text einen Interpretationsansatz, der veranlasst, Texte immer wieder neu und genau zu lesen.

Von der geheilten Jüngerin zur reumütigen Hure ...
Wie in der Wirkungsgeschichte Bibelstellen kombiniert werden

Mk 15,40f.47; Mt 27,55ff.
Maria aus Magdala unter den anderen Frauen bei Kreuzigung und Grablegung
MARIA

Mk 16,1-8; Joh 20,1f.11-18
Maria aus Magdala als eine der ersten Zeuginnen der Auferweckung
MARIA

Mt 28,1ff.
Maria aus Magdala geht mit anderen Frauen zum Grab.

Lk 24,10
Maria Magdalena kehrt vom Grab zurück.
MARIA

↓

Joh 12
Maria von Betanien, die Schwester der Marta und des Lazarus (Maria salbt Jesu Füße, trocknet sie mit den Haaren)
MARIA

↓

Lk 10,38-42
In einem Dorf (Betanien) trifft Jesus auf eine Marta und *ihre Schwester Maria* (Maria sitzt Jesus zu Füßen und lauscht seinen Worten, hat den »besseren Teil gewählt«).
MARIA

Lk 8,1-3
Maria aus Magdala (sieben Dämonen waren aus ihr ausgefahren) im Kreis der Frauen und Männer um Jesus
FRAU/GEHEILTE

↓

Lk 7,36-50
Eine stadtbekannte Sünderin benetzt Jesu Füße mit ihren Tränen, trocknet sie mit ihren Haaren, salbt sie mit Öl, küsst unaufhörlich seine Füße.
FRAU/SÜNDERIN

↓

Joh 8
Eine beim Ehebruch ertappte Frau wird Jesus vorgeführt (»Wer ohne Sünde ist, werfe den ersten Stein«).
FRAU/SÜNDERIN

Zur Erklärung: Die biblischen Stellen in den weißen Textfeldern erwähnen Maria von Magdala/Maria Magdalena namentlich. Durch die Stichwortverbindung »MARIA« wird Maria, die Schwester der Marta, mit Maria Magdalena verbunden und damit die Motive »Haare« (auch Lk 7) und »kontemplativ Lauschende«. Durch die Stichwortverbindung »FRAU/SÜNDERIN/GEHEILTE« kommt das Motiv »reuige Sünderin/Ehebrecherin (Hure)« dazu.

Gotteserfahrungen geben dem Leben von Menschen eine Wendung – unbeschreiblich, unerfassbar, nicht nachvollziehbar. Oft werden diese Momente nicht explizit erzählt, und dennoch stellt sich die Frage, was in eben jener »Erzähllücke« geschah.

Denn was erinnere ich an jener Szene als so entscheidend? Was war entdeckt und mit den Jahren immer bedeutender geworden? Es war […] Magdalenas Vorbeigehen an diesem Mann, diesem Fremden, den sie noch für den Gärtner hält. Das war die Bewegung, die entdeckt worden war, die der Text der Bibel überspringt, die er mit versteht, impliziert, aber verschweigt. Das mag an die Erzählweise mancher neorealistischer Filme erinnern, in denen Entscheidendes – etwa ein Mord oder ein tödlicher Unfall – ausgelassen, ausgespart, übersprungen wird. Wir sehen nur, was danach geschieht. Der Höhepunkt wird übersprungen und in seinen Nachwirkungen gesammelt, im Veränderten also erst das Verändernde wiederentdeckt […] Lassen Sie mich nochmals an diesen Moment führen. Magdalena: Sie kommt ans Grab, es ist leer. Sie wendet sich, geht zurück zu den Jüngern. Wendet sich wieder, geht zurück zum Grab. Die Engel sprechen zu ihr. Was weinst du. Sie wendet sich um. Das ist die dritte Wendung: Sie sieht jemanden, den sie nicht erkennt, obwohl er sie anspricht. Jesus.
So, und jetzt der Moment, den die Bibel überspringt: Magdalena geht an ihm vorbei. Hier muss es einen Moment gegeben haben – in diesem Vorbeigehen –, da beide, Jesus und Magdalena, voneinander abgewandt standen. Er sah ins Grab, wo sie – die Vorbeilaufende – noch eben vor ihm gestanden hatte. Und sie, den Rücken zu ihm, stand suchend […] Abgewandt voneinander standen sie. Und was bedeutet das? Was bedeutet mir das? Für wen stehen die beiden – abgewandt voneinander, ohne Sicht aufeinander?

Patrick Roth

Auguste Rodin, 1894

- Vergleichen Sie Lk 24,1-11 und Joh 20,1-18 bezüglich der Rolle, die Maria von Magdala im Geschehen spielt.
- Erschließen Sie sich den Zugang zur Bibel über die Wirkungsgeschichte (vgl. 40) und benennen Sie nach der Lektüre des Erzählausschnitts von Patrick Roth Chancen und Grenzen dieses Ansatzes.
- Benennen Sie die Wendungen der Maria von Magdala in Joh 20,1f.11-13.15-17 und zeichnen Sie ihre innere Entwicklung nach. Geben Sie Antworten auf die im Text oben aufgeworfenen Fragen. Inwiefern beschreibt die Szene eine Gotteserfahrung?
- Schreiben Sie anschließend eine Regieanweisung zur Verfilmung der Szene, wie sie das Johannesevangelium erzählt.
- Vergleichen Sie den Ausschnitt aus der Erzählung »Magdalena am Grab« von Patrick Roth mit Ihrem Drehbuch.
- Wie wird Maria von Magdala in der Kunst gesehen? – Ziehen Sie die Beispiele aus der Literatur und bildenden Kunst heran und arbeiten Sie heraus, wie das biblische Motiv jeweils interpretiert wird.

Jesus gegenwärtig –

Karl Schmidt-Rottluff, 1918

Verstehen kann Jesus und seine Botschaft letztlich nur, wer Jesus selbst begegnet. Wie solche Begegnung stattfinden kann, erschließt das Lukas-Evangelium besonders in der Erzählung von der Begegnung mit dem Auferstandenen auf dem Weg nach Emmaus (Lk 24,13-35). Diese Geschichte ist literarisch und psychologisch eindringlich und geschickt gestaltet. Die Leser fühlen mit beiden Emmausjüngern – von denen nur einer namentlich genannt ist – mit; doch vor dem Hintergrund des Evangeliums sehen sie mehr als die beiden.

Weil kein Ort in der Umgebung Jerusalems mit dem biblischen Emmaus zu identifizieren ist, kann die Erzählung »überall« stattfinden: Jeder kann sich auf den Weg machen, dem Auferstandenen zu begegnen. Das Motiv der »Begegnung auf dem Weg« führt im Lukasevangelium hinein in ein Verständnis der christlichen Gemeinde als Weggemeinschaft mit dem Auferstandenen, der nicht sichtbar und doch anwesend ist, und dem die Gemeinde im Zeugnis über Jesus, in der Schrift, und in der gemeinsamen Feier, beim Mahl, begegnet.

- Jesus wandert als Fremder mit zwei Jüngern nach Emmaus und sie erkennen ihn zunächst nicht. Lesen Sie dazu Lk 24,13-35 und Jes 52,13 – 53,12. Wie hilft Jesus den Jüngern, Sehende und Erkennende zu werden?
- Erläutern Sie Identifikationsmöglichkeiten der Perikope für Menschen von heute.

aber nicht greifbar

Janet Brooks-Gerloff, 1992

In Lk 24,16 wird betont, die Jünger seien wie mit Blindheit geschlagen, sodass sie Jesus nicht erkannten. Dagegen ist in Vers 31 zu lesen, wie ihnen die Augen aufgegangen seien und sie Jesus erkannten, ihn zugleich aber nicht mehr gesehen hätten. Da erinnerten sie sich (Vers 32), wie ihnen unterwegs das Herz brannte.

Damit erweist sich das Herz gegenüber Auge und Verstand als das entscheidende Erkenntnisorgan, das es erlaubt, hinter die Oberfläche und damit tiefer zu schauen und den Kern eines Menschen zu entdecken. Der Weg von Jerusalem nach Emmaus wird damit zu einem Weg der Erkenntnis.

- ▶ Betrachten Sie die Bilder und sammeln Sie Ihre Assoziationen schriftlich:
  - Wie sind die Bilder jeweils aufgebaut? Welche Farben, Materialien, Formen und Strukturen werden verwendet?
  - Welche Gefühle lösen die Bilder in Ihnen aus? Welche Wirkung ergibt sich im Zusammenspiel der beobachteten Bildeindrücke?
- ▶ Erschließen Sie den jeweiligen Bezug zum Thema dieser Doppelseite.
- ▶ Vergleichen Sie die unterschiedlichen Perspektiven der dargestellten Personen. Was wird damit ausgedrückt?
- ▶ Wo würden Sie sich in den Bildern finden?

Der Geist weht, wo er will

Im **Johannesevangelium** verkündet Jesus in den sogenannten Abschiedsreden (13,31 – 17,26) gleichsam sein »spirituelles Vermächtnis« für die Zeit nach seinem Tod. Dazu verheißt er seinen Jüngern, dass er nach seiner Auferstehung den Heiligen Geist (griech. *parákletos*) senden werde, der dann die Aufgabe hat, den Jüngern beizustehen, sie im Sinne Jesu zu unterweisen und die Erinnerung an Jesus und seine Botschaft wach und lebendig zu halten, damit sie einander lieben. Er hat dabei nicht nur die Funktion einer Vergegenwärtigung, sondern er führt auch tiefer in die Wahrheit des Glaubens ein. So hat der Paraklet letztlich die Bedeutung, die der irdische Jesus für seine Anhängerschaft hatte und die er selbst als Erhöhter (vgl. 46) immer noch hat.
Aber nicht erst im Johannesevangelium begegnet der Geist Gottes.

Die **Hebräische Bibel** erkennt Lebendigkeit zuerst dort, wo Atem, wo Geist ist. Anfang und Ende des Menschenlebens sind von Atem/Geist (hebr. *ruach*) abhängig. Dieses Geistleben, die ruach-Lebendigkeit, charakterisiert in der Bibel den Menschen, der hebräisch *adam* heißt. Der Mensch wird von *ruach* erfüllt, zum lebendigen Wesen, zu einem Wesen, das nicht nur Gottes Ebenbild (*imago dei*) oder Abbild (Gen 1,27) ist, sondern Repräsentant Gottes. In der Hebräischen Bibel werden unterschiedliche Dimensionen des Wortes *ruach* nebeneinander verwendet: *Ruach* als Geist Gottes schwebt in der Schöpfungserzählung über den Urfluten. Der Lebensgeist, der »Atem«, ist von Gott eingegeben und macht den Menschen lebendig. Umgekehrt ist im Lebensgeist des Menschen auch Gottes Geist präsent. Dabei wird *ruach* in der Hebräischen Bibel nie personal verstanden, sondern ist eine dynamische Kraft, die andere bewegt, was besonders auch im Wirken der Propheten (z. B. Ez 37) deutlich wird.
Besonders gendergerechte theologische Forschung hat auf die weibliche Gestalt des Wortes *ruach* aufmerksam gemacht. Sie ist die in einem Windstoß begegnende Kraft und auch die Vitalität, die sich im Atem zeigt. Das entsprechende griechische Wort *pneuma* ist dagegen ein Neutrum und bezeichnet die Natur- und Lebenskraft. Das lateinische *spiritus* ist ein Maskulinum, was mit zu einer »Vermännlichung« des Heiligen Geistes beigetragen hat.

Im **Neuen Testament** und vor allem bei **Paulus** lässt der Heilige Geist die Menschen nicht nur ins Dasein treten, sondern stattet sie mit Gaben und Charismen (= die dem Menschen von Gott geschenkten Begabungen; vgl. 1 Kor 12) aus. Deshalb besteht die Würde des Menschen in seiner Einmaligkeit und in der lebenslangen Verpflichtung, sein Ur-Eigenes und Ur-Persönliches in Freiheit und Verantwortung zur Entfaltung zu bringen. Jedes Geschöpf bleibt zudem ergänzungsbedürftig durch die Gabe und Gnade der Mit-Geschöpfe. So besteht der Sinn und Auftrag einer christlichen Gemeinde darin, dem Einzelnen zu seiner Einmaligkeit bzw. Person-Werdung zu verhelfen.

In der **Apostelgeschichte** begegnet der Geist in der Schilderung des Pfingstereignisses (Apg 2); hier wird der Zusammenhang zwischen Christwerden (Taufe) und Geistsendung betont: Die Verleihung des Geistes geschieht in der Taufe. Zudem kommt die dynamische Kraft des Geistes in den Blick, die durch ihre Wirkkraft Neues schafft und gesellschaftliche Schranken überwindet; der Geist wird über alle, Frauen und Männer, unterschiedslos »ausgegossen«.

Der Taufauftrag im **Matthäusevangelium** spiegelt die Praxis am Ende des 1. Jahrhunderts wider: Aus Formeln zur Trinität, die bereits bei Paulus begegnen, hat sich in der Praxis der matthäischen Gemeinde die Taufformel entwickelt, die noch heute im Gebrauch ist (Mt 28,19).

► Lesen Sie Joh 14 und schließen Sie aus den Fragen der Jünger auf die Fragen der johanneischen Gemeinde. Was antwortet Jesus und wie beschreibt er das zukünftige Wirken des Heiligen Geistes?

Walter Zacharias, 1985

- In der Mitte der Skulptur erinnert die Taube an die Sendung des Heiligen Geistes; in dessen Licht erkannten die Jünger, dass Gott Jesus von den Toten auferweckt hat. Vom Geist inspiriert verkündeten sie die Botschaft vom Mensch gewordenen Gott.
  Wie wird in der Darstellung von Walter Zacharias Gott gesehen? Welche Symbolisierungen greift der Künstler auf?
- Als Gnadenstuhl werden anthropomorphe Darstellungen der Dreifaltigkeit bezeichnet, auf denen Gott als sichtlich berührter Vater das Kreuz, an dem Jesus hängt, hält oder trägt. Über dem Gekreuzigten schwebt in Gestalt einer Taube der Heilige Geist. Vergleichen Sie die Abbildung oben mit weiteren Gnadenstuhl-Kunstwerken 137 f. hinsichtlich ihrer Gemeinsamkeiten und Unterschiede. Kann ein Gnadenstuhl einen Zugang zum Geheimnis der Dreifaltigkeit (90 f.) schaffen? – Begründen Sie, welche Darstellung Ihre Vorstellung von Trinität trifft.

Inspiration und Offenbarung

Gotteswort im Menschenwort

Bibelillustration aus dem 6./7. Jh.: Mose empfängt am Berg Sinai von Gott die Tora.

Die Bibel enthält Gottes Wort – in Form von Menschenwort, sie ist also von menschlichen Autoren verfasst. Die Vorstellung, Gott habe in menschlicher Art und Weise, mit menschlicher Sprache gesprochen, stellt eine unzulässige Vereinfachung dar. Die Selbstoffenbarung Gottes kommt vielmehr in den niedergeschriebenen Erfahrungen gläubiger, berufener Menschen, den Verfassern der biblischen Schriften, und damit in verschiedenen literarischen Gattungen und theologischen Reflexionen zum Ausdruck. Sie sind gleichsam von Gottes Geist so durchdrungen, dass Gott Urheber seines Wortes und somit darin gegenwärtig ist. Die gehörte, gesprochene oder gelesene biblische Botschaft wird somit zur Vergegenwärtigung Gottes zum Zeitpunkt des Hörens, Sprechens oder Lesens. Daher ist Inspiration eine Wirklichkeit von Gottes Gegenwart, die vom menschlichen Verfasser auf den Adressaten übergreift und ihn in das Handeln Gottes mit einbezieht. Wenn der glaubende Mensch die Bibel als Heilige Schrift liest, begegnet er direkt der Anrede Gottes in der Kraft des Geistes. Damit wird der Gläubige zur Antwort, zur Interpretation und schließlich zum Handeln im Geist Gottes aufgefordert.

Papst Johannes Paul II. formuliert in seiner Ansprache über die Interpretation der Bibel in der Kirche (23.4.1993) als notwendige Haltung der Exegese die Treue zur Kirche: »Der Kirche treu sein bedeutet ..., sich entschlossen in den Strom der großen Überlieferung zu stellen, der unter Anleitung des Lehramtes einen besonderen Beistand des Heiligen Geistes sichert ... Das Zweite Vatikanische Konzil hat dies erneut bekräftigt: ›Alles, was die Art der Schrifterklärung betrifft, untersteht letztlich dem Urteil der Kirche, deren gottgegebener Auftrag und Dienst es ist, das Wort Gottes zu bewahren und auszulegen‹ (DV 12).«

Die päpstliche Bibelkommission führt aus, dass die Bibel »für den christlichen Glauben, für das Leben der Kirche und für die Beziehungen zwischen Christen und Gläubigen anderer Religionen von entscheidender Bedeutung ist« ...

Die Auslegung der Bibel will »den ganzen Reichtum, der in den biblischen Texten enthalten ist, erschließen, damit das Wort Gottes immer mehr zur geistigen Nahrung für die Glieder seines Volkes werden kann ... Da die Heilige Schrift aufgrund der Übereinstimmung von gläubigen Gemeinschaften entstand, die in ihrem Text den Ausdruck des geoffenbarten Glaubens erkannten, muss gerade auch ihre Interpretation selber wieder für den lebendigen Glauben der kirchlichen Gemeinschaften zur Quelle einer Übereinstimmung in den wesentlichen Punkten werden ...

Da die Texte der Heiligen Schrift manchmal in Spannung zueinander stehen, ist die Interpretation notwendigerweise pluralistisch. Keine einzelne Interpretation kann den Sinn des Ganzen erschöpfen, der wie eine Symphonie mehrstimmig ist. Die Auslegung eines einzelnen Textes darf also nicht exklusivistisch geschehen ...

Aufgrund der ... Überzeugung von der dauernden Lebendigkeit der Heiligen Schrift ergibt sich mit Notwendigkeit die Aktualisierung der Texte in den Glaubensgemeinschaften ... Aktualisierung ist notwendig, denn obwohl die Botschaft der biblischen Texte von immerwährendem Wert ist, sind diese doch unter Einwirkung vergangener Situationen und in einer durch verschiedene Epochen bedingten Sprache verfasst worden. Um ihre Bedeutung für die Menschen von heute zu zeigen, ist es unumgänglich, ihre Botschaft auf die gegenwärtige Situation zu beziehen und sie in einer an die heutige Zeit angepassten Sprache auszudrücken.«

Die Interpretation der Bibel in der Kirche, 1993

Die arabische Miniatur zeigt den jungen Muhammad, dem eine himmlische Figur »göttliches Öl« auf das Haupt gießt.

Der Koran als Offenbarung Gottes

Der Koran versteht sich als von Gott durch den Engel Gabriel direkt an Muhammad geoffenbarte Schrift. Er ist direkt und unmittelbar Gottes Wort selbst, das heilig und universal gültig ist. Er interpretiert sich aus sich selbst und jede Übersetzung stellt nur einen Notbehelf dar. Der Koran entspricht der im Himmel aufbewahrten Offenbarung und reflektiert die allgemeine, vorverbale Offenbarung Gottes in der Schöpfung. Nach islamischer Auffassung bestätigt, überbietet und überstrahlt der Koran als Gottes letztgültiges Wort das Alte und Neue Testament. Er ist ein für alle Mal gegeben und nicht Wort von Menschen – auch nicht von Muhammad. Dieser ist der Überbringer der Offenbarung Gottes, während Christen in Jesus Christus den Inbegriff der Offenbarung selbst erkennen.
Im Alter von etwa 40 Jahren hatte Mohammed mit dem Befehl »iqra'!« (arab. = rezitiere, trage vor!) seine Berufung zum Propheten/Gesandten erhalten. Hiervon leitet sich der Begriff »qur'an« bzw. Koran ab. Die Muhammad ca. ab dem Jahr 610 offenbarten und von ihm rezitierten Worte wurden gesammelt. Um den Wortlaut der Offenbarungen zu sichern, beauftragte der Prophet zu seinen Lebzeiten sowohl Personen, die den Text mündlich weitergaben, als auch Sekretäre, die einzelne Abschnitte schriftlich niederlegten. Etwa 20 Jahre nach seinem Tod (632) war die Text-Sammlung schriftlich zusammengestellt und in ihre heute vorliegende Endfassung gebracht worden. Anders als das Neue Testament – und erst recht als das Alte Testament – ist der Koran innerhalb eines recht kurzen Zeitraums entstanden.

Die Bibel als »Zeugnis der Offenbarung« Gottes

Während für Muslime der Koran selbst Gottes Offenbarung bedeutet und absolute, der Geschichte enthobene Autorität beansprucht und Muhammad lediglich als Vermittler des ihm persönlich geoffenbarten Korans fungiert, ist die Bibel für Christen nicht Gottes Offenbarung selbst, sondern »Zeugnis der Offenbarung« Gottes (J. Gnilka), welche ihre Zentrierung im Retter und Erlöser Jesus Christus gefunden hat. Nicht die Bibel als Buch, sondern Jesu ganzes Leben, Wirken, Predigen, Sterben und österliches Auferstehen bilden die Mitte der göttlichen Offenbarung.

- Stellen Sie die spezifisch christliche Auffassung der biblischen Offenbarung dar.
- Vergleichen Sie damit das Offenbarungsverständnis des Korans. Ziehen Sie dazu auch die jeweilige Darstellung unter Berücksichtigung der handelnden Person(en) heran.
- Recherchieren Sie die »Rolle der verschiedenen Glieder der Kirche bei der Interpretation« biblischer Schriften im Text der päpstlichen Bibelkommission »Die Interpretation der Bibel in der Kirche«, z. B. auf der Homepage der Deutschen Bischofskonferenz. Setzen Sie Ihre Erkenntnisse in Beziehung zum Textausschnitt auf 58.

Es muss im Leben mehr als alles geben ...

In der Bibel finden sich zahlreiche Situationen, in denen Menschen überraschende Erfahrungen machen, die sie aus dem Alltag herausreißen: Jakob sieht sich einem rätselhaften Kampf ausgesetzt (42 f.), Nikodemus wird von Jesus beeindruckt (50 f.), Maria Magdalena begegnet dem Auferstandenen (52 f.). Sie erleben etwas, was sie die eigene Wahrnehmung und das eigene Vorstellungsvermögen überschreiten lässt. Diese Aufsprengung des Alltäglichen wird als Gotteserfahrung gedeutet. Solche Gottesbegegnungen erfolgen in der Bibel auf unterschiedlichen Ebenen – in Situationen der Einsamkeit und der Stille, aber auch inmitten des Alltags, der Not und Befreiung.

In welchen Situationen begegnen Menschen Gott heute? Religionspsychologische Studien haben ergeben, dass sich besonders spirituelle Menschen durch die Haltung der Offenheit und Selbstüberschreitung auszeichnen – eine Basis dafür, dass etwas Größeres einen Platz im eigenen Leben finden kann. Will man das, was christliche Spiritualität meint, auf den Punkt bringen, dann handelt es sich um Verbundenheit und Beziehung – mit dem Transzendenten, den Mitmenschen, der Natur und sich selbst.

Doch auch inmitten des Alltags ereignen sich manchmal unvermutete kleine Transzendenzerfahrungen – dort, wo Menschen auf besonders intensive Weise leben, sich an den kleinen und großen Ereignissen des Lebens erfreuen oder sich als endlich und begrenzt erfahren: Plötzlich erkennen sie, dass der Part, der mit dem eigenen Bewusstsein als Wirklichkeit wahrgenommen wird, nur ein Teil einer größeren Wirklichkeit ist. Der lateinische Begriff *transcendere* beinhaltet die Idee des Hinüberschreitens in eine andere Wirklichkeit, also die Überschreitung der Grenze des Immanenten, die mit unseren Sinnesorganen erfahrbar ist, und die Erkenntnis dessen, was hinter dieser Wirklichkeit liegt.

Die folgenden Texte thematisieren genau dieses »Mehr« im Leben bzw. die Suche danach und bringen dies mit Gott in Verbindung. Doch verbergen sich in ihnen tatsächlich auch Gotteserfahrungen?

Nie genug

... In Musik, einer Melodie,
die mir Gänsehaut verpasst,
in einer Idee, einem Bild, einem wahren Wort,
einem Kuss, der selbstlos macht,
liegt so viel Gott,
das liegt in der Luft und hat so viel Kraft.

Davon krieg' ich nie genug,
jeden Atemzug um Zug,
davon krieg' ich nie genug,
ich brauch' mehr, mehr als genug,
davon krieg ich nie genug.

Ich hör' ganz tief in mich.
Ich hör' ganz leise meine Stimme.
Ich hör' ganz tief in mich.
Ich hör' ganz leise, was die Stimme singt –
und das klingt
nach mehr.

PUR, 2002

Geh nicht nach draußen, kehr wieder ein bei dir selbst! Im inneren Menschen wohnt die Wahrheit. Und wenn du deine Natur noch wandelbar findest, so schreite über dich selbst hinaus!

Augustinus

Alle Menschen nennen eine innere Kammer ihr Eigen. Im Innern jedes menschlichen Wesens gibt es einen Raum, einen ganz persönlichen Bereich, zu dem nur Gott Zutritt hat. Aber die meisten Menschen ignorieren das Vorhandensein dieses innersten Raumes, und darum ist ihr Herz leer und ohne Liebe ... Der Mensch wurde für die Liebe geschaffen, einzig geschaffen, um seinen Schöpfer zu lieben. Und alle Zeit, die er nicht dieser Liebe widmet, ist vertane und vergeudete Zeit. Gott ist dieses innerste Gefühl der Einsamkeit in uns und das Wissen, dass es einen Gefährten gibt, der uns von Geburt an begleitet. Und er ist tief in unserer Seele. Dort, wo die Träume wohnen, in den Tiefen der Persönlichkeit, die sich keinem mitteilen.

Ernesto Cardenal

Hineinwachsen ins Urvertrauen innere Freiheit finden Klagen Trauern fördern Genießen können Solidarität einüben Gelassenheit wagen Dankbarkeit ausdrücken beharrliche Geduld wach halten Zärtlichkeit und Sinnlichkeit erfahren hoffnungsvolle Kreativität erspüren der Verwandlung trauen

Pierre Stutz

- ▶ Diskutieren Sie die konkreten Möglichkeiten und Grenzen der Transzendenzerfahrung anhand der Texte von PUR, Augustinus und E. Cardenal! Verwenden Sie zur Deutung der beschriebenen Erfahrungen als Gotteserfahrungen die Ausführungen zum Religionsbegriff auf 12 f.
- ▶ Entwerfen Sie zu folgenden Textimpulsen, die auf den genannten Texten beruhen, eigene Texte, in denen sich eigene »kleine Transzendenzerfahrungen« widerspiegeln: »In … liegt so viel Gott. Davon krieg ich nicht genug« – »Im Innern jedes menschlichen Wesens gibt es einen Raum …«
- ▶ Sammeln Sie weitere Beispiele für die unterschiedlichen Gotteserfahrungen von Menschen in der Bibel und charakterisieren Sie diese.
- ▶ Suchen Sie aus den Stichworten der Spirale oben diejenigen heraus, die für Sie persönlich von besonderer Bedeutung sind, und überlegen Sie, wie Sie diese grafisch aussagekräftig anordnen könnten.
- ▶ Es wird immer wieder behauptet, die Gegenwart sei ein »Ich-Zeitalter« (Bruno Borchert). Erörtern Sie, inwiefern und in welchen Bereichen diese These zutreffen könnte, und reflektieren Sie, inwiefern dies als Grenze, aber auch als Chance für Transzendenz- bzw. Gotteserfahrungen gesehen werden kann.

Göttliche Kraft

Haltung der Spiritualität und Offenheit

Eine Künstlergruppe hat eine begehbare Kunstinstallation in einem Wald geschaffen; das Foto zeigt einen Teil davon. Das umliegende Naturidyll ist in gewisser Weise trügerisch, denn hier werden nicht selten die Naturgewalten spürbar. Mithilfe von Granitstelen wollen die Künstler diese Polaritäten des Lebens verdeutlichen: Die nach oben ragenden Platten stehen für die steigende Energie, das Einatmen; die geneigten Platten symbolisiert den Abschwung, das Ausatmen. Der im Foto gezeigte »Obere Lichtblick« kann beim Hinausgehen aus dem Wald von einer Anhöhe aus betrachtet als wegweisendes Gestaltungselement empfunden werden. Beim Eintritt in den Wald fällt die himmelwärts strebende Richtung der Stelen auf. Je nach Lichteinfall und Schattenwirkung verbinden sich Himmel und Erde zu einer Einheit. Die Stelen laden in dieser Anordnung dazu ein auszuprobieren, wie weit sie je nach Neigungswinkel begangen werden könnten ...

Das von Gott Geoffenbarte, das in der Heiligen Schrift enthalten ist und vorliegt, ist unter dem Anhauch des Heiligen Geistes aufgezeichnet worden; denn aufgrund apostolischen Glaubens gelten unserer heiligen Mutter, der Kirche, die Bücher des Alten wie des Neuen Testamentes in ihrer Ganzheit mit allen ihren Teilen als heilig und kanonisch, weil sie unter der Einwirkung des Heiligen Geistes geschrieben Gott zum Urheber haben und als solche der Kirche übergeben sind. Zur Abfassung der Heiligen Bücher hat Gott Menschen erwählt, die ihm durch den Gebrauch ihrer eigenen Fähigkeiten und Kräfte dazu dienen sollten, all das und nur das, was er – in ihnen und durch sie wirksam – geschrieben haben wollte, als echte Verfasser schriftlich zu überliefern.

Konstitution »Dei Verbum« über die göttliche Offenbarung 11

Wenden Sie, wie bereits nach dem ersten Kapitel 32, Ihre erworbenen Kompetenzen auf die folgenden Aufgaben an:

- Erläutern Sie anhand des Modells in der Grafik oben den Kommunikationsprozess, der zwischen Gott und Mensch abläuft, und konkretisieren Sie dies an den im Kapitel dargelegten Beispielen biblischer Gestalten.
- Erschließen Sie, was das Konzilsdokument Dei Verbum 11 über den »Kommunikationsprozess« von Offenbarung aussagt.
- In welcher Weise betrifft Inspiration die heutigen Leser der Bibel? Reflektieren Sie dazu Erfahrungen, wie sie im Foto oben dargestellt sind.

3 Gott und die Vernunft

Gott ist da! ...

In den Augen aller Menschen wohnt eine unstillbare Sehnsucht.
In den Pupillen der Menschen aller Rassen, in den Blicken der Kinder und Greise,
der Mütter und liebenden Frauen, in den Augen des Polizisten und Angestellten,
des Abenteurers und Mörders, des Revolutionärs und Diktators und in denen des Heiligen: in
allen wohnt der gleiche Funke unstillbaren Verlangens, das gleiche heimliche Feuer,
der gleiche tiefe Abgrund, der gleiche unendliche Durst nach Glück
und Freude und Besitz ohne Ende.
Dieser Durst, den alle Wesen spüren und von dem auch im Gleichnis
von der Samariterin am Brunnen gesprochen wird, ist die Liebe zu Gott.

Ernesto Cardenal

- Beschreiben Sie, ob und wie Sie heute nach Gott fragen und wie sich die Frage nach Gott in Ihrer Biografie entwickelt hat.
- Listen Sie die auf diesen Seiten angesprochenen und weitere »Glaubensbekenntnisse« und »Sehnsüchte« des Menschen auf und bringen Sie diese mit aktuellen Lebenseinstellungen in Verbindung.
- Informieren Sie sich über das Leben von Ernesto Cardenal. Welche Lebensumstände führen zu einer solchen Aussage?
- Analog zu der Bilderleiste können auch Sie sich auf die Suche nach der Präsenz Gottes im Alltag machen. Gestalten Sie damit eine kleine Ausstellung, z. B. im Klassenraum oder in der Schule.

... Nö. Gott is tot!

In dem Musical »Tanz der Vampire« hat es sich ein Professor zur Lebensaufgabe gemacht, die Existenz von Vampiren zu beweisen und die Menschheit von ihnen zu befreien. Es ist ein Kampf des Guten gegen das Böse, in dem der Mensch – auf der Suche nach Glück – die Suche nach Gott aufgegeben hat und dem Bösen hilflos ausgeliefert zu sein scheint. Der Vampir Graf von Krolock, Symbolfigur des Bösen, führt die Menschen und in dieser Szene konkret Sarah in Versuchung, eine Tochter aus gutem Hause, die aus ihrer wohlbehüteten Welt ausbrechen will.

Graf von Krolock: Uns beide trennt nur noch ein winziges Stück. Wenn ich dich rufe, hält dich nichts mehr zurück, getrieben von Träumen und hungrig nach Glück.

Im Hintergrund sind die Vampire zu hören.

Vampire: Gott ist tot. Nach ihm wird nicht mehr gesucht. Wir sind zum ewigen Leben verflucht. Es zieht uns näher zur Sonne, doch wir fürchten das Licht. Wir glauben nur Lügen, verachten Verzicht. Was wir nicht hassen, das lieben wir nicht.

Graf von Krolock: Ich will die Welt versteh'n und alles wissen, und kenn mich selber nicht. Ich will frei und freier werden, und werde meine Ketten nicht los. Ich will ein Heiliger oder ein Verbrecher sein, und bin doch nichts als eine Kreatur, die kriecht und lügt und zerreißen muss, was immer sie liebt. Jeder glaubt, dass alles einmal besser wird, drum nimmt er das Leid in Kauf. Ich will endlich einmal satt sein. Doch der Hunger hört nie auf. Manche glauben an die Menschheit, und manche an Geld und Ruhm. Manche glauben an Kunst und Wissenschaft, an Liebe und an Heldentum. Viele glauben an Götter verschiedenster Art, an Wunder und Zeichen, an Himmel und Hölle, an Sünde und Tugend und an Bibel und Brevier. Doch die wahre Macht, die uns regiert, ist die schändliche, unendliche, verzehrende, zerstörende und ewig unstillbare Gier. Euch Sterblichen von morgen prophezei ich heut und hier: Bevor noch das nächste Jahrtausend beginnt, ist der einzige Gott, dem jeder dient, die unstillbare Gier.

Aus: »Tanz der Vampire«

Gott – wer oder was ist das?

Unsere Rede von Gott wird bestimmt durch unsere Bilder von Gott. Je nachdem, welche Bilder von Gott wir präsent haben, werden unser Denken und Handeln von diesen Vorstellungen mit bestimmt. Umgekehrt können Lebenserfahrungen unsere Rede von Gott verändern.

Was Schüler sagen ...

Gott ist für mich die grundlegendste Ursache allen Daseins, grundsätzlich nicht begreifbar, aber sicherlich existent. Ich bin froh, an Gott zu glauben, weil es letztendlich den einzig wahren Lebenssinn begründet und Sicherheit in einer ziemlich unsicheren Welt gibt.

Sophia, 19 Jahre

Für mich ist Gott ein Rätsel, ein Geheimnis! Man kann ihn nicht greifen. Im Grunde ist er Nichts und dann irgendwie doch Alles. Ich stelle ihn mir jedoch manchmal wirklich als alten, weisen Mann vor; keine Ahnung warum!

Theresa, 15 Jahre

Für mich ist Gott am Aussterben. Durch die Wissenschaft werden immer mehr Fragen beantwortet, die man früher mit Gott beantwortet hat.

Simon, 17 Jahre

Gott ist mir wichtig und auf jeden Fall existent. Zwar nicht unbedingt als eine »Person«, aber als eine schöpferische Macht, die die Welt erhält!

Julia, 18 Jahre

Gott ist für mich unbegreifbar und teilweise sogar unglaubwürdig. Er ist oft nur »der Held in einer Geschichte«, der mit der Realität so gut wie nichts zu tun hat.

Verena, 15 Jahre

Gott ist für mich ein Beschützer, eine Macht, die hinter mir steht.

Maria, 19 Jahre

... und was die Statistik sagt

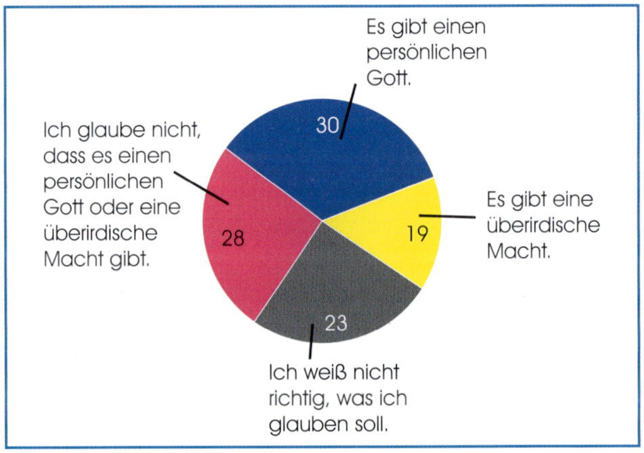

Einstellungen zur Religiosität bei Jugendlichen im Alter von 12 bis 25 Jahren (in %). Shell Jugendstudie 2006

- ▶ Recherchieren Sie aktuelle Daten zur religiösen Einstellung junger Menschen und vergleichen Sie diese mit den Angaben oben. Benennen Sie Auffälligkeiten.
- ▶ Welche Erfahrungen und Einflüsse wirken sich auf die Frage nach Gott aus? Erstellen Sie eine Liste.
- ▶ Benennen Sie Gründe, warum es schwierig ist, sich eindeutig über Gott zu äußern.
- ▶ Beschreiben Sie die Gottesvorstellungen, die in den Schüleräußerungen deutlich werden, und vergleichen Sie die Zitate mit der Statistik bzw. mit Ihren Ergebnissen. Wo gibt es Ähnlichkeiten, wo Unterschiede?

Die Frage nach Gott konfrontiert immer auch mit uns selbst und stellt die Frage nach unserem Gottesbild und unserer Gottesbeziehung. Im Drama »Draußen vor der Tür« von Wolfgang Borchert wird das Bild vom »lieben Gott« des Soldaten Beckmann angesichts der brutalen Kriegsrealität hinterfragt.

Beckmann: ... Und da kommt auch ein alter Mann, der sieht aus wie der liebe Gott. Ja, beinahe wie der liebe Gott. Nur etwas zu theologisch. Und so weinerlich. Ob das der liebe Gott ist? Guten Tag, alter Mann. Bist du der liebe Gott?

Gott (weinerlich): Ich bin der liebe Gott, mein Junge, mein armer Junge!

Beckmann: Ach, du bist also der liebe Gott. Wer hat dich eigentlich so genannt, lieber Gott? Die Menschen? Ja? Oder du selbst?

Gott: Die Menschen nennen mich den lieben Gott.

Beckmann: Seltsam, ja, das müssen ganz seltsame Menschen sein, die dich so nennen. Das sind wohl die Zufriedenen, die Satten, die Glücklichen und die, die Angst vor dir haben. Die im Sonnenschein gehen, verliebt oder satt oder zufrieden – oder die es nachts mit der Angst kriegen, die sagen: ›Lieber Gott! Lieber Gott!‹ Aber ich sage nicht ›Lieber Gott‹, du, ich kenne keinen, der ein lieber Gott ist, du!

Gott: Mein Kind, mein armes –

Beckmann: Wann bist du eigentlich lieb, lieber Gott? Warst du lieb, als du meinen Jungen, der gerade ein Jahr alt war, als du meinen kleinen Jungen von einer brüllenden Bombe zerreißen ließest? Warst du da lieb, als du ihn ermorden ließest, lieber Gott, ja?

Gott: Ich hab ihn nicht ermorden lassen.

Beckmann: Nein, richtig. Du hast es nur zugelassen. Du hast nicht hingehört, als er schrie und als die Bomben brüllten. Wo warst du da eigentlich, als die Bomben brüllten, lieber Gott? Oder wann? Wann hast du dich jemals um uns gekümmert, Gott?

Wolfgang Borchert

Hans-Peter Eggerl, 2008

- Das Bild hat einen roten Rahmen, der an einer Stelle durch eine Figur quasi besetzt ist. Beschreiben Sie diese Figur und überlegen Sie mögliche Interpretationen.
- Vergleichen Sie die auf dieser Seite literarisch und künstlerisch dargestellten Gottesbilder und beschreiben Sie die Positionen der Menschen, die diese gegenüber der Gottesfigur einnehmen.
- Suchen Sie weitere Gottesbilder und beschreiben Sie, wie sich diese Gottesbilder im Leben eines Menschen äußern können. Erklären Sie mögliche Ursachen.
- Vergleichen Sie die in Text und Bild angesprochenen Gottesbilder mit biblischen Gottesbildern (z. B. Lk 15,11-32; Mt 20,1-16; Mt 25,14-30).

Vernetzten Sie Ihr Wissen aus den vergangenen Jahren

Sie haben sich im Religionsunterricht der letzten Jahre immer wieder mit der Frage nach Gott beschäftigt. In diesem Zusammenhang haben Sie u. a. seine »besondere Art zu herrschen« und Fragen nach der »Dimension Gottes« und nach den »Letzten Dingen« kennengelernt. Vernetzen Sie nun Ihr Wissen mit den neuen Erkenntnissen aus diesem Kapitel:

- Vergleichen Sie das »Gottesbild« im Judentum, insbesondere wie es im Sch'ma Israel umschrieben ist, und das christliche Gottesbild in seiner trinitarischen Gestalt.
- In den Jenseitsvorstellungen der verschiedenen Weltreligionen scheinen Fragen nach der Wirkkraft Gottes/von Göttern bzw. nach dem Sein bei Gott/den Göttern nach dem Tod auf. Welche unterschiedlichen Antworten kennen Sie?
- Die ethischen Teile der Botschaft Jesu vom Reich Gottes beinhalten einen Indikativ und einen Imperativ. Erläutern Sie an einer ethischen Fragestellung, wie die Grundorientierung von Christen an der Bergpredigt zum Ausdruck kommen kann.

Religion vernetzt 9

Religion vernetzt 10

Religion vernetzt 10

Lebensgeschichten fragen und antworten

Lassen Sie sich von Menschen ihre Lebens- und Leidensgeschichten erzählen. Inwiefern hat sich der Gottesglaube verändert? Warum ist er bei manchen zerbrochen; warum kamen andere zu tieferer Gotteserkenntnis? Laden Sie dazu z. B. einen Krankenhausseelsorger ein. Vielleicht sind direkt Betroffene bereit, über ihre Leiderfahrungen zu erzählen. Inwiefern decken sich die geschilderten Erfahrungen mit den Antwortmöglichkeiten auf die Leidfrage auf 70 - 73?

Sprache fragt und antwortet

Karl Rahner weist darauf hin, dass jeder, der von Gott reden möchte, sich einer Unzulänglichkeit bewusst sein muss: Alles theologische Bemühen beschreibt in menschlichen Worten die Unbegreifbarkeit Gottes. Recherchieren Sie Rahners Rede »Erfahrungen eines katholischen Theologen«, in: Karl Rahner, Von der Unbegreiflichkeit Gottes, hg. v. Albert Raffelt, Freiburg i. Br. 2004, oder hören Sie die Rede auf www.religionvernetzt.de. Fassen Sie die Rede zusammen und erstellen Sie einen Presseartikel.

Eine Frage zu viel?

Lebensgeschichten, Sprache usw. stellen Fragen und versuchen, diese zu beantworten. Daraus ergeben sich aber wiederum neue Fragen. Diskutieren Sie, inwieweit dieser Vorgang einen Abschluss finden kann oder ob am Ende nicht doch »eine Frage zu viel« stehen bleiben muss?

Literatur fragt und antwortet

De profundis 6

Herr, wüsstest du, wie hungernd nach dir,
Nach dir sich sehnt mein müder, bleicher Mund,
Und leer ist ohne dich das Leben mir,
Und Ewigkeiten lang währt jede Stund.

Wenn meine Hand die deine von sich stieß,
Ich weiß nicht, wer es war, ich war es nicht,
Glaub mir, dass dich mein Herz doch nie verließ,
Ob Aug und Fuß auch folgten falschem Licht.

Ja, Herr, wenn wieder ich an dich gedacht,
Du bist's, der Finsternis und Wolken scheucht,
Voll goldner, goldner Sterne steht die Nacht,
Fast blendet mich das blitzende Geleucht.

Du nimmst mich wieder auf, ich weiß,
Schon sucht dein Schritt in Sünd und Tiefe mich,
Die Lippe bebt nach dir in Liebe heiß,
Nicht deinen Himmel will ich, dich, nur dich.

Ernst Thrasolt

Der Lyriker und Pfarrer Ernst Thrasolt (1878-1945) gibt mit dem Gedicht der Gottesbeziehung eine besondere Note: Was bringt er mit der minneartigen Liebessprache zum Ausdruck? In welchem Verhältnis stehen Klage, Schuld und Sehnsucht zueinander?
Bearbeiten Sie lyrisch die Frage nach Gott und die großen Fragen des Menschen in Ihrer Sprache.

Theologie fragt und antwortet

Als eine Deutung der Welt kann die »creatio continua« angesehen werden. Recherchieren Sie über die theologische Sichtweise der »Erhaltung der Welt« (KKK 301; Ps 104,3; Ps 146,6-9; Jes 40,28); entfalten Sie die Aussagen der Texte und nehmen Sie Stellung dazu. – Inwiefern kann von einer komplementären Sichtweise gesprochen werden, wie auf 87 angedeutet ist?

Kunst fragt und antwortet

Betrachten Sie das Kapiteleingangsbild »Gotteserkenntnis – Gotteswahrnehmung« auch in seinen Einzelheiten. Der Künstler stellt sich der Frage, ob und wie Gott mit dem Verstand wahrgenommen werden kann. Der Kreis gilt als Symbol für die göttliche, das Quadrat für die irdische Sphäre. Warum hat der Maler die weibliche Figur im Vordergrund mit sehenden Augen dargestellt, die drei männlichen Figuren aber nicht? Und wen oder was symbolisieren die Figuren? Wie würden Sie die Figuren im »irdischen Quadrat« gestalten, um auszudrücken, ob und wie Gott erkannt werden kann? Wie würden Sie »Gott« beschreiben, wie die Erkenntnismöglichkeit der Menschen? Entwerfen Sie ein eigenes Bild zum Thema.

Vernetzungen im Schulbuch

Auch in diesem Kapitel gibt es Themen und Fragestellungen, die in anderen Kapiteln des Buches vertieft oder unter einer veränderten Perspektive aufgegriffen werden. Verfolgen Sie die Hinweise zu angegebenen Themen quer zur Kapitelstruktur des Buches:

Kapitel 3

- Gottesbilder 66 f.
- Sehnsüchte des Menschen 64 f.
- Hinterfragter Gottesglaube 74 f.

Kapitel 1

Ergänzen Sie Ihre Meditation zum Bild auf 27 oder Ihren Essay (32) um das Wort »Gott« und formulieren Sie den Text neu.

Kapitel 2

Vergleichen Sie heutige Aussagen über Gott mit biblischen Gottesbildern, z. B. 44 f.

Kapitel 4

Religionskritik setzt beim Postulat der menschlichen Freiheit an. Inwiefern lassen sich Verbindungen zum Existenzialismus (102) herstellen?

Ijob* und das Leid

Keine andere biblische Figur ist mit der bewegenden Frage nach dem Leid so stark verbunden wie Ijob. Das Drama um Ijob, in dem dieser nacheinander seinen Besitz, seine Kinder und seine Gesundheit verliert, kann als Paradigma für das menschliche Leben überhaupt verstanden werden. Dies zeigt sich daran, dass das Land Uz nur vage östlich von Israel lokalisiert und der akkadische Name Ijob mit »wo ist der (mein) Vater?« übersetzt werden kann. Und auch die Freunde Ijobs, die aus verschiedenen Richtungen von außerhalb des Landes kommen, sind Ausdruck einer gewissen Universalität. Mit der einsetzenden Intrige (Ijob 1,6) nimmt die dramatische Handlung des Ijobbuches ihren Lauf, wobei der Satan als Gegenspieler Gottes auftritt. Auf den Vorwurf des Satans, Ijobs Frömmigkeit entspringe nur aus seinem Wohlergehen, dem Besitz und seinem Glück, geht Gott auf eine Wette mit dem Satan ein. Der Satan nimmt angesichts der menschlichen Frage nach dem Grund allen Übels an dieser Stelle gegenüber Gott eine entlastende Funktion ein: Das Unheil kommt nicht von Gott selbst; zwar lässt er es zu, aber nur in von ihm gesetzten Grenzen. Die Vielzahl der Unglücksfälle lässt Ijob zu einem bis heute oft zitierten Schluss kommen: »Der Herr hat gegeben, der Herr hat genommen, gelobt sei der Name des Herrn.« Diese (Ver-)Tröstung scheint im Verlauf der Handlung ebenso wenig tragfähig wie die Erklärungsversuche der Freunde Ijobs. Von ihnen will er sich nicht auf die Rolle des gottergebenen Dulders reduzieren lassen. Stattdessen wendet er sich protestierend, ja anklagend (10,1-22) direkt an Gott. Und erst Gott kann Ijob Antwort auf seine Klagen geben, er kann Trost spenden. In den Gottesreden wird Ijob zunächst zurechtgewiesen, weil er mit dem Vorwurf, die Erde sei ein Chaos (21,7-11), aus seiner individuell menschlichen Erfahrung gleichsam einen göttlichen Anspruch auf Erkenntnis der großen Weltzusammenhänge erhebt. Durch Bilder und Metaphern gelingt es in den Gottesreden, Emotionen und rationale Einsichten hervorzurufen: dass nicht der Mensch, sondern Gott Schöpfer und Herr der Welt ist, der die Chaosmächte beherrscht und zurückdrängt. Auf das Schweigen Ijobs kommt Gott in 40,7 wieder zu Wort und ermutigt dadurch Ijob, nicht in Stummheit zu verharren.

Die Bezugnahme auf Gottes Schöpfung ordnet schließlich das Verhältnis neu, ohne dass sich die Problemlage auf rationalem Weg lösen ließe. Tatsächlich räumt Gott allerdings ein, dass die bösen Mächte, denen sich der Mensch ausliefern kann oder ausgeliefert ist, in der Welt einen gewissen Platz haben. Aber der Mensch kommt zu der Erkenntnis und muss zugestehen, dass er weder über den Schöpfungsakt selbst noch über die Gesetze ihrer Erhaltung etwas sagen könne. Das Ziel einer solchen »Theo-logie«, einer solchen Gottes-Rede, ist es gerade nicht, Ijob zu erniedrigen, sondern ihn angesichts der Größe Gottes und seiner Schöpfung zum Staunen zu bewegen und das Vertrauen auf diesen chaos-beherrschenden Gott zu stärken. Auch wenn Ijob von Gott keine rein logischen Antworten auf seine Fragen erfährt: Gott tröstet ihn und öffnet ihm gleichzeitig die Augen für andere Dimensionen des Lebens. Die Freunde Ijobs, die ihn von außen belehren wollten, konnten ihm keine befriedigenden Antworten geben; deswegen bringt er sie zum Schweigen. Ijob erkennt: Durch seinen Leidensweg ist er innerlich ein anderer geworden – auch wenn er äußerlich noch in »Staub und Asche« sitzt. Die rationale Frage nach Gott und dem Leid kann nicht mit klugen Worten erklärt, verstanden oder befriedigend beantwortet werden. Indem Ijob den Kontakt mit Gott selbst sucht und nicht nur mit dem, was über ihn gesagt wird (vgl. 13,1-3), kann seine Frage nach Gott und dem Leid einer existenziellen Gotteserkenntnis weichen.

- Lesen Sie Ijob 1 und 42 und skizzieren Sie den Charakter der Hauptfigur, seine privaten Verhältnisse sowie sein Sündenverständnis.
- »Die Freunde Ijobs konnten ihm keine befriedigenden Antworten geben …« Weisen Sie, ausgehend von Ijobs Anklage in 3,3, die Ratschläge und unterschiedlichen Deutungsangebote der Freunde Ijobs als unzureichend nach (vgl. Ijob 4,7f.; 8,3ff.; 11,3ff.).
- Arbeiten Sie die Argumente Elihus heraus (32,1 – 37,24) und vergleichen Sie diese mit den bisherigen Argumenten zur Erklärung von Ijobs Leid.

Hans-Peter Eggerl, 2002

- Listen Sie die Bilder auf, die in den Gottesreden (Ijob 38,1 – 42,6) Verwendung finden, und arbeiten Sie deren Wirkung bei den Menschen, exemplarisch bei Ijob, heraus.
- Sammeln Sie Formulierungen des Trostes bei der Konfrontation mit menschlichem Leid und beurteilen Sie diese auf ihre Tragfähigkeit.
- Beschreiben Sie, inwiefern der Eindruck des Bildes zu Ihren Erfahrungen mit Leid passt.
- Ein Mensch in Not, in all der Zerrissenheit seiner Umstände wünscht sich Hilfe und Befreiung. Wie könnte das Kunstwerk umgestaltet werden, dass darin ein Hoffnungsmoment zum Tragen kommt? Suchen Sie im Ijobbuch Stellen, die mit dem veränderten Bildeindruck korrespondieren.

Gott und das Leid

Das Leid in der Welt ist eine große Herausforderung für den Menschen. Ein schmerzhaftes Gefühl der Ungerechtigkeit stellt sich ein, wenn Menschen und besonders wenn Kinder leiden müssen. Fragen türmen sich auf: Warum all dieses offenbar sinnlose Leid? Warum trifft es gerade diese oder jene? Solche Fragen spitzen sich vor der Annahme, dass ein allmächtiger, guter und allwissender Gott die Welt geschaffen hat, noch zu: Wie kann Gott das Leiden seiner Schöpfung zulassen? Dies mündet in die Frage nach Gottes Rechtfertigung angesichts dieses Leids – in die Frage der Theodizee. 1710 hat der Philosoph Gottfried Wilhelm Leibniz seine Arbeit »Essais de Théodicée« veröffentlicht und dadurch auch den Begriff geprägt. »Theodizee« setzt sich aus den griechischen Wörtern für Gott (*theos*) und für

Zu allen Zeiten haben sich verschiedene Antwortversuche auf die Theodizeefrage entwickelt, die nicht unumstritten sind:

Leid als Begleiterscheinung

Leid ist eine natürliche Begleiterscheinung in der sich frei entwickelnden Welt, die von Gott erschaffen wurde, aber nicht weiter von ihm beeinflusst wird. Es gehört zu den Gesetzmäßigkeiten der Biologie, dass sich im Kampf um das Dasein der optimal an seine Umwelt Angepasste durchsetzt. Da der Mensch ein Teil dieser Natur ist, ist auch er in den Kampf ums Überleben mit einbezogen. Insofern ist das sogenannte Böse nur ein Naturphänomen, dem der Mensch aufgrund seiner Existenz in Raum und Zeit ausgesetzt ist.

Lernen am Leid

Aus Erfahrungen von Leid zu lernen, ist ein weiterer Antwortversuch und eine Möglichkeit, dem Leiden zu begegnen. So lassen sich zwar Naturkatastrophen wie z. B. der Tsunami vom 26. Dezember 2004 nicht verhindern; weil aber der Mensch die Naturgesetze verstehen kann, hat er die Chance, dem Leiden in gewisser Weise zu begegnen: Nach zwölf Minuten hatten die ersten Ausläufer des Erdbebens 2004 Potsdam erreicht und wurden dort automatisch erfasst und ausgewertet. Zu diesem Zeitpunkt waren die ersten Tsunamiwellen noch nicht an der Küste Sumatras aufgelaufen. Ein inzwischen in Auftrag gegebenes Frühwarnsystem hätte Alarm schlagen können.
Aber auch persönlich kann der Mensch sich entwickeln. Leid kann dabei zur Reifung des Menschen beitragen und ihm neue Sichtweisen aufzeigen.

Der im Leid solidarische Gott

Der biblische Gott leidet an und mit seinem Volk. Dass Gott im Leid solidarisch ist, wird in einmaliger Weise an Jesus Christus deutlich. Als Mensch gewordener Gott setzt er sich nicht nur für die Leidenden und gesellschaftlich am Rande Stehenden ein, sondern geht den eigenen Leidensweg bis zum Tod am Kreuz. Gerade das personale Verständnis von Gott als Gegenüber ermöglicht es, sich ihm in der Situation des Leids auch in der Gebetsform der Klage zuzuwenden.

Recht, Gerechtigkeit (*dike*) zusammen und meint: Wie ist Gottes Allmacht und Liebe auf der einen Seite und die Wirklichkeit des Leids in der Welt auf der anderen Seite so zusammenzusehen, dass der Widerspruch aufgelöst und Gott nicht mehr mit Verweis auf das Leid angefochten werden kann. Schon bei den Vorsokratikern begegnet diese Frage und dem Philosophen Epikur (341-271 v. Chr.) wird folgendes Diktum zugeschrieben: »Entweder will Gott die Übel beseitigen und kann es nicht. Dann ist Gott schwach und nicht allmächtig. Oder er kann es und will es nicht. Dann ist Gott missgünstig. Oder er will es nicht und kann es nicht: Dann ist er schwach und missgünstig zugleich. Oder er will es und kann es. Woher kommen dann die Übel und warum nimmt er sie nicht hinweg?«

Der freie Wille

Mit dem freien Willen scheint unweigerlich die Möglichkeit verbunden zu sein, diese Freiheit auch missbrauchen zu können. Die Willensfreiheit eröffnet die Möglichkeit, sich für das Gute entscheiden zu können. Sie eröffnet aber gleichzeitig auch die Möglichkeit, sich für das Schlechte entscheiden zu können. In den meisten Fällen zwingt den Menschen kein Naturgesetz dazu, seine Mitmenschen zu betrügen, zu bestehlen, zu demütigen, zu unterdrücken usw. Vielmehr entscheiden sich Menschen häufig aus freien Stücken zu solchen Untaten.

Unbegreiflichkeit Gottes

Die Unbegreiflichkeit des Leids ist ein Stück der Unbegreiflichkeit Gottes. Es ist eine Entlastung für den Menschen, nicht auf alles eine Antwort finden zu müssen. Der Mensch muss der Versuchung widerstehen, sich an die Stelle Gottes setzen und so sein zu wollen wie Gott. Es gilt, die Unbegreiflichkeit Gottes zu erkennen und anzunehmen. Denn wo diese unbedingte Annahme der Unbegreiflichkeit des Leids nicht gegeben ist, kann im Grunde nur die Bejahung unserer eigenen Gottesidee, nicht aber die Bejahung Gottes selber stehen. Wer sich nicht in bedingungslos anbetender Liebe an Gott weggibt, ihn selbst annimmt und ihn Gott sein lässt, durch die Annahme des Leidens ohne eine Antwort, dem bleibt nur die nackte Verzweiflung über die Absurdität des Leidens.

- Überlegen Sie, in welchen Situationen menschlichen Lebens Gott zur Rechenschaft gezogen wird! Suchen Sie aktuelle Beispiele aus der Presse oder aus dem persönlichen Umfeld, in denen die Theodizeefrage thematisiert werden kann.
- Diskutieren und beurteilen Sie die angegebenen Antwortversuche hinsichtlich ihrer Überzeugungskraft. Erstellen Sie eine Grafik, in der Sie mögliche Anwortversuche gewichten.
- »Leid ist eine Möglichkeit auch der persönlichen Entwicklung.« – Wo sehen Sie Chancen, wo Grenzen?
- Sammeln Sie aus der Bibel Aspekte, wie Jesus mit Leid und Tod umgeht, und zeigen Sie Konsequenzen für das Handeln eines Christen auf.

Hinterfragter Gottesglaube – Klassiker der Religionskritik*

Ab dem 6. Jh. v. Chr. löst das philosophische Denken das mythologische ab; seither werden tradierte Wahrheiten einer Prüfung unterzogen und der Gottesglaube hinterfragt. In der Neuzeit spitzen sich die Theodizeefrage und die Anfragen an einen personalen Gott zu. Dies findet bei den Religionskritikern des 19./20. Jh. einen ersten Höhepunkt. Der Gottesglaube sieht sich zunehmend einem atheistischen Denken gegenüber; vor diesem Hintergrund muss er kritisch reflektiert und vernünftig begründet werden.

Religionskritische Ansätze ... in der Antike

Bereits bei den Sophisten (griech. = Weisheitslehrer) wird der Mensch zum Mittelpunkt des philosophischen Bemühens. Sie sind bestrebt, Religion als Erfindung des Menschen zu deuten. So erklärt etwa Prodikos (um 450 v. Chr.), die Götter seien Ausdruck menschlicher Gefühle, besonders der Dankbarkeit, und die Menschen projizierten alles Nützliche ins Göttliche. Diesen Gedanken wird Feuerbach wieder aufgreifen. Auch Epikur (341-271 v. Chr.) ist bemüht, seine Zeitgenossen durch vernünftige Argumentation und unvoreingenommene philosophische Reflexion von Aberglauben und Irrationalismus zu befreien. Die Epikureer gelten als frühe Vertreter des Materialismus und wurden christlicherseits als Atheisten und »Genussmenschen« diffamiert.

... in der Moderne

Karl Marx (1818-1883)
Nach Marx bestimmen die wirtschaftlichen, ökonomischen und politischen Verhältnisse das Wesen des Menschen. Darin wurzelt auch dessen Selbstentfremdung. Marx kritisiert die kapitalistische Gesellschaftsordnung, die auf der Zwei-Klassen-Theorie beruht. Die Kapitalisten verfügen über die Produktionsmittel, die Proletarier nur über ihre Arbeitskraft. Damit sind unversöhnliche Klassengegensätze vorgegeben, die überwunden werden müssen. Religion ist für Marx ein gesellschaftliches Produkt, das auf dem Boden von Elend, Ausbeutung und Kapitalismus wächst. Er fordert die Aufhebung der Religion als des illusorischen Glücks des Volkes: »Religion ist der Seufzer der bedrängten Kreatur, ... das Opium des Volkes«. Dies müsse nicht nur im Denken erkannt, sondern wirklich überwunden

Ludwig Feuerbach (1804-1872)

Als einer der bedeutendsten Religionskritiker versucht der in Landshut geborene Ludwig Feuerbach, die Religion auf ihre anthropologische Grundlage zurückzuführen. Am Gegensatz unseres Bewusstseins der Endlichkeit und des Leids einerseits und unserer Liebe zum Leben andererseits entzündet sich der unbewusste Prozess der Auseinandersetzung des Menschen mit sich selbst. Es gibt verschiedene Ursachen, welche die menschliche Phantasie zur Produktion einer himmlischen Welt veranlassen: Zum einen staunt der Mensch über die Macht der eigenen seelischen und geistigen Kräfte, zugleich hat er Angst vor diesen Kräften und zerstört so die Einheit mit sich selbst. Zum anderen erfährt sich der Mensch als begrenztes und abhängiges Wesen, das aber nach Absolutheit und Freiheit strebt. Auf der Suche nach einer Macht, die dieses Dilemma erträglich machen kann, dabei gleichzeitig der Welt überlegen bleiben muss, stößt der Mensch auf den Glauben an Gott. Darüber hinaus bleibt vieles in der Welt für den Menschen rätselhaft. Auf der Suche nach dem Ursprung des Lebens gerät er ins Dunkel und verwandelt dabei seine Mängel in ein immaterielles Wesen (Gott).
Damit sich die Menschheit wieder mit ganzem Herzen auf sich selbst, auf ihre Welt und ihre Gegenwart konzentrieren könne, müsse, so Feuerbach, der Zwiespalt zwischen Diesseits und Jenseits aufgehoben werden. Somit schlägt das menschliche Bewusstsein vom göttlichen Unendlichen in das menschliche Bewusstsein von der Unendlichkeit des eigenen Bewusstseins um. Zum wesentlichen Gehalt des Glaubens findet der Mensch, wenn Aussagen über Gott als Aussagen über den Menschen begriffen werden. Die Projektion menschlicher Wirklichkeit ins Jenseits müsse rückgängig gemacht werden. In seiner Reduktion der Theologie auf Anthropologie entdeckt der Mensch ein neues Verhältnis zu sich selbst und hebt die Entfremdung gegenüber seinem eigenen Wesen auf (»humanistischer Atheismus«). Dies führt Feuerbach in seinem 1841 erschienenen Hauptwerk »Das Wesen des Christentums« als wortgewaltige Religionskritik* 75 aus:

Das Wesen des Christentums

»Die Religion ist die Entzweiung des Menschen mit sich selbst: Er setzt sich Gott als ein ihm entgegengesetztes Wesen gegenüber. Gott ist nicht, was der Mensch ist – der Mensch nicht, was Gott ist. Gott ist das unendliche, der Mensch das endliche Wesen; Gott vollkommen, der Mensch unvollkommen; Gott ewig, der Mensch zeitlich; Gott allmächtig, der Mensch ohnmächtig; Gott heilig, der Mensch sündhaft. Gott und Mensch sind Extreme: Gott das schlechthin Positive, der Inbegriff aller Realitäten, der Mensch das schlechtweg Negative, der Inbegriff aller Nichtigkeiten. Aber der Mensch vergegenständlicht in der Religion sein eignes geheimes Wesen. Dieser Zwiespalt von Gott und Mensch, womit die Religion anhebt, [ist] ein Zwiespalt des Menschen mit seinem eignen Wesen. Um Gott zu bereichern, muss der Mensch arm werden, damit Gott alles sei, muss der Mensch nichts sein. Aber der Mensch vergegenständlicht in der Religion sein eignes Wesen. Es muss also nachgewiesen werden, dass dieser Gegensatz, dieser Zwiespalt von Gott und Mensch, womit die Religion anhebt, ein Zwiespalt des Menschen mit seinem eignen Wesen ist. Dieses Wesen ist nichts andres als die Intelligenz – die Vernunft oder der Verstand. Gott als Extrem des Menschen ist das vergegenständlichte Wesen des Verstandes. Das reine, vollkommene, mangellose göttliche Wesen ist das Selbstbewusstsein des Verstandes, das Bewusstsein des Verstandes von seiner eignen Vollkommenheit. Gott als Gott, d. h. als nicht endliches, nicht menschliches, nicht materiell bestimmtes, nicht sinnliches Wesen ist nur Gegenstand des Denkens. Gott ist immaterielles Wesen, Intelligenz, Geist, reiner Verstand. Gott als Gott – als ein nur denkbares, nur der Vernunft gegenständliches Wesen – ist also nichts andres, als die sich gegenständliche Vernunft. Unsre positiven, wesenhaften Eigenschaften, unsre Realitäten sind also die Realitäten Gottes. Wie du Gott denkst, so denkst du selbst – das Maß deines Gottes ist das Maß deines Verstandes. Er [der Verstand] hat sein Wesen in sich selbst, folglich nichts neben und außer sich, was ihm an die Seite gestellt werden könnte; er ist unvergleichbar, weil er selbst die Quelle aller Vergleichungen; unermesslich, weil er das Maß aller Maße ist, wir alles nur durch den Verstand messen. Der Verstand oder die Vernunft ist endlich das notwendige Wesen. Die Vernunft ist das sich als Selbstzweck gegenständliche Sein – der Endzweck aller Dinge. Was sich selbst Gegenstand, das ist das höchste, das letzte Wesen, was seiner selbst mächtig, das ist allmächtig.«

werden. Eine intellektuelle Aufklärung über die Nichtexistenz Gottes genüge nicht. Religion werde sich nicht selbst auflösen, wenn ihr illusionärer Charakter durchschaut wäre, wie Feuerbach meinte. Notwendig sei es, die Gesellschaft zu verändern (»sozialer Atheismus«).

Friedrich Nietzsche (1844-1900)
Im Licht des naturwissenschaftlich-positivistischen Weltbildes des 19. Jh. sieht sich Nietzsche als Denker einer neuen, nihilistischen Zeit. Er postuliert: »Gott ist tot.« Als erstem Denker der neuen Epoche geht es ihm um die Umwertung der bisherigen Werte und um einen neuen Menschen (»nihilistischer Atheismus«). Nicht Mitleid sei gefragt, sondern der Wille zur Macht. Religion sei Lebensverneinung, sie vertröste auf das Jenseits, bestehe aus Relikten einer antiken paradoxen Vorstellungswelt und müsse deshalb abgeschafft werden.

Sigmund Freud (1856-1939)
Er habe bloß, dies sei das einzig Neue an seiner Darstellung, der Kritik seiner großen Vorgänger Marx und Feuerbach etwas psychologische Begründung hinzugefügt, erklärt Freud. So ist auch für ihn Religion eine schädliche Illusion, die zwar nicht als unwirklich widerlegt werden könne, aber unrealistisch sei. Religion ist für den Psychiater eine infantile Form der Schuldbewältigung, die aus den Kindertagen der Menschheit stamme und wissenschaftsfeindlich sei. Religionsausübung hält er für eine Zwangsneurose, die dem Trost- und Schutzbedürfnis des Menschen entspringe (»psychoanalytischer Atheismus«).

- Erstellen Sie eine Skizze zur Projektionstheorie Feuerbachs. Entwickeln Sie dabei die These »Gott ist eine Projektion des Menschen« grafisch.
- Setzen Sie sich kritisch mit der Theorie Feuerbachs auseinander. Wo lassen sich Einwände erheben?
- Erklären Sie in eigenen Worten die Begriffe »humanistischer«, »sozialer«, »nihilistischer« und »psychoanalytischer Atheismus«.
- Ermitteln Sie biografische und zeitgeschichtliche Daten zu den dargestellten Religionskritikern und fassen Sie die zentralen Aussagen der jeweiligen Religionskritik zusammen. Wo sehen Sie argumentative Verbindungen? Nehmen Sie zu den Thesen der Religionskritiker Stellung.

Negierter Gottesglaube – »Philosophie des Absurden«

Religionskritische Ansätze ... in der Post-Moderne

Die gegenwärtige Gesellschaft ist stark von säkularen Tendenzen geprägt. Unter Säkularisierung versteht man »den Prozess der Herauslösung der Welt aus den Zusammenhängen eines religiösen Sinngefüges überhaupt; die säkulare Welt bedarf keiner kirchlichen Sinngebung mehr, sondern versteht sich aus sich selbst. Gemeint ist damit das Vordringen einer ›diesseitigen‹ Wirklichkeitsauffassung und einer Lebenshaltung, die eine völlige Emanzipation vom Christlichen im Blick haben können« (Karl Lehmann). Der Glaube an Gott ist vielfach zur Nebensache geworden. Die Zeit der Aufklärung gilt, verbunden mit Anthropozentrismus und Freiheits- und Autonomiestreben sowie Wissenschaftsgläubigkeit, als Grundlage dieser Entwicklungen. Eine gegenläufige Tendenz, die eine Wiederkehr der Religion beobachten will, wird auch kritisch infrage gestellt.

Theoretischer und praktischer Atheismus

Der *theoretische Atheismus* leugnet die Existenz Gottes, weil dieser entweder grundsätzlich nicht erkannt werden kann, als überflüssig erscheint oder als Projektion beschrieben wird. Dieser Form der philosophischen Auseinandersetzung mit dem Gottesglauben steht eine Lebensweise gegenüber, die Gott ebenfalls leugnet oder nicht nach ihm fragt: der *praktische Atheismus*. Dieser besagt, dass Gott theoretisch zwar bejaht werden könne, was aber für die Lebenspraxis keine Bedeutung habe. Es herrscht eine gewisse Interesselosigkeit gegenüber Gott vor; praktische Atheisten kennen keinen Anlass für Religion.
Wenn das Wirken Gottes oder einer höheren Macht als Erklärung eines Sachverhaltes in der Wissenschaft kategorisch ausgeschlossen wird, spricht man vom *methodischen Atheismus*. Der *religiöse Indifferentismus* ist durch Bezugslosigkeit religiösen Werten gegenüber gekennzeichnet. Sowohl einem Gottesgedanken als auch einem Wahrheitsanspruch steht er nach dem Motto »Ich glaub' nichts, mir fehlt nichts« gleichgültig gegenüber. Der *Agnostizismus* ist der Ansicht, die Vernunft kann über die Existenz Gottes grundsätzlich nichts wissen und deshalb darüber keine Aussage machen; Erkenntnis ist allein durch Empirie und Logik möglich. Gott, Welt und Seele sind und bleiben Rätsel.

Albert Camus (1913-1960)

Der französische Schriftsteller, Journalist und Theaterregisseur Albert Camus legt seinen Arbeiten die Philosophie des Absurden zugrunde, derzufolge es keinen Sinn in dieser Welt und ihrer Geschichte gibt. Die Existenz des Menschen betrachtet er als absolut sinnlos, als absurd. Das Schicksal des Menschen ist es, in einer sinn- und gottlosen Welt Leiden auf sich zu nehmen und die Tragik dieses Daseins zu bejahen. 1942 entsteht der Essay »Der Mythos von Sisyphos«: Die Götter haben Sisyphos dazu verurteilt, unablässig einen Felsblock einen Berg hinaufzuwälzen, von dessen Gipfel der Stein von selbst wieder hinunterrollt. Sisyphos kennt das ganze Ausmaß seiner Lage. Das Wissen, das seine eigentliche Qual bewirken soll, vollendet gleichzeitig seinen Sieg. Es gibt kein Schicksal, das durch Verachtung nicht überwunden werden kann. So wird Sisyphos zum Held des Absurden.
Der Weg des Menschen führt, so Camus, vom Streben und der Sehnsucht nach Glück über die Revolte gegen jede Form von Unterdrückung in die Einsicht, dass menschliche Solidarität notwendig ist. Dabei ist es unredlich, Geborgenheit in einer Religion zu suchen. Gott und alles, was den Menschen an seinem individuellen Glück hindert, wird zurückgewiesen. Der Mensch sei von Gott verlassen und auf sich selbst zurückgeworfen. Das Christentum habe versagt, weil es auf das Leid der Welt nur mit der Predigt vom Reich Gottes geantwortet, den Glauben an das ewige Leben verlangt und damit vertröstet habe. Der biblische Gott ist für Camus ein bösartiges und launenhaftes Wesen, das als personal-anthropomorph dargestellt werde. Jesus wollte zwar, nach Camus' Überzeugung, die Distanz zwischen dem unversöhnlichen Gott und dem Elend der Menschen verringern, aber mit Jesu Tod war seine Sache letztlich gescheitert.

► Erstellen Sie fiktive Personenprofile, die die Begriffe »theoretischer« und »praktischer Atheismus«, »religiöser Indifferentismus« und »Agnostizismus« konkretisieren (z. B.: »Herr Müller glaubt ...«).

Die Absurdität der menschlichen Existenz beschreibt Camus in seinem 1947 erschienen Werk »Die Pest«. Darin zeigt er auf, dass es trotz aller Absurdität die unbedingte Pflicht des Menschen gibt zu helfen. Gleichzeitig wird die Vorstellung und der Glaube an einen allmächtigen Gott hinterfragt. Durch die Pest, die in der nordafrikansichen Stadt Oran ausbricht und allmählich das gesamte Leben der Menschen bestimmt, müssen sich auch der Priester Paneloux, der Arzt Rieux und der erzählende Tarrou mit der Frage nach Gott auseinandersetzen:

»Glauben Sie an Gott, Herr Doktor?« Auch diese Frage war natürlich gestellt. Aber diesmal zögerte Rieux. »Nein, aber was heißt das schon? Ich tappe im Dunkeln und versuche, dennoch klar zu sehen. Ich habe schon lange aufgehört, das originell zu finden ... Da die Weltordnung durch den Tod bestimmt wird, ist es vielleicht besser für Gott, wenn man nicht an ihn glaubt und dafür mit aller Kraft gegen den Tod ankämpft, ohne die Augen zu dem Himmel zu erheben, wo er schweigt.« »Ja«, stimmte Tarrou zu, »ich verstehe. Nur werden Ihre Siege immer vorläufig bleiben ...« Rieux' Gesicht schien sich zu verdüstern. »Immer, ich weiß. Das ist kein Grund, den Kampf aufzugeben.« »Nein, das ist kein Grund. Aber nun kann ich mir vorstellen, was die Pest für Sie bedeuten muss.« »Ja«, sagte Rieux, »eine endlose Niederlage.« ...
Der Arzt umklammerte mit aller Kraft die Querstange des Bettes, in dem das Kind stöhnte. Er wandte keinen Blick von dem kleinen Kranken; der wurde plötzlich steif, biss wieder die Zähne aufeinander und bog sich leicht in der Hüfte, während er langsam Arme und Beine ausbreitete ... Als die glühende Flut das Kind zum dritten Mal erreichte und es ein wenig emporhob, kauerte es sich zusammen, kroch voll Entsetzen vor der sengenden Flamme tiefer ins Bett, bewegte den Kopf wie irrsinnig und warf die Decke von sich. Dicke Tränen drangen unter den entzündeten Lidern hervor und rollten über das bleifarbene Gesicht ... Dann öffnete es zum ersten Mal die Augen und schaute Rieux an, der vor ihm stand. In seinem nun aus dem grauen Lehm geformten Gesicht öffnete sich der Mund, und fast gleichzeitig entrang sich ihm ein einziger, von der Atmung kaum veränderter, ununterbrochener Schrei ... »Ich muss fort«, sagte Rieux. »Ich kann es nicht mehr ertragen.« ... Da merkte der Arzt, dass der Schrei des Kindes schwächer geworden war, dass er immer weiter abnahm und nun aufhörte ... Paneloux näherte sich dem Bett und machte die Gebärde des Segnens. Dann raffte er seine Soutane zusammen und verließ den Saal durch den Mittelgang ...
Rieux wandte sich Paneloux zu. »Es gibt Zeiten in dieser Stadt, da ich nur mehr meine Empörung spüre.« »Ich verstehe«, murmelte Paneloux. »Es ist empörend, weil es unser Maß übersteigt. Aber vielleicht sollen wir lieben, was wir nicht begreifen können.« Rieux richtete sich mit einem Schlag auf. Mit der ganzen Kraft und Leidenschaft, deren er fähig war, schaute er Paneloux an und schüttelte den Kopf. »Nein, Pater«, sagte er. »Ich habe eine andere Vorstellung von der Liebe. Und ich werde mich bis in den Tod hinein weigern, die Schöpfung zu lieben, in der Kinder gemartert werden.« Ein bestürzter Schatten huschte über Paneloux' Gesicht. »Ach, Herr Doktor«, sagte er traurig, »eben habe ich erkannt, was Gnade heißt.« »Die habe ich nicht, ich weiß. Aber ich will nicht mit Ihnen darüber streiten. Wir arbeiten miteinander für etwas, das uns jenseits von Lästerung und Gebet vereint. Das allein ist wichtig.« Paneloux setzte sich neben Rieux. Er schien bewegt. »Ja«, sagte er, »ja, auch Sie arbeiten für das Heil der Menschen.« »Das Heil der Menschen ist ein großes Wort für mich. Ich gehe nicht so weit. Mich geht ihre Gesundheit an, zuallererst ihre Gesundheit.« ...
Paneloux streckte die Hand aus und sagte traurig: »Und doch habe ich sie nicht überzeugt!« »Was tut das schon?«, fragte Reux. »Was ich hasse, sind der Tod und das Böse, das wissen Sie ja. Und ob Sie es wollen oder nicht, wir stehen zusammen, um beides zu erleiden und zu bekämpfen.« Rieux hielt Paneloux' Hand fest. »Sehen Sie«, sagte er und vermied es, ihn anzuschauen, »jetzt kann Gott selber uns nicht scheiden.«

- Notieren Sie die Ansichten des Arztes Rieux im Text oben. Inwiefern wird darin die Absurdität des Lebens betont?
- Klären Sie, inwiefern Camus den humanistischen Atheismus Feuerbachs, dessen Ziel wahre Menschlichkeit ist, aufnimmt.
- Beschreiben Sie Gemeinsamkeiten bzw. Unterschiede in den Auffassungen des Arztes und des Priesters.
- Belegen Sie Ihre Meinung zur folgenden Aussage mit weiteren Beispielen: »Weltanschauliche Differenzen erweisen sich in konkreten Notsituationen als hinderlich.«

Bekämpfter Gottesglaube

Die sogenannte »Buskampagne«, konzipiert von atheistischen Aktivisten in London, hat im Sommer 2009 einen Bus quer durch Deutschland fahren lassen, um für eine nichtreligiöse Weltsicht zu werben.

Mit dem Begriff »Neuer Atheismus« werden Erscheinungsformen einer Religionskritik im neuen Jahrtausend gebündelt, die fundamental, kämpferisch und öffentlichkeitswirksam gegen den »Fluch des Glaubens« oder den »Gotteswahn« vorgehen und auf eine Zurückdrängung von Religion hinarbeiten. Das Ziel der religionskritischen Giordano-Bruno-Stiftung beispielsweise lautet so: Sie »sammelt neuste Erkenntnisse der Geistes-, Sozial- und Naturwissenschaften, um ihre Bedeutung für das humanistische Anliegen eines ›friedlichen und gleichberechtigten Zusammenlebens der Menschen im Diesseits‹ herauszuarbeiten. Ziel der Stiftung ist es, die Grundzüge eines naturalistischen Weltbildes sowie einer säkularen, evolutionär-humanistischen Ethik zu entwickeln und einer interessierten Öffentlichkeit zugänglich zu machen.«

Der Philosoph Ludger Honnefelder erklärt dazu: »Der Atheismus der Gegenwart stützt sich auf einen rigiden Naturalismus, der sich mit einem rigiden Verständnis der Evolution verbindet. Gemeint ist mit einem rigiden ›Naturalismus‹ ... die Position, die als rational erkennbar ausschließlich dasjenige zulässt, was mit naturwissenschaftlichen Methoden erfassbar ist (epistemologischer Naturalismus), oder die Position, die als wirklich nur betrachtet, was Gegenstand der naturwissenschaftlichen Methode ist (ontologischer Naturalismus).«

- Skizzieren Sie in einer schematischen Gegenüberstellung das Anliegen, die Argumentation und die Vorgehensweise des »neuen Atheismus« und kritische Anfragen daran.
- Angenommen, in den beiden Bussen befinden sich jeweils auch Vertreter der jeweiligen Slogans: Formulieren Sie Bedingungen, die erfüllt sein müssen, damit beide Gruppierungen in einen konstruktiven Dialog treten können.
- Stellen Sie in einem Referat Publikationen vor, die dem neuen Atheismus zugerechnet werden (z. B. Dawkins, Der Gotteswahn; Schmidt-Salomon, Wo bitte geht's zu Gott?, fragte das kleine Ferkel; Christopher Hitchens, Der Herr ist kein Hirte), und gehen Sie dabei auch auf die Argumentationsstruktur im Umgang mit Religion ein.
- Betrachten Sie kritisch die Alternativen, welche die Giordano-Bruno-Stiftung als Aufmacher ihrer Homepage für den Umgang mit Religion im Bild rechts angibt. Ergänzen Sie weitere Optionen.

oder Wiedererstarken der Religion?

Die vom »Campus für Christus« initiierte »Gott-kennen-Tour« hat den Atheistenbus 78 begleitet und zu einem kritischen Dialog eingeladen mit dem Ziel, Menschen für die Frage nach Gott zu sensibilisieren.

Dass sich in den letzten Jahren ein deutlich aggressiverer Atheismus artikuliert, könnte auch eine Gegenbewegung zu einer wieder erstarkten Religion darstellen. Lange Zeit dominierte in der Religionssoziologie die sogenannte »Säkularisierungsthese«: die Überzeugung, dass Religion gesellschaftlich im Schwinden begriffen ist und an Bedeutung verliert, letztlich überflüssig werden wird (14). In der Öffentlichkeit wird nun wieder häufiger über eine »Wiederkehr der Religion«, teilweise in gewandelter Form, diskutiert. Anlass gaben neben religiösen Events wie den Weltjugendtagen auch empirische Untersuchungen. So bejahten 21% der 16- bis 29-Jährigen bei der Shell-Jugenstudie 2006, sich »sehr« oder »ziemlich« für religiöse Fragen zu interessieren; 1994 waren es nur 14%. Die Zahl derjenigen, die »gar nicht« an solchen Fragen interessiert sind, sank von 47% (1994) auf 38% (2006). »Die längerfristige Analyse legt nahe, dass die Säkularisierung in der Mitte der 90er Jahre auf weit fortgeschrittenem Niveau zum Stillstand gekommen zu sein scheint«, heißt es in der Shell-Studie. Immerhin die Hälfte der Jugendlichen glaubt an einen persönlichen Gott oder eine überirdische Macht (66). Zwei Drittel der Deutschen gehören entweder der römisch-katholischen Kirche oder einer evangelischen Landeskirche an, 26 % keiner Religionsgemeinschaft (Religionsmonitor 2008).

- Diskutieren Sie die Alternative: »Säkularisierung oder Renaissance von Religion« und begründen Sie Ihre Position mit Beispielen. Begründen Sie dabei auch jeweils, welchen Religionsbegriff (vgl. 12) Sie verwenden.
- Sammeln Sie Berichte von Ereignissen, die auf eine Wiederkehr der Religion bei Jugendlichen hindeuten könnten, und präsentieren Sie diese.
- Erheben Sie mittels einer kleinen Umfrage religiöse Einstellungen in der Klasse, an der Schule oder am Ort/im Stadtteil. Verfassen Sie dazu einen Fragenkatalog und entwickeln Sie Kriterien, indem Sie z. B. nach der Bedeutung von Religion, Kirche, Gottesdienst ... fragen. Halten Sie die Ergebnisse in einer Grafik fest und vergleich Sie die Daten mit den aktuellen Veröffentlichungen.

Naturwissenschaft und Glaube

Das Verhältnis zwischen Naturwissenschaft und Glaube ist seit Jahrhunderten von Spannungen gekennzeichnet. Seit Beginn der Neuzeit sehen sich Glaube und Kirche Herausforderungen gegenübergestellt. Einen ersten Höhepunkt erreichte die Auseinandersetzung mit dem Prozess um Galileo Galilei (1564-1642). Spätere Bemühungen, Glaube und naturwissenschaftliche Sichtweisen in Einklang zu bringen, deuteten sich als vielversprechend an, wie etwa der Versuch einer Synthese im Weltbild bei Teilhard de Chardin (1881-1955). Das Verhältnis von Naturwissenschaft und Glaube zeigte sich deutlich beruhigt. Neuere Ergebnisse, etwa in der Hirnforschung, oder Diskussionen über die Schöpfungslehre haben das Gespräch zwischen den Disziplinen wieder entflammen lassen. In Auseinandersetzung mit dem methodischen Atheismus in Bereichen der Naturwissenschaften muss sich der Glaube neu bewähren.

Die Frage nach der Entstehung des Universums beschäftigt die Menschen. Auf der Abbildung sind die Überreste der Supernova 1054 als Krebsnebel zu sehen.

Aus einem Streitgespräch zwischen dem Philosophen Bernulf Kanitscheider und dem Biologen und Theologen Ulrich Lüke:

Kanitscheider: Glaube basiert auf der Annahme, dass es ein »höheres Wesen« gibt. Die Aussage »Gott existiert« ist aber wissenschaftlich nicht haltbar, wenn kein empirisches Moment zu ihrer Stützung angeführt werden kann. Naturwissenschaftler sollten ihre Aussagen also nicht auf die »Übernatur« ausweiten.

Lüke: Eine Gegenüberstellung von »Natur« und »Übernatur« hilft uns nicht. Wir wissen nicht, was Übernatur ist, ja, wir wissen nicht einmal, was eigentlich Natur genau ist. Folglich wird hier eine Scheingrenze gezogen, und der Bereich der »Übernatur« verkommt zu einem Reich der Skurrilitäten, während der andere mit Qualitäten wie »Wissenschaftlichkeit« und »philosophische Genauigkeit« konnotiert wird.

Kanitscheider: Naturalismus besagt, wenn man das einmal salopp formuliert: Es geht im Universum mit rechten Dingen zu. Es gibt also nicht so etwas wie unkörperliche spirituelle Wesen. Die Welt ist materiell und kausal strukturiert. Sie ist auch komplex, aber es gibt keine geistigen, vom materiellen Träger abgehobenen Entitäten [= etwas, was existieren kann]. Das ist die Position des schwachen Naturalismus. Darüber hinaus gibt es aber auch den starken Naturalismus, der zusätzlich davon ausgeht, dass diese Welt, so wie wir sie eben feststellen, alles ist, was es gibt ...

Lüke: Gott ist kein Objekt X, dem ich definitorisch mit positiven Bestimmungen zu Leibe rücken kann. In Bezug auf ihn hat die Sprache keinen Beweis-, sondern nur einen Hinweischarakter. Die Theologiegeschichte kennt drei Versuche, von Gott zu sprechen. Es wird irgendein Attribut gewählt, das man mit einem Qualifikator ausstattet (*via eminentiae*) – man macht also etwa aus »gütig« »allgütig«, aus »wissend« »allwissend« und so weiter –, oder man arbeitet mit negierenden Gegenüberstellungen zum Menschen (*via negativa*): Der Mensch ist endlich, Gott unendlich, der Mensch sterblich, Gott unsterblich. Schließlich gibt es noch die Möglichkeit, Analogien heranzuziehen. Wir sagen dann zum Beispiel: »Gott ist wie ein Vater« oder »Gott ist der Weg«. Mit alldem wird Gott aber nicht definiert. Wer das erwartet, missversteht, was die Theologie leisten kann und zu leisten behauptet ...

Kanitscheider: Damit sind Sie aber – methodisch betrachtet – genau in der Situation, dass Sie die Existenz einer Entität behaupten, deren Begrifflichkeit Sie überhaupt nicht kennen ... Derjenige, der einen

höheren ontologischen Behauptungssanspruch vertritt, trägt auch die Last der Begründung.

Lüke: Ich kann die Beweislast ebenso gut auf Ihre Schultern hieven; denn ich halte nur etwas für möglich, Sie hingegen bestreiten es kategorisch. Aus Erfahrungen, die sich mit endlichen Objekten beschäftigen, und aus der Tatsache, dass alle Objekte, die Sie wahrnehmen, endlich sind, schließen Sie, dass es das, was eine andere Tradition »unendlich« genannt hat, nicht geben könne.

Kanitscheider: Ich schließe keineswegs aus, dass es Unendliches nicht geben kann. Aber derjenige, der die Existenz von etwas propagiert, hat immer die Begründungslast, und nicht der andere die Widerlegungslast. Ich müsste ein Argument erhalten, das nicht nur auf eine illusionäre Funktionalität Gottes abzielt, sondern tatsächlich auf eine Ursache, ein Fundament der Tatsachen. Wie schaffen Sie den Sprung von der Existenz eines Transzendenz-Bewusstseins zur Existenz der Transzendenz?

Lüke: So, wie sich im Laufe der Evolution der kognitive Apparat des Menschen herausgebildet hat in der Auseinandersetzung mit der Realität, auf die er sich bezieht, so entstand auch das Transzendenzbewusstsein des Menschen in Auseinandersetzung mit der Realität, die wir Transzendenz nennen ...

Kanitscheider: Die Existenzhypothese Gottes ist eine Behauptung, für die zunächst einmal gar nichts spricht. Und in dieser Situation verhalte ich mich wie in allen vergleichbaren Fällen von Existenzbehauptungen. Solange nichts positiv für die Existenz spricht, bleibe ich negativ entschieden, und das bedeutet in Bezug auf die Gottesfrage, ich bin besser atheistisch eingestellt als agnostisch.

Lüke: Ich möchte das Verhältnis von Wissenschaft und Religion mit einem Bild beschreiben, und zwar im Vergleich des Wissenschaftlers und seiner Methodologie mit einem Fischer, der im Meer fischt. Der Fischer kann die Größe seiner Netze und deren Maschengröße variieren, er kann die Auswurfweite, die Eintauchtiefe, die Zugfestigkeit und so weiter verändern und auf diese Weise immer wieder neue Fänge machen. Er findet Fische, die er zuvor nie zu Gesicht bekommen hat. Und doch ist alles, was er herausfischt, nicht das Meer. Was er herausfischt sind Lebewesen, die indirekt auf das Meer als Bedingung ihrer Existenzmöglichkeit verweisen. Und vielleicht geht ihm dabei auf, dass das auch für ihn selbst gilt.

Kanitscheider: Dieser poetischen Metapher liegt die supernaturalistische Annahme zu Grunde, dass alle konkreten Systeme des Universums (»Fische«) in einen umgreifenden Rahmen »Meer« eingebettet sind. Genau diese transzendente Einbettung ist aber das Fragliche der metaphysischen Diskussion. Aus der Sicht des wohlwollenden, aber kritischen Skeptikers spricht nichts für eine solche Vermutung.

- Bevor Sie den Text lesen: Beziehen Sie Stellung, wie sich für Sie Naturwissenschaft und Glaube zueinander verhalten.
- Arbeiten Sie wesentliche Argumente der beiden Wissenschaftler heraus. Wo bleiben Fragen offen?
- Informieren Sie sich über den beispielhaften Konfliktfall »Galileo Galilei«. Beschreiben Sie die Ursachen, den Verlauf und den Ausgang des Konflikts.
- »Warum ist überhaupt etwas und nicht vielmehr nichts?« (Martin Heidegger): Informieren Sie sich über Grenzbereiche der empirischen Wissenschaften. Sammeln Sie Positionen und erstellen Sie eine Übersicht. Welche Entwicklungen lassen sich aufzeigen?
- Befragen Sie Ihre Physik- oder Biologielehrkräfte bzw. erkundigen Sie sich in der Literatur über mögliche Weltentstehungstheorien und stellen Sie diese einander gegenüber. Beziehen Sie auch die neuesten Ergebnisse der Kosmologie mit ein.

Schöpfung und Evolution

Im Zusammenhang mit aktuellen naturwissenschaftlichen Weltbildern, insbesondere der Astrophysik und der Evolutionstheorie, stellen sich auch religiöse Fragen. Komplexe, z. B. kosmische, Vorgänge können zwar beobachtet, aber nicht lückenlos verstanden und erklärt werden. Trotz der unglaublich fein gesponnenen Entwicklung von den Galaxien bis zum menschlichen Bewusstsein scheint es keinen naturwissenschaftlich erkennbaren »Plan« zu geben. Auch die Evolutionstheorie eines Charles Darwin konnte die Frage nach dem »Sinn« des Ganzen nicht beantworten.

Biblische Schöpfungserzählungen

Die Bibel erzählt am Anfang über das Werden von Himmel und Erde; diese war »wüst und wirr, Finsternis lag über der Urflut und Gottes Geist schwebte über dem Wasser«. »Es werde Licht!« ist der erste gesprochene Satz in der Bibel (Gen 1,1-3). Kernaussage dieser Verse und der ersten biblischen Schöpfungserzählung (Gen 1,1 – 2,4a) ist, dass die Welt durch den einen Gott, durch sein Wort geschaffen wurde. Die Ordnung der Welt entspricht Gottes Willen und ist nicht zufällig. Dabei redet die Bibel vom Anfang aller Dinge in einer anderen Weise, als es aus Physik und Biologie bekannt ist: Sie erzählt in mythischer Sprache und in hymnischer Form. Nicht dem Übergang des Werdens und der mathematischen Struktur der Materie gilt das Interesse, sondern dem Ursprung alles Existenten in Gott, der aus dem buchstäblich chaotischen Nichts etwas zu schaffen vermag *(creatio ex nihilo)*.
Eine weitere zentrale Aussage liegt darin, dass der Mensch nach dem Willen Gottes als sein Ebenbild geschaffen ist (Gen 1,26f.). Darin drücken sich der besondere Bezug des Menschen zu Gott (vgl. **106** f.) sowie der Auftrag zum sorgenden Umgang mit Gottes guter Schöpfung aus. Die zweite Schöpfungserzählung (Gen 2,4b – 3,24) zeichnet den Menschen als ambivalentes Wesen, das zum Guten wie zum Bösen neigt und deshalb erlösungsbedürftig ist.

Evolutionstheorie

Charles Darwin (1809-1882) hat mit dem Erklärungsprinzip der Evolution eine empirische Sicht des Werdens von Welt und Mensch grundgelegt. Darwins revolutionäre Entwicklungstheorie beruht auf zwei konsequent durchdachten Grundeinsichten: Veränderung und Auswahl. Tier- und Pflanzenarten können sich verändern, sie sind nicht, wie in der Bibel erzählt, unabhängig voneinander geschaffen und unveränderlich. Es lassen sich Artverwandtschaften und Artenumwandlungen feststellen (Variation). Durch den Kampf ums Dasein kommt es zu einer natürlichen Auswahl oder Zuchtwahl. Nur die Stärksten, Besten, Bestangepassten überleben (Selektion; vgl. **98** f.). Die Brisanz der Evolutionstheorie zeigt sich durch ihre Anwendung auf den Menschen. Auch der Mensch ist nach Körperbau und embryonaler Entwicklung variabel. Er erweist sich als Abkömmling älterer Lebensformen und ist also ein Produkt der biologischen Evolution, die weder Plan noch Ziel noch Geist kennt. Anfragen an die Theorie entstehen im Kontext ständig neuer Variationen, die ohne erkennbaren Vorteil sind, oder hinsichtlich der Kernfrage, warum sich Leben überhaupt entwickelt hat.

Schöpfung und Evolution

»Die Evolutionslehre versucht, biologische Abläufe zu erkennen und zu beschreiben. Aber sie kann die Herkunft des ›Projekts‹ Mensch damit nicht erklären, seinen inneren Ursprung und sein eigenes Wesen. Insofern stehen wir hier vor zwei sich ergänzenden, nicht vor zwei sich ausschließenden Fragen ... Die richtige Formel muss heißen: Schöpfung und Entwicklung, denn die beiden Dinge beantworten zwei verschiedene Fragen. Die Geschichte vom Ackerboden und von dem Atem Gottes erzählt ja nicht, wie ein Mensch entsteht. Sie erzählt, was er ist. Sie erzählt seinen innersten Ursprung; sie klärt das Projekt auf, das hinter ihm steht« (Benedikt XVI.).

- ▶ Skizzieren Sie Grundlagen und Zusammenhänge der Evolutionstheorie von Charles Darwin.
- ▶ Stellen Sie wesentliche Aussagen und Inhalte der biblischen Schöpfungslehre dar.
- ▶ Erläutern Sie zur Thematik »Schöpfung und Evolution« die verschiedenen Zugriffsweisen von Theologie und empirischen Wissenschaften und vergleichen Sie Ihre Ergebnisse mit dem auf **86** f. dargestellten Komplementaritätsmodell.
- ▶ Setzen Sie sich in einem fiktiven Dialog mit der Vereinbarkeit von biblischem Schöpfungsglauben und Evolutionstheorie auseinander.

Streit um Schöpfungsglauben und Evolutionstheorie

Nachdem die Evolutionstheorie im 19. Jh. ein großes weltanschauliches Reizthema war, macht gegenwärtig das verstärkte Aufkommen des Kreationismus eine erneute Auseinandersetzung mit Fragen der Schöpfungslehre notwendig. Der Begriff »Kreationismus« bezeichnet eine Bewegung, die heute am weitesten in den USA verbreitet ist und ihre Wurzeln in protestantisch-evangelikalen Kreisen hat. Diese haben sich im 19. Jh. als religiös motivierte Opposition zu den Naturwissenschaften mit deren Erkenntnissen über den Mensch und die Entwicklung des Lebens gebildet.

Erscheinungsformen des Kreationismus und Bedeutung

Traditionelle Positionen des Kreationismus halten aufgrund einer wörtlichen Auslegung der biblischen Schöpfungserzählungen an einem kurzen Erdzeitalter fest. Zu unterscheiden sind deshalb *Kurzzeitkreationismus* (Erdzeitalter ca. 4.000 Jahre) und *Langzeitkreationismus* (Erdzeitalter einige 10.000 Jahre); beide Daten widersprechen den Kenntnissen zur Erdgeschichte. Weiterhin leugnen diese Richtungen des Kreationismus die Abstammung des Menschen aus dem Tierreich und schließen somit eine schrittweise Entwicklung von einem Ursprung zum Menschen aus. Eine Mischform stellt der *Evolutionistische Kreationismus* dar, welcher der Evolutionstheorie ein gewisses Erklärungspotenzial zugesteht, diese als geschlossene Theorie jedoch ablehnt, weil sie u. a. »missing links« nicht erklären könne. Eine weitere Bewegung, einzuordnen als Neo-Kreationismus mit pseudowissenschaftlichem Anstrich, ist »Intelligent Design (ID)«. Die Vertreter von ID sehen die Grenzen der Evolutionstheorie in deren Denkmodell von Ursache-Wirkungszusammenhängen. Damit könne das Ganze der Wirklichkeit nicht erkannt werden. Denn die naturwissenschaftliche Beschränkung auf die Frage nach den Ursachen schließe Fragen nach Sinn, Zweck und Zielen der Schöpfung aus. Der Wert dieser auf die Letztbegründung gerichteten Fragestellungen interessiert die Naturwissenschaft wesensgemäß nicht.

Dagegen sagt ID, das naturalistisch-materialistische Weltbild könne nicht schlüssig eine stetige Höherentwicklung der Arten aufgrund der Mechanismen von Zufall und Auslese erklären, und stößt damit in diese Lücke. Dagegen könne – so ID – nur durch die Ergänzung finaler Fragehaltungen die Entwicklung der Arten als Prozess aufgezeigt werden, wenn nämlich ein Schöpfer plane, ordne und steuere. Deshalb wirke Gott als »intelligenter Designer« strukturgebend hinter allen materiell beschreibbaren Naturphänomenen.

Kreationismus und christlicher Glaube

Theologisch ist der Kreationismus zurückzuweisen, vor allem dessen Lesart der Bibel. Die ersten Kapitel der Genesis widersprechen sich beispielsweise in der Reihenfolge der Schöpfungswerke oder in der Darstellung des Ausgangszustandes der Schöpfung. Denn für die Texte spielt das »Wie« der Schöpfung keine entscheidende Rolle. Der Schwerpunkt des Interesses liegt in der Aussage: »Gott ist als Herr der Welt auch Herr über deren Geschichte.« Das kirchliche Lehramt betrachtet die Evolutionslehre als gesicherte Theorie und Gott als den Ursprung von Schöpfung und Evolution, die als *creatio continua* verstanden werden kann. Demnach geht das Leben aus kausalursächlichen Prozessen hervor, hat aber seinen letzten Grund in Gott.
Aus theologischen Gründen ist das Konzept des ID auch wegen der Frage nach dem Leid und dem damit verbundenen Verständnis Gottes abzulehnen. Nach biblischem Zeugnis bewirkt Gott das Heil des Menschen, nicht sein Leid. Gott leidet solidarisch mit den Menschen. Ein Gott, der im Sinne des ID als steuernde Kraft im Weltenlauf wirkte, würde kontinuierlich Leid als Mittel der Optimierung der Entwicklung einsetzen. Ein solcher Gott ist nicht vorstellbar. Auch das christliche Menschenbild steht in Widerspruch zu Aussagen des ID. Wenn Gott das gesamte Weltgeschehen zentral, kontinuierlich und absolut lenkt, wird der Mensch zu einer Marionette ohne Freiheit. Damit fallen nicht nur die Kategorien freier Wille, Schuld und Verantwortung, sondern auch der Glaube ist keine frei gewählte Beziehung des Menschen zu Gott mehr.

- ▶ Beschreiben Sie Ursprünge, Zielsetzungen und Erscheinungsformen des Kreationismus.
- ▶ Beurteilen Sie die Varianten des Kreationismus aus naturwissenschaftlicher und theologischer Sichtweise.
- ▶ Erläutern Sie, warum das Konzept des ID eine »Lücke« innerhalb der Evolutionstheorie nutzen kann.
- ▶ Inwiefern entsprechen Kerngedanken des ID nicht dem christlichen Gottes- und Menschenbild?

Gott beweisen wollen. Rational ...

Als vernunftbegabtes Wesen hat der Mensch immer über die Grenzen seiner unmittelbaren Erfahrungswelt hinaus die Frage nach dem Urgrund seines Seins gestellt. Der Versuch, Gott beweisen zu wollen, ist so alt wie die kritische Anfrage an den Gottesglauben. Bei den Vorsokratikern, deren Denken hauptsächlich als Ursachen- und Ursprungsforschung zu verstehen ist, finden sich erste Ansätze für einen Gottesbeweis: Sie suchen einen zureichenden Grund für das Vergängliche, staunen über Ordnung und Zielstrebigkeit und schließen auf eine ewige Wahrheit. Platon geht vom

Quinque viae ad Deum

Thomas von Aquin (1225-1274) hat versucht, die Existenz Gottes mit logischen Argumenten zu beweisen. Dabei geht Thomas von der Geschaffenheit der Welt und der Eigenständigkeit und Eigenwertigkeit der Schöpfung aus. Der Mensch als Vernunftwesen ist Teil dieser Welt und kann die Wahrheit erkennen. Denn Glauben und Wissen können letztlich nicht in Widerspruch geraten, da beide von Gott stammen.

Grundlage seiner klassischen Gottesbeweise ist die bestehende Beziehung zwischen Welt und Gott. In der erfahrbaren Welt sucht Thomas Spuren der Existenz eines höchsten Wesens. Durch Reflexion und mithilfe der Methode des Syllogismus, einem schlussfolgernden Denken in einem Dreierschritt (Ober-, Unter-, Schlusssatz), kommt Thomas zu seinen »Gottesbeweisen«. Er fasste dabei die »Wege«, auf denen frühere Denker zur Erkenntnis Gottes gelangt sind, in den berühmten »quinque viae ad Deum« zusammen.

Der Bewegungsbeweis (kinesiologischer Beweis)

Obersatz = 1. Prämisse (empirisch nachprüfbare Tatsache): »In der Welt ist überall Bewegung!«

Untersatz = 2. Prämisse (axiomatischer Satz – logisch, letztlich aber nicht beweisbar; aber auch nicht unsinnig):
»Alles Bewegte wird von einem anderen bewegt, d. h. nichts kann sich selbst die erste Bewegung geben.«

Schlusssatz = Conclusio (Zusammenfassung – Nachweis der Existenz Gottes für Thomas):
»Die bewegte Welt setzt einen von ihr verschiedenen Beweger voraus. Woher aber hat dieser seine Bewegung? Hat er sie wieder von einem anderen Beweger? Muss man eine infinite [unendliche] Reihe von Bewegern annehmen? Eine unendliche Reihe von Bewegern, die ihre Bewegung jeweils von außen haben, erklärt nicht, woher die Bewegung erstmals ihren Ausgang nahm. Ferner wäre diese Erklärung unlogisch: Wenn eine endliche Reihe von Bewegtem sich die Bewegung nicht selbst geben kann, dann kann es auch eine unendliche Reihe nicht.«
Deshalb lehnt Thomas in seinen »Fünf Wegen« den »Rückgriff auf das Unendliche« grundsätzlich ab. Thomas sagt: »Es ist notwendig, dass es eine erste Bewegungskraft gibt, die selbst von niemand anderem die Bewegung erhalten hat und insofern als ›unbewegt‹, ›von niemandem in Bewegung gesetzt‹ bezeichnet werden kann.« Das *primum movens immotum* (unbewegter Beweger) wird Gott genannt.

► Entwerfen Sie die weiteren vier »Wege zu Gott« nach dem Prinzip des Syllogismus: *Kausalitätsbeweis* (von den Ursachen und Wirkungen in der Welt, die in kausalem Zusammenhang stehen; jede Wirkung hat eine Ursache ...); *Kontingenzbeweis* (von der Abhängigkeit alles Empirischen – es gibt Dinge, die sein oder nicht sein können; wäre alles so beschaffen, so kann auch einmal alles nicht sein, dann aber könnte nichts zu existieren beginnen; folglich gibt es Dinge, die notwendig sind, und zwar aus sich heraus oder durch ein anderes ...); *Stufenbeweis* (von den graduellen Seins- und Wertunterschieden, die es in der Welt gibt; in allen Dingen gibt es ein mehr oder weniger ...); *teleologischer Gottesbeweis* (von der zweckmäßigen Ordnung her; Dinge bedürfen, um ein Ziel zu erreichen, eines Erkennenden, der das Ziel setzt ...).

... und empirisch

sich stets Verändernden aus auf die Suche nach dem Unwandelbaren, dem Urgrund, und entwickelt dabei seine Ideenlehre. Aristoteles analysiert ebenfalls das Werden, die Bewegung, die Übergänge von einem Seinszustand in den anderen und schließt daraus auf einen ersten unbewegten Beweger, der für ihn Gott ist. Thomas von Aquin übernimmt die Vorstellung vom ersten Beweger und sucht weitere Wege zu dem, der Ursache und Ziel von allem ist. Und auch in der Post-Moderne gibt es Versuche, Gott nachweisen zu wollen.

Gott im Gehirn?

Kann der Glaube allein auf neuronale Vorgänge im Gehirn zurückgeführt werden? Entsteht die Vorstellung von Gott im Gehirn? Mit solchen Fragen beschäftigt sich der Wissenschaftszweig der sogenannten Neurotheologie. Neurotheologie ist dabei keine Disziplin der Theologie, sondern die Bezeichnung für gewisse Bereiche der Hirnforschung, die sich mit religiösen Empfindungen beschäftigen. Wenn alles, was den Menschen bewegt, seine Grundlage in den biochemischen Vorgängen des Gehirns hat, so müssten auch religiöse Gefühle und Vorstellungen dort ihre Spuren hinterlassen, wenn nicht sogar dort entstehen. So hält etwa der Radiologe Andrew Newberg den Menschen von Natur aus für einen Mystiker, für ein Wesen mit einer angeborenen Gabe zur mühelosen Selbsttranszendenz. Durch religiöse Versenkung oder Meditation kann der Mensch die Aufnahme von Sinnesreizen so stark unterbinden, dass der Parientallappen im Gehirn kaum mehr durchblutet wird. Dies lässt sich durch tomografische Verfahren nachweisen. In einem solchen Zustand scheint die Grenze zwischen dem Körper, dem Ich, und der äußeren Welt überwunden – eine »Raumlosigkeit« wird erlebt, ein Gefühl, als würde man mit der Umwelt oder einer höheren Macht verschmelzen. Eine solche Erfahrung wird von Gläubigen als Gotteserfahrung beschrieben. Hat also der Mensch die Fähigkeit, bei Stimulation besonderer Hirnareale eine transzendente Welt wahrnehmen zu können? Oder entsteht erst im Gehirn die göttliche Vorstellung?

Der Gedanke an bzw. über Gott kann allerdings nicht als Beweis für Gott als transzendentes Wesen gesehen werden. Wenn der Mensch religiöse Erfahrungen macht, wenn er die Stimme Gottes vernehmen kann, dann deswegen, weil er so ausgestattet ist, dass die Ausprägung von Religiosität zu seinen Möglichkeiten gehört.

Der Psychiater Manfred Spitzer schränkt die Möglichkeit, Gott im Gehirn zu beweisen, ein: »Wenn man weiß, welches Areal beim Betrachten oder beim Riechen einer Rose, beim Hören von Musik oder beim Küssen aktiv ist, folgt daraus, dass es keine Rose, keine Musik oder keinen Kuss gibt? Gewiss nicht! Es folgt nur, dass es keine Erfahrung gibt, die nicht in unserem Gehirn stattfindet und entsprechend mit bestimmten Vorgängen im Gehirn einhergeht ... Im Gehirn findet man den blauen Himmel ebenso wenig wie die Rose – oder Gott. Daraus folgt nicht, dass Rosen bzw. Gott nicht existieren.«

- ▶ Beurteilen Sie die unterschiedlichen Ansätze der Gottesbeweisführung. Wo sehen Sie Grenzen?
- ▶ »Für jemanden, der an Gott glaubt, braucht es keinen Beweis; für jemanden, der nicht an Gott glaubt, gibt es keinen Beweis.« Benennen Sie dennoch die Vorteile eines Versuches, Gott nachzuweisen.
- ▶ Ermitteln Sie biografische und zeitgeschichtliche Daten zu Platon und Aristoteles und fassen Sie die zentralen Aussagen der jeweiligen Gottesbeweisführung zusammen. Wo sehen Sie argumentative Verbindungslinien?

Sprache und Wirklichkeit

»Worte allein erschließen uns das Denken und die Dinge« (Wilhelm von Humboldt). Die Sprache ist eine großartige Erfindung, dem anderen etwas mitzuteilen, wobei das gesagte Wort mit einem entsprechenden Inhalt – von mir in einer bestimmten Art und Weise gedacht – bei meinem Gegenüber ganz andere Assoziationen, als von mir intendiert, wecken kann.

Sprache und Wirklichkeit in der Physik

Werner Heisenberg (1901-1976, Physiker, Nobelpreisträger) formulierte 1927 die »Unbestimmtheitsrelation« als Beitrag zur Quantenmechanik. Sie besagt, dass jede Ortsmessung eines Elektrons dessen Impuls verändert, also die Geschwindigkeit des anvisierten Elektrons. Das heißt, der Impuls wird durch die Ortsbestimmung »ganz unbestimmt«. Umgekehrt verändert eine Impulsmessung den Ort, sodass wiederum der Ort »ganz unbestimmt« wird. Heisenberg hat auch auf Schwierigkeiten hinsichtlich der Sprache aufmerksam gemacht:
»Es ist lange Zeit angenommen worden, dass das Problem der Sprache in der Naturwissenschaft nur eine untergeordnete Rolle spiele. In den Naturwissenschaften geht es ja darum, die Natur in ihren verschiedenen Bereichen möglichst genau zu beobachten und daraus ihr Wirken zu verstehen ... Es sah immer so aus, als könnte man leicht über die Ergebnisse sprechen, wenn sie einmal gewonnen wären, und als brauche man die Sprache selbst nicht besonders zu diskutieren. Zwar hat es sich in der Entwicklung der Wissenschaft oft als zweckmäßig oder sogar als notwendig erwiesen, Kunstwörter zusätzlich in die Sprache einzuführen, mit denen sich früher unbekannte Objekte oder Zusammenhänge bequem bezeichnen ließen. Aber eine in dieser Weise ergänzte Sprache schien im Allgemeinen ausreichend, um die gefundenen Zusammenhänge in der Natur zu beschreiben.
An dieser Stelle aber hat sich die Situation von Grund auf geändert ... Bei der Beschreibung der Vorgänge im kleinsten Bereich, jener Zusammenhänge, die in der Quantentheorie analysiert und mathematisch dargestellt worden sind, versagt die gewöhnliche Sprache oder die Sprache der klassischen Physik ... Wir beobachten z. B. die Elektronen in einer Nebelkammer; wir sehen ihre Spuren als Kondensstreifen, so wie wir die Bahnen sehr hoch fliegender Flugzeuge als Kondensstreifen am Himmel wahrnehmen können, und wir zweifeln daher nicht daran, dass es sich bei den Elektronen um schnell fliegende elektrisch geladene Teilchen handelt. Aber diese selben Gebilde erscheinen in anderen Experimenten als Wellen, die Beugung und Interferenzerscheinungen hervorrufen können; sie können also gar keine Teilchen sein, die nur eine geringe Ausdehnung besitzen, sie müssen vielmehr zugleich Vorgänge sein, die sich über größere Raumgebiete erstrecken. Aber wie soll man über solche Gebilde sprechen, wenn jeder Vergleich mit den anschaulichen Gebilden unserer sinnlich erfassbaren Welt versagt oder wenigstens nur als Andeutung brauchbar und auf bestimmte Experimente beschränkt bleibt ...
Wir können z. B. nicht gleichzeitig den Ort und die Geschwindigkeit eines Elementarteilchens genau kennen. Je genauer wir den Ort messen, umso geringer wird die Genauigkeit unserer Kenntnis der Geschwindigkeit, und umgekehrt ... Dieser Sachverhalt der Komplementarität hat also dazu geführt, dass die Physiker, wenn sie über das atomare Geschehen reden, sich oft mit einer ungenauen und gleichnishaften Sprache begnügen, dass sie nur wie die Dichter versuchen, im Geist des Hörenden durch Bild und Gleichnis gewisse Bewegungen hervorzurufen, die in die gewollte Richtung weisen, ohne ihn durch eindeutige Formulierung zum präzisen Nachvollziehen eines bestimmten Gedankengangs zwingen zu wollen.«

Die Eigenart religiöser Sprache

Im Gegensatz zur wissenschaftlichen Sprache, die eindeutig und klar sein soll, aber auch in Schwierigkeiten gerät, das zu Sagende präzise auszudrücken, bedient sich die religiöse Sprache des Vergleichs. In Metaphern, Analogien und Symbolsprache werden Inhalte vermittelt, um mit einer bestimmten Begrifflichkeit eine dahinterliegende Wirklichkeit auszudrücken.

Komplementäre Zugänge zur Wirklichkeit

Eine mögliche Klärung des Verhältnisses von Glaube und Naturwissenschaft bietet der Blick auf verschiedene, komplementäre und nicht aufeinander reduzierbare Perspektiven auf die Wirklichkeit der Welt und damit auf drei Dimensionen dieser Wirklichkeit selbst. Sie verhalten sich so zueinander, dass die jeweils vorhergehende in der nächsten Ebene zu einem umfassenderen Verstehenshorizont führt, ohne dabei ihren Eigenwert zu verlieren. Das heißt, sie bauen aufeinander auf, wobei keine Ebene weggelassen werden kann. Die komplementäre Sichtweise gilt als gestufte Wahrnehmung der komplexen Wirklichkeit.

1. *Die empirisch-einzelwissenschaftliche Perspektive*
   Sie analysiert den materiellen Zustand auf seine physikalischen, chemischen und biologischen Bestandteile und erklärt den Zusammenhang zwischen verschiedenen, aufeinanderfolgenden Zuständen aufgrund von Gesetzen und möglichen Zufällen. Sie verzichtet dabei auf die Frage nach Sinn und Zweck in der Natur und beschränkt sich methodisch auf das experimentell Beobachtbare.

2. *Die anthropologische Perspektive*
   Sie impliziert auf der lebenspraktischen Ebene das Deuten, Verstehen, Werten und Gewichten aller wissenschaftlichen Erkenntnisse im Zusammenhang des individuellen und gesellschaftlichen Lebens. Sie impliziert auf der philosophisch-theoretischen Ebene metaphysische und religionsphilosophische Fragen des Menschen, wie etwa nach dem letzten Grund und Ziel unserer Wirklichkeit. Ebenso umfasst diese Sichtweise die Frage nach der Stellung des Menschen in der Welt. Ihr gehört auch die wissenschaftstheoretische Frage nach dem Verhältnis von Naturwissenschaft, Philosophie und Theologie an.

3. *Die religiös-gläubige Perspektive*
   Sie fragt nach der Beziehung zu einem transzendenten Woher und Woraufhin und integriert die gesamte Wirklichkeit in die menschliche Suche nach letztgültigem Heil. Sie bietet eine umfassende Sinnorientierung im Unbedingten, bedarf jedoch auch der beiden anderen Perspektiven, um Gott und die Welt weder zu trennen noch zu vermischen.

- Skizzieren Sie die Gedanken Heisenbergs in eigenen Worten und stellen Sie das »Komplementaritätsmodell« in einer anschaulichen Grafik dar.
- Beschreiben Sie die unterschiedlichen Wissenschaftszweige an Ihrer Schule und entfalten Sie, aus welchen unterschiedlichen Perspektiven ein Phänomen der Wirklichkeit (z. B. »Cheeseburger«, »Verliebtsein« ...) betrachtet werden kann.
- »Der Fokus der Kamera ist so einzustellen, dass das darzustellende Objekt deutlich zu sehen ist. Alles andere wird unscharf dargestellt.« Beschreiben Sie ausgehend von dieser fotografischen Selbstverständlichkeit ein mögliches »Komplementaritätsprinzip« in den Wissenschaften. Finden Sie andere Vergleiche.

Gott als Hypothese ...

Die großen Lebensfragen des Menschen nach Kant lassen sich mit der Hypothese Gott leichter beantworten. Der Theologe Hans Küng (geb. 1928) entwirft dazu einen Gedankengang, nach dem die Fragen der menschlichen Vernunft eine Antwort finden würden.

»Nach Immanuel Kant vereinigt sich das Interesse der menschlichen Vernunft in den drei Fragen: Was kann ich wissen? Was soll ich tun? Was darf ich hoffen? Im konkreten Menschen können die wesentlichen Fragen nach Wahrheit, Norm, Werten und Sinn verdeckt und verdrängt werden. Doch bleibt die durchgängige Fraglichkeit der Wirklichkeit und auch die Frage, von woher sie erklärt werden kann, bestehen. Im Horizont von neuzeitlichem Nihilismus und Atheismus drängt sich zu dieser Problematik als Zugang zu Gott die allgemeine Frage nach dem Woher der Wirklichkeit, ihrem Grund, Halt und Ziel auf.«

»Wenn Gott existierte, dann wäre eine grundsätzliche Lösung für das Rätsel der fraglich bleibenden Wirklichkeit angegeben. Wenn Gott existierte, dann wäre die gründende Wirklichkeit selbst nicht mehr letztlich unbegründet, haltlos und ziellos. Warum? Gott wäre der Ur-Grund, der Ur-Halt, das Ur-Ziel aller Wirklichkeit. Wenn Gott existierte, dann wäre die zwischen Sein und Nichtsein schwebende Wirklichkeit nicht mehr letztlich der Nichtigkeit verdächtig. Warum? Gott wäre dann das Sein-Selbst aller Wirklichkeit. Dieselbe Hypothese kann nun auf die besondere Fraglichkeit gerade meines menschlichen Daseins angewandt werden. Wenn Gott existierte, dann könnte ich trotz aller Bedrohung durch Schicksal und Tod mein Dasein bejahen, da Gott der erste Ursprung des Lebens wäre; trotz der Bedrohung durch Leere und Sinnlosigkeit Gott als letzten Sinn des Lebens sehen; trotz aller Bedrohung durch Schuld, die Gutheit des Daseins bejahen, da Gott die Hoffnung meines Lebens wäre; trotz aller Bedrohung durch das Nichtsein mit gutem Grund das Sein meines menschlichen Daseins vertrauensvoll bejahen: Gott wäre ja dann das Sein-Selbst, gerade auch des Menschenlebens.«

»Ein Nein zu Gott ist immer möglich, da sich der Atheismus rational nicht eliminieren oder widerlegen lässt. Da sich die Wirklichkeit und ihr Urgrund, Urhalt und Urziel nicht mit zwingender Evidenz aufdrängen, bleibt Raum für die Freiheit des Menschen. Aber auch ein Ja zu Gott ist eben möglich, da sich der Atheismus rational ebenso wenig etablieren oder beweisen lässt. Wenn Gott ist, ist er die Antwort auf die radikale Fraglichkeit der Wirklichkeit; dass Gott ist, kann nur in einem – in der Wirklichkeit selbst begründeten – Vertrauen angenommen werden. Im Nein zu Gott entscheidet sich der Mensch gegen einen ersten Grund, tiefsten Halt, ein letztes Ziel der Wirklichkeit. Der Atheismus vermag keine Bedingung der Möglichkeit der fraglichen Wirklichkeit anzugeben. Im Nihilismus ist ein Ja zur Wirklichkeit wegen des radikalen Grundmisstrauens überhaupt nicht möglich. Wenn ich mich für einen Urgrund entscheide, vermag ich mit gutem Grund bei aller Sinnlosigkeit einen Sinn der Wirklichkeit von Welt und Mensch zu erkennen. Wie das Grundvertrauen, so ist auch der Gottesglaube eine Sache nicht nur der menschlichen Vernunft, sondern des ganzen konkreten lebendigen Menschen; er kann nicht davon reden und sich selber heraushalten: Gottesglaube ist überrational. Wie für die Wirklichkeit der Wirklichkeit, so gibt es auch für die Wirklichkeit Gottes keinen logisch zwingenden Beweis, sondern sie basiert auf einem Vertrauensverhältnis. Aber: Gottesglaube ist nicht irrational. Der Gottesglaube lässt sich gegenüber einer rationalen Kritik rechtfertigen. Er hat einen Anhalt an der erfahrenen fraglichen Wirklichkeit selbst.«

... und Hoffnung

Der ererbte Glaube ist gewiss immer auch ein angefochtener und anfechtbarer Glaube. So auch beim deutschen Theologen Karl Rahner (1904-1984). Warum er dennoch Christ blieb, begründete er so:

»**Natürlich gibt es viele Schwierigkeiten** und Bitterkeiten im Geist und im Leben. Aber es ist doch klar: die Schwierigkeit, die ernsthaft als Grund gegen meinen Glauben in Frage kommen soll, muss der Würde und der Radikalität dessen entsprechen, was sie bedrohen und verändern will. Es mag viele intellektuelle Schwierigkeiten auf dem Gebiet der einzelnen Wissenschaften geben, der Religionsgeschichte, der Bibelkritik, der Geschichte des frühen Christentums, für die ich keine direkte und in jeder Hinsicht glatt aufgehende Lösung habe. Aber solche Schwierigkeiten sind zu partikulär, als dass man von ihnen her die letzten Daseinsfragen entscheiden könnte, als dass man ihnen erlauben könnte, das ganze unsagbar tiefe Leben zu bestimmen. Es gibt natürlich andere Anfechtungen, solche, die in die Tiefe gehen. Sie treffen das Herz, die innerste Mitte des Daseins, sie bedrohen es, sie stellen es in die letzte Fraglichkeit des Menschen überhaupt. Die Argumentation des Daseins selber lässt den Menschen einsam werden, wie ins Leere gestellt, wie in einem unendlichen Fall begriffen, seiner Freiheit ausgeliefert, wie umgeben von einem unendlichen Meer von Finsternis und von einer ungeheuren unerforschten Nacht, vom Schmerz seiner Kontingenz durchbebt, immer aufs Neue seiner Abhängigkeit vom bloß Biologischen, vom dumm Gesellschaftlichen überführt.«

»**Das eigentliche Argument gegen das Christentum** ist die Erfahrung des Lebens, diese Erfahrung der Finsternis. Und ich habe immer die Erfahrung gemacht, dass hinter den Fachargumenten der Wissenschaftler gegen das Christentum als letzte Kraft immer diese letzten Erfahrungen des Daseins standen, die den Geist und das Herz finster, müde und verzweifelt machen.

Aber eben diese Erfahrung ist auch das Argument des Christentums. Denn was sagt das Christentum eigentlich? Doch nichts anderes als: Das Geheimnis bleibt ewig Geheimnis, dieses Geheimnis will sich aber als das Unendliche, Unbegreifliche, als das Unaussagbare, Gott genannt, als sich schenkende Nähe in absoluter Selbstmitteilung dem menschlichen Geist mitten in der Erfahrung seiner endlichen Leere mitteilen; diese Nähe hat sich nicht nur in dem, was wir Gnade nennen, sondern auch in geschichtlicher Greifbarkeit in dem ereignet, den wir den Gottmenschen nennen.«

»**Dieses Mysterium des Christentums** wird erfahren, indem der Mensch sich unentrinnbar als gegründet im Abgrund des unaufhebbaren Geheimnisses erfährt. Wenn ich die Argumente des Daseins gegen das Christentum annehmen würde, was böten sie mir, um zu existieren im Abgrund absoluter Leere und Absurdität? Wenn ich diesen Argumenten weichen würde, was würde ich dann für das Christentum eintauschen? Leere, Verzweiflung, Nacht und Tod. Und welchen Grund sollte ich haben, diesen Abgrund für wahrer und wirklicher zu halten, als den Abgrund Gottes? Es ist leichter, sich in seine eigene Leere fallen zu lassen, als in den Abgrund des seligen Geheimnisses. Aber es ist nicht mutiger und es ist nicht wahrer.«

- Reduzieren Sie die beiden Texte der Theologen Küng und Rahner auf wesentliche Kernaussagen und formulieren Sie eigene Überschriften.
- Greifen Sie ein Argument heraus und positionieren Sie sich.
- Schreiben Sie eine Antwort zu den Ausführungen von Hans Küng.

Der dreieine Gott

Christen erinnern sich durch das Kreuzzeichen an die Dreieinigkeit Gottes und bekennen sich gleichzeitig dazu. Doch prägt gemeinhin eine gewisse Sprachlosigkeit unser Bemühen, das trinitarische Verständnis erklären zu wollen, obwohl es zum Kern des christlichen Glaubens gehört. Viele Christinnen und Christen scheinen ein Gottesbild zu haben, welches die trinitarische Differenzierung als überflüssig erachtet. Andererseits besteht die Gefahr, die traditionelle Drei-Personen-Lehre als Drei-Götter-Lehre misszuverstehen und somit tritheistischen Vorstellungen zu verfallen.

Die Basis der Trinitätslehre*

Im Zentrum der christlichen Urerfahrung steht die gläubige Einsicht, dass sich Gott in Jesus von Nazaret dem Menschen mitgeteilt hat. Die Glaubenserfahrung der Treue und Liebe Gottes zu den Menschen konkretisiert sich im Sohn, der im Geist Gottes dessen Heilshandeln aufscheinen lässt: »Wenn ich aber die Dämonen durch den Finger Gottes austreibe, dann ist das Reich Gottes schon zu euch gekommen«, kommentiert Jesus sein heilbringendes Handeln (Lk 11,20). Eine derart gedeutete Erfahrung von Wirklichkeit als Reich Gottes hat auch eine theologische Konsequenz im Nachdenken über das Dasein Gottes. Der dreieine Gott wird bezüglich seiner Präsenz als radikale Immanenz in der Welt (Geist), als radikale Transzendenz über die Welt hinaus (Vater) und als gottmenschliche Tranz-Immanenz in der Geschichte (Sohn) bestimmt. Diese Dimensionen der Wirklichkeit Gottes sind auch im Sein des Menschen verankert und ermöglichen ihm, einen spirituellen Zugang zu Gott zu finden.

Der Denkhorizont der trinitarischen Formulierung

Die theologische Frage nach dem Sein Gottes »in sich«, die Reflexion über die Dreieinigkeit, tritt ab dem 3. Jahrhundert mehr und mehr in den Vordergrund. Das christliche Gottesbild muss sich im vorgegebenen Denk- und Erfahrungshorizont des Neuplatonismus behaupten. Das Höchste, das Eine wird dabei als absolute Einheit verstanden. Dieser Ansatz der hellenistischen Philosophie stellt auf der einen Seite die absolute Transzendenz und Abgesondertheit der einen, höchsten Gottheit dar, auf der anderen Seite ist aber grundsätzlich eine Vermittlung zwischen dem göttlichen Einen und der Welt möglich. In diesem Denkhorizont musste sich der christliche Glaube bewähren, sodass es nahelag, Sohn und Geist als abgestufte, dem höchsten Gott untergeordnete und auf ihn hin vermittelnde Größen zu sehen (Subordinatianismus). Doch diese Vorstellung wurde von frühen Konzilien ebenso abgelehnt wie die Ansicht, dass Vater, Sohn und Geist unterschiedliche äußere Erscheinungsweisen (Modi) des einen Gottes seien (Modalismus).

Ist Gott Person?

Wer von Gott in drei Personen spricht, legt meist ein neuzeitliches Personverständnis zugrunde und versteht unter Person ein selbstbewusstes und vernunftbegabtes Wesen, mit Rechten und Pflichten ausgestattet, das in sozialer Gemeinschaft lebt. Ein solches Verständnis auf die trinitarische Rede von Gott angewandt, führt zwangsläufig zu Missverständnissen und wird dem Begriff von Person in der Antike nur zum Teil gerecht. Der alltagssprachliche Gebrauch von »Person« bezieht sich in frühchristlicher Zeit nicht in erster Linie darauf, eine Person mit Selbstbewusstsein zu denken, sondern hat vielmehr die Beziehung zueinander im Blick. »Person« meint vor allem den Träger einer sozialen Rolle, der in Relation zu anderen steht. Diese Dynamik zueinander soll beschrieben werden, wenn die Konzilien das Verhältnis von Gott Vater zu Jesus als Sohn und auch zum Heiligen Geist als dynamisch bezeichnen und den Begriff *persona* verwenden. Der dreieinige Gott ist also insofern Person, als er in sich dynamische Beziehung ist und sich auch in dieser Dynamik dem Menschen als Gegenüber mitteilt und als »Du« angesprochen werden kann.

Überwindung des griechischen Gottesbegriffes

In den Konzilien von Nizäa (325), Konstantinopel (381) und Chalcedon (451) wird der Gottesbegriff schließlich trinitätstheologisch definiert. Es geht um die Denkbarkeit des christlichen Offenbarungsglaubens. Leitfaden war die Glaubenserfahrung der frühen Christenheit, dass Gott keine in sich ruhende, unteilbare Einheit, sondern in sich selbst Leben, Liebe, Communio ist. Nur wenn Jesus Christus selbst wahrer Gott ist, kann er den Menschen erlösen, nur dann ist Gemeinschaft mit ihm auch Gemeinschaft mit Gott; nur wenn der Heilige Geist selbst wahrer Gott ist, kann er den Menschen heiligen, das heißt Anteil geben an der Heiligkeit und am Leben Gottes selbst. Im Sohn und durch den Geist hat es der Mensch immer direkt mit Gott zu tun. So halten die Konzilsväter fest: Gott ist einer in seinem Wesen, dreifaltig in den Personen.
Der Theologe Jürgen Moltmann erläutert hierzu: »Der dreieinige Gott ist in der Einigkeit des Vaters, des Sohnes und des Heiligen Geistes selbst eine offene, einladende Gemeinschaft, in der die ganze Schöpfung Raum findet. Die Gemeinschaft des Heiligen Geistes ›mit euch allen‹ (2 Kor 13,13) entspricht seiner Gemeinschaft mit dem Vater und dem Sohn. Sie kommt aus der inneren Gemeinschaftlichkeit des beziehungsreichen dreieinigen Gottes und öffnet sie für Menschen ... Daraus folgt, dass die ›Gemeinschaft des Heiligen Geistes‹ als personale Gemeinschaft trinitarisch (Differenzen beachtend) und nicht als eine Wesensgemeinschaft unitarisch (Differenzen aufhebend) zu verstehen ist ... Gemeinschaftserfahrung ist Lebenserfahrung, denn alles Leben besteht im wechselseitigen Austausch von Energien und in der gegenseitigen Teilnahme. Es gibt kein Leben ohne seine spezifischen Gemeinschaftsbeziehungen ... Die ›Gemeinschaft des Heiligen Geistes‹ ist nur ein anderer Ausdruck für den ›lebendig machenden Geist‹. Gott der Geist schafft in der Gemeinschaft mit sich durch seine schöpferischen Energien das Netzwerk der Gemeinschaftsbeziehungen, in denen Leben entsteht und aufblüht.«

Keine Verkürzung Gottes im Denken über Gott

Der trinitarische Gottesbegriff war ursprünglich kein Gegenstand theoretischer Spekulation. Die frühen Christen waren der Überzeugung, Gott habe sich selbst durch Jesus Christus im Heiligen Geist geoffenbart, und bekannten sich im Lobpreis der Dreieinigkeit zu Gottes Herrlichkeit:

- Gott, der unsichtbare Vater über uns: die trinitarische Sichtweise kann davor bewahren, Gott zu einem fernen, ungreifbaren Etwas zu machen.
- Jesus, der Sohn des Menschen, mit Gott für uns Menschen: die Dreieinigkeit kann davor bewahren, in Jesus nur einen guten, aber gescheiterten Menschen zu sehen.
- Heiliger Geist, aus Gottes Kraft und Liebe im Menschen: die Dreifaltigkeit kann davor schützen, Gottes Geist nur als Bestätigung irdischer Institutionen und menschlichen Ideenreichtums zu sehen.

Bleibender Dissens

»Der entscheidende Faktor, der den späteren Trennungsprozess von Christen und Juden verursacht hat, war der Glaube der Christen, dass der Gott Israels sich im historischen Jesus von Nazaret in einer so einmaligen Weise geoffenbart hat, dass der Evangelist Johannes formulieren kann: Er ist in ihm ›Fleisch geworden‹ (Joh 1,14). Diese Überzeugung können Juden bis heute und auch zukünftig nicht teilen. Die so beschriebene und von Christen geglaubte Identität Gottes mit einem Menschen ist der bleibende Dissens zwischen christlichem und jüdischem Glauben.«

Hubert Frankemölle

- ▶ Skizzieren Sie auf ein Blatt Ihr Verständnis von Trinität.
- ▶ Verdeutlichen Sie die Sichtweise der Trinität, wie sie in Apg 7,55f. geschildert wird.
- ▶ Beschreiben Sie den Glauben Jesu anhand biblischer Gottesbilder (z. B.: Ex 3,13ff.; Jes 33,22; 49,14f.; Jer 31,9b; Ez 34,11ff.; Mt 6,9; Lk 15,11-32) und diskutieren Sie, wie ein christlich-jüdischer Dialog zum Gottesglauben in gegenseitigem Respekt geführt werden könnte. Welche Annäherungen sind möglich, welche Hürden bleiben bestehen?

Gott und die Vernunft – Weiter-Denken

GOTT

Das macht Deine
Unsichtbarkeit
dass wir uns so ereifern
und Dein Name
dass wir damit fluchen
GOTT exakte Verkalkung
im Prüfstein Sprache

Götze GOTT
zum Standbild gegossen
zwischen den Zähnen zermahlen
aufs Meer gestreut und
wieder getrunken und
wieder verwirkt
und verwirklicht

Mag wer da will
Totgesagtes
gesundbeten wollen
Es ist Zeit
für Deinen Auftritt
Deinen salto mortale
ins Fleisch

Eva Zeller

Wenden Sie, wie bereits nach dem ersten Kapitel 32, Ihre erworbenen Kompetenzen auf die folgenden Aufgabenstellungen an:

- »Gott ...« – Beschreiben Sie die in den einzelnen Versen anklingenden Problematiken, heute von Gott zu sprechen.
- »Das macht Deine Unsichtbarkeit ...« – Stellen Sie, ausgehend von der Problematik der Unsichtbarkeit Gottes, die Einwände gegen und Argumente für Gott dar.
- »... dass wir uns so ereifern« – Angesichts des Leids stellt sich die Frage nach der Wirklichkeit Gottes. Formulieren Sie eine theologisch fundierte Antwort auf die Leidfrage.
- »Gott, exakte Verkalkung im Prüfstein Sprache« – Beschreiben Sie die Problematik der Sprache und versuchen Sie, eine mögliche Lösung aufzuzeigen.
- »Götze Gott, zum Standbild gegossen ...« – Welche Herausforderungen begegnen uns, wenn wir uns Gott vorstellen?
- »Es ist Zeit für Deinen Auftritt ...« – Beurteilen Sie die Hoffnung der Autorin Eva Zeller im christlichen Kontext und vergleichen Sie ihre Sichtweise mit den Ausführungen Karl Rahners auf 89.

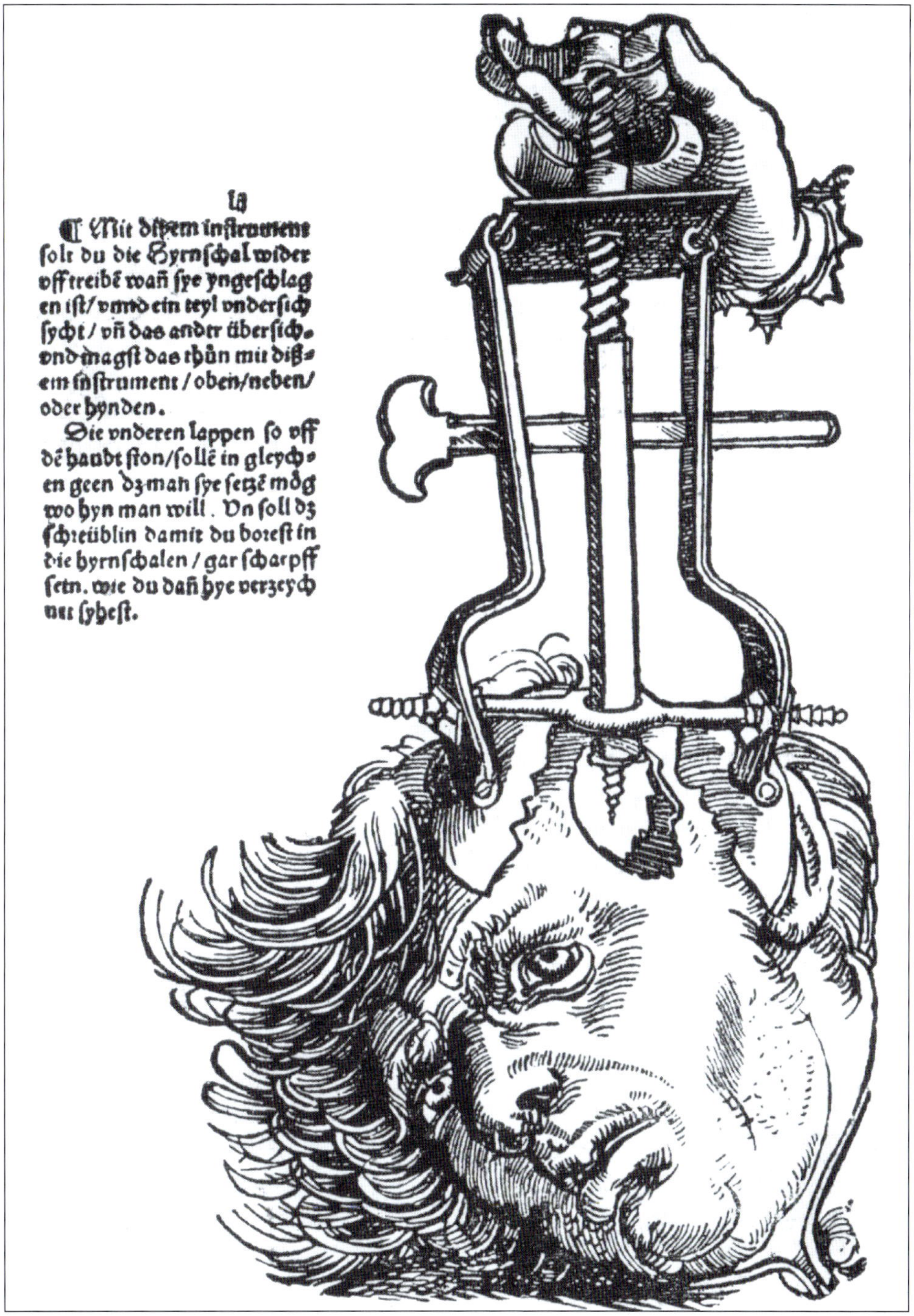

4 Was ist der Mensch?

Sinnoptionen Jugendlicher und ...

»Was machst du denn, wenn's dir wirklich schlecht geht ...?« »Das kommt ganz auf die Situation an. Also das ist, wenn ich dann oft allein daheim bin, dann zieh ich mich einfach in mein Zimmer zurück, hör Musik, ... lass es mir vielleicht durch den Kopf gehen oder leg mich einfach nur hin, und von mir aus dös' ich vor mich hin; und wenn ich dann selbst dabei einschlaf', dann wach ich zuerst mal auf und muss dann erst mal fünf Minuten nicht dran denken.
Das ist auch so eine Erleichterung für mich. Also, es ist so, indem ich von mir aus mich für eine Weile zurückzieh', dann ... ist das so, wie man zu Gott geht. Oder einfach halt, so einfach in sich versucht, erst mal für sich zu klären, was man von mir aus grad falsch gemacht hat.«

»Eine pragmatische Generation unter Druck«

So benennt die Shell-Jugendstudie »Jugend 2006« zusammenfassend die Lebenssituation von Jugendlichen heute. Aus der Untersuchung geht hervor, dass Jugendliche zwischen 12 und 25 Jahren wegen der angespannten Arbeitsmarktlage und wirtschaftlicher Zukunftsängste mit Realismus und Leistungswillen das eigene Leben angehen (müssen) und im privaten Bereich sehr sinnorientiert sind. Die Tabelle zeigt die Wertorientierung und die Wichtigkeit einzelner Werte für die Lebensgestaltung dieser Jugendlichen.

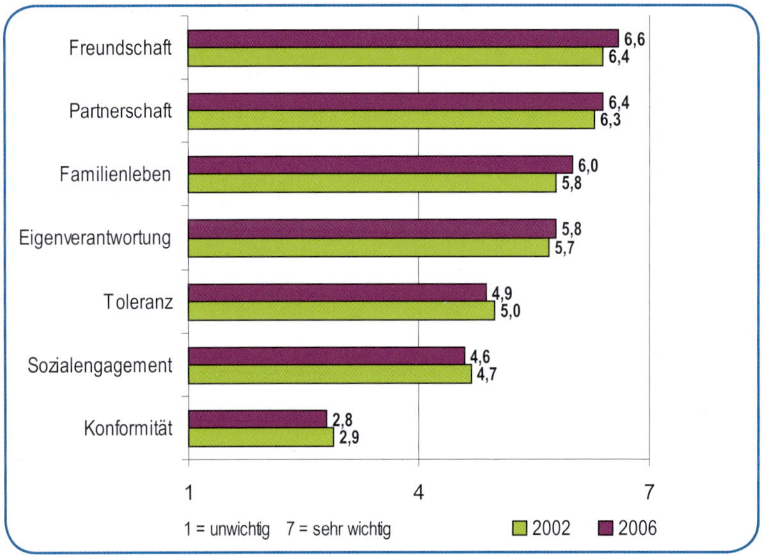

- Diskutieren Sie über die Antwort der/des Jugendlichen im Interview oben auf die Frage, wie sie/er mit Problemen fertig werden will. Wie schätzen Sie ihr/sein Verhältnis zu Gott und zu den Mitmenschen ein?
- Deuten Sie die Ergebnisse der Shell-Jugendstudie und überdenken Sie dabei Ihre eigenen Werte. Beziehen Sie auch die Entwicklung vom Jahr 2004 zum Jahr 2006 mit ein und suchen Sie in Ihrem Umfeld nach Anzeichen für künftige Veränderungen.
- Überlegen Sie, was Sie zum Glücklichsein brauchen; erstellen Sie eine subjektive Checkliste in der Reihenfolge der Wichtigkeit und wägen Sie ab, ob diese eine allgemeine Verbindlichkeit haben könnte.

... Dimensionen des Menschseins

Selbstbestimmung rangiert in Umfragen jeglicher Art bei »Alt« und »Jung« weit vorne und stellt in westlichen Gesellschaften einen hohen Wert dar. Dabei stellt sich die Frage, ob es das hohe Gut der Willensfreiheit – also der Fähigkeit zur Selbstbestimmung und damit zur Verantwortung – überhaupt gibt. Folgende Argumente zur Willensfreiheit des Menschen lassen sich anführen:

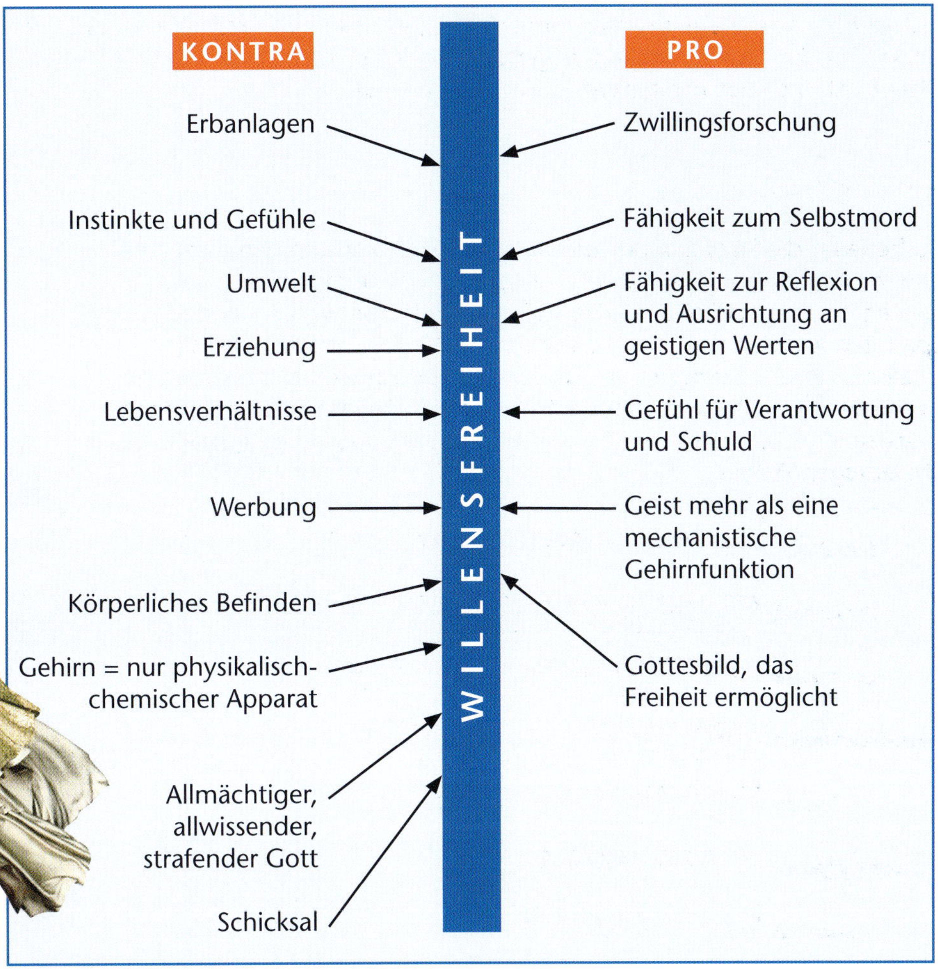

- ▶ Vergleichen Sie Jugendkulturen der Gegenwart mit vergangenen. Welche Möglichkeiten der Selbstverwirklichung bietet eine Patchworkidentität (siehe Bilder)? Nennen Sie Folgen der Identifikationsangebote und deren Verdichtung in den Medien.
- ▶ Wo erleben Sie selbst Ihre Willensfreiheit, wo stoßen Sie an Grenzen? Benennen Sie weitere Pro-Argumente zur Willensfreiheit.
- ▶ Ordnen Sie die Pro- und Kontra-Argumente zur Willensfreiheit des Menschen Ihnen bekannten weltanschaulichen Positionen zu und begründen Sie in einem Schreibgespräch mit einem Partner die zwei Ihrer Meinung nach wichtigsten Argumente der Positionen genauer. Diskutieren Sie anschließend im Plenum über Ihre Ergebnisse.
- ▶ Antworten auf die Frage »Was ist der Mensch?« gibt es von vielen Seiten. Sie finden in diesem Kapitel einige Zugangsweisen. Erstellen Sie eine Übersicht über die Antworten der verschiedenen Richtungen/Wissenschaften und diskutieren Sie deren jeweilige Aussagekraft.

Vernetzen Sie Ihr Wissen aus den vergangenen Jahren

Sie haben sich im Religionsunterricht der letzten Jahre mit den spezifischen Sichtweisen des Menschen aus der Perspektive verschiedener Religionen beschäftigt und dabei auch deren religiöse Lebenspraxis kennengelernt. Sie können nun Ihre erworbenen Kenntnisse bündeln und mit Blick auf ausgewählte Fragestellungen und exemplarische Vergleichspunkte anwenden:

- Buddhistische Grundüberzeugungen, z. B. Bedeutung des »Achtfachen Pfads« oder der »Vier Edlen Wahrheiten«, und das »Gelingen des Lebens« aus christlicher Perspektive
- Praxis und Formen der Meditation
- Merkmale und Erscheinungsformen des Gewissens

Religion vernetzt 10

Religion vernetzt 10

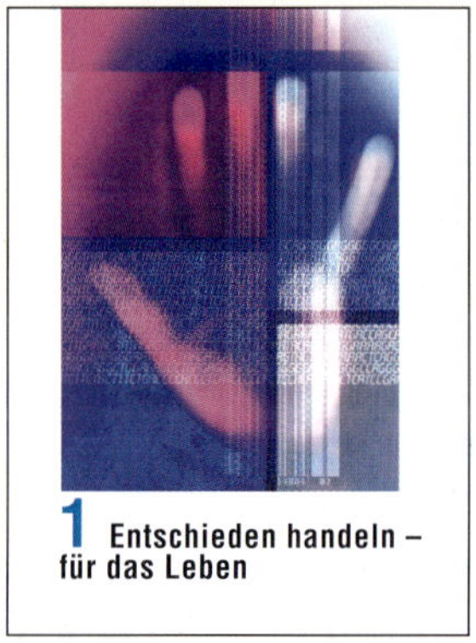

Religion vernetzt 10

Ausstellung in Bild und Wort

Sammeln Sie Texte, Bilder und Songs, in denen eine interessante Sichtweise des Menschen deutlich wird (z. B. im Lied »Mensch« von Herbert Grönemeyer). Gestalten Sie eine Ausstellung und/oder eine Lesung.

Das Titelbild

Das Kapiteleingangsbild aus dem Jahr 1655 zeigt eine Trepanation (Schädelbohrung), die in vergangenen Zeiten nicht nur aus medizinischen Gründen durchgeführt wurde, sondern auch um die Intelligenz zu messen, das Bewusstsein zu erweitern und das Verhalten zu verändern. Recherchieren Sie im Internet oder in Lexika über Geschichte und Bedeutung der Trepanation. Vergleichen Sie anschließend das Verständnis vom Menschen, das darin zum Ausdruck kommt, mit modernen Positionen und dem christlichen Menschenbild und stellen Sie Verknüpfungen zu den einzelnen Themen dieses Kapitels her.

Frau – Mensch – Mann

Viele Forschungsergebnisse über den Menschen, seine Handlungs- und Denkmöglichkeiten gehen von einem geschlechtslosen Menschen aus. Wissenschaftlerinnen kritisieren das als »Androzentrismus«, weil dabei häufig stillschweigend Männer als Ausgangspunkt für wissenschaftliche Studien und Überlegungen herangezogen und damit Mensch und Mann gleichgesetzt werden. Sehen Sie Ihre Schulbücher kritisch durch und überprüfen Sie, inwieweit dort das Leben von Frauen ausdrücklich berücksichtigt wird oder die Ergebnisse von Wissenschaftlerinnen dargestellt sind.

Sie können auch Ihr »Beobachtungsfeld« erweitern und z. B. Werbung oder Fernsehserien eine Woche lang unter der Perspektive betrachten, welche Frauen- und Männerbilder dort gezeigt werden und welche Wirkung dies erzielen soll.

Neomythen in Kino und Literatur

Recherchieren Sie im Internet oder einschlägigen Lexika zu den Begriffen Mytheme, Mythen, Neomythen und Remythisierung. Stellen Sie in einem Kurzreferat ein Buch oder einen Film vor, in dem das Problem der Endlichkeit in kosmischen Orientierungen »gelöst« wird, z. B. »Die Physik der Unsterblichkeit« von Frank J. Tipler oder einen Film aus »Star Wars Saga« von George Lucas.

»In Szene setzen« – Philosophenrunden

Organisieren Sie aus interessierten »Philosophen« und Schauspielern, evtl. aus den Wahlfächern Philosophie, Dramatisches Gestalten, Theaterkreis o. Ä., ein philosophisches Quartett mit einem Moderator. Die Spieler sollen einen bekannten Philosophen darstellen, z. B. Aristoteles, Thomas von Aquin, Immanuel Kant, Jean-Paul Sartre, Albert Camus, Friedrich Nietzsche oder Hannah Arendt – passende Kleidung wäre hilfreich –, die ihre Theorie über freien Willen, Macht, Verantwortung und Schuld darlegen und miteinander kontrovers diskutieren. Die Aufführung könnte in der Klasse oder vor einem größeren Publikum stattfinden, wobei das Publikum auch zu Wort kommen kann.

Film ab ... für die Champions

Schreiben Sie ein Drehbuch und drehen Sie einen Kurzfilm zum berühmten »Affenprozess« über die Evolutionslehre, den amerikanische Fundamentalisten 1925 in Dayton (Tennessee) vom Zaun brachen. In diesem wurde der Biologielehrer J. T. Sopes verurteilt, weil er die Abstammung des Menschen aus dem Tierreich nach Darwin vertrat. Recherchieren Sie dazu die Begriffe »Darwinismus«, »Intelligent Design«, »Kreationismus« und »Affenprozess«. Leihen Sie sich für nähere Informationen aus einer AV-Medienzentrale den Film »Der Teufel heißt Darwin« aus (Dokumentarfilm, D 2006, 30 Min.). Sie können auch einen Film drehen zur Aussage »Gott ist kein Designer des ausschließlich Schönen, sondern ein Liebhaber jeden Lebens, auch des unscheinbaren und unbedeutenden«.

Diskussion mit Experten

Laden Sie Mediziner oder Biologinnen (vielleicht auch eine Lehrerin/einen Lehrer) in den Unterricht ein und diskutieren Sie über die Ergebnisse der Evolutionsforschung/Memetik in Auseinandersetzung mit christlicher Anthropologie.

Vernetzungen im Schulbuch

Auch in diesem Kapitel gibt es Themen und Fragestellungen, die in anderen Kapiteln des Buches vertieft oder unter einer veränderten Perspektive aufgegriffen werden. Verfolgen Sie die Hinweise zu angegebenen Themen quer zur Kapitelstruktur des Buches:

Kapitel 4

- Menschen sind mehr in Gottes Augen 110 f.
- Mensch-Sein und Ich-Werden 114 f.
- Zur Freiheit verurteilt? 102

Kapitel 1

Beschreiben Sie kulturhermeneutisch (16 f.) die religiöse Dimension einer Patchworkidentität.

Kapitel 2

Beschreiben Sie den »Blick, der tiefer sieht« an einem Beispiel (48 f., 50 f., 52 f.).

Kapitel 3

Schreiben Sie als »existentialistischer Ijob« Gott eine Mail und lassen Sie Gott in wenigen Sätzen antworten (70 f.).

Determination durch Gene und Meme?

Der Mensch – Produkt der Evolution

„Der Stärkere überlebt"

Charles Darwins Theorie der Anpassung an den Lebensraum durch Formenvielfalt und natürliche Auslese hat die evolutive Entwicklung aller Organismen und die Artenvielfalt erklärt. Durch Fortpflanzung werden jene Eigenschaften, die das Überleben begünstigen, verbreitet:

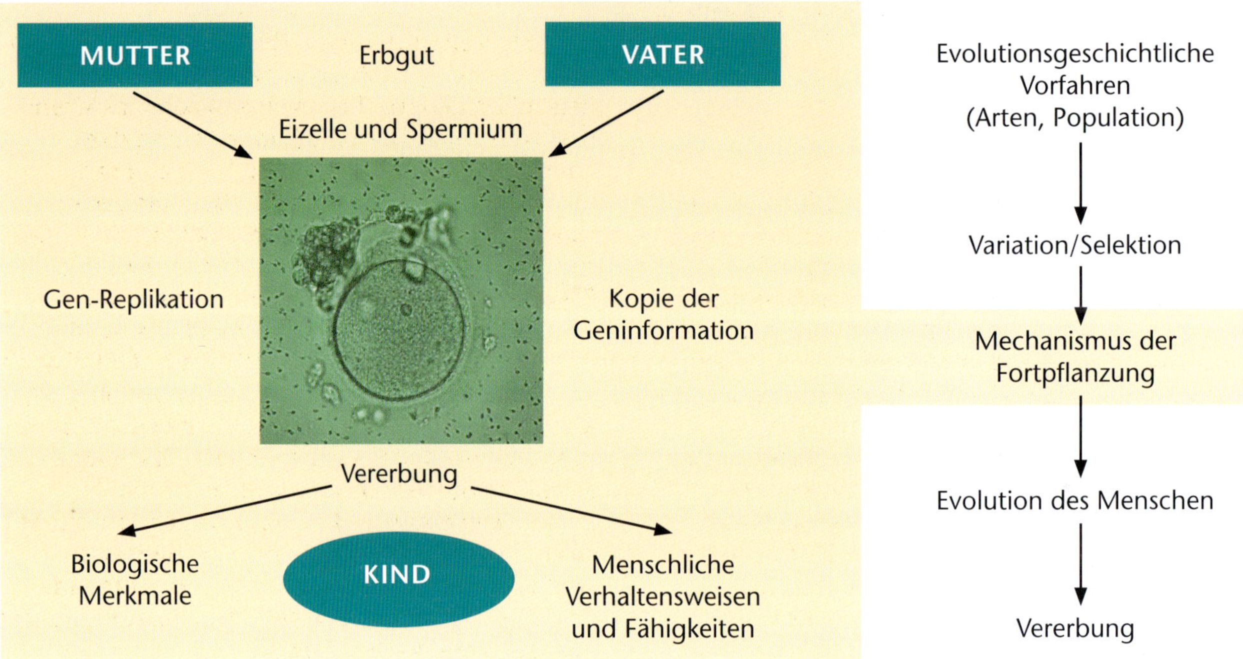

Soziobiologische Erkenntnisse

Verschiedene Zweige der natur- und geisteswissenschaftlichen Anthropologie* – Soziologie, Genetik, Psychologie – betonen, dass die Verschiedenheit der Menschen Folgen des individuellen Erbgutes, aber auch der Erziehung und unterschiedlicher Umwelteinflüsse sind. Biologisch festgelegte Verhaltenstendenzen beeinflussen einerseits alle Bereiche menschlichen Verhaltens. Andererseits können diese niemandem die Verantwortung für sein Handeln abnehmen. Soziobiologische Erkenntnisse eignen sich zur genaueren Analyse der Bedingungen komplexer Sozialstrukturen und ermöglichen produktive Lösungsansätze für vielfältige gesellschaftliche Missstände.

- Informieren Sie sich – z. B. im Biologieunterricht – über die Evolutionstheorie und die Funktionsweise der Genreplikation. Sammeln Sie auch wichtige Informationen für das Verständnis der Memetik.
- Das Streicheln der Haare gehört zum Flirtverhalten des Menschen. Sie können diese Verhaltensposition soziobiologisch erklären und weitere Beispiele nennen.
- Diskutieren Sie darüber, inwieweit Ergebnisse der Genetik und Soziobiologie zur Bewältigung von Problemen in unserer Gesellschaft beitragen können. Gehen Sie dabei z. B. auf das Auseinanderdriften sozialer Schichten oder auf das Verhalten von Menschen in verschiedenen sozialen Gruppierungen ein.

Analogie von Genen und Memen

Der Oxforder Zoologe Richard Dawkins vertritt die – umstrittene – evolutionsbiologische These des »egoistischen Gens«, derzufolge Gene den Körper von Lebewesen als eine Art Vehikel nutzen, um sich zu vermehren. Diesen genzentrierten Ansatz überträgt Dawkins von der biologischen auf die kulturelle Evolution. Mit und im Anschluss an Dawkins hat sich eine Forschungsrichtung entwickelt, die als Memetik bezeichnet wird.

Phänotyp und Informationseinheit

Den Begriff »Mem« hat Dawkins 1976 in Anlehnung an *memoria* (lat. = Erinnerung) geprägt. Ein Mem ist etwas, das erinnert wird, ein »Kulturkörperchen«, ein Informationsmuster, das im Gehirn gespeichert ist, z. B. eine eingängige Melodie, ein mitreißender Gag oder eine überzeugende Grafik. Vom Mem zu unterscheiden ist in Analogie zur biologischen Evolution der Phänotyp eines Mems, dessen sichtbares Erscheinungsbild. Unter Phänotyp verstehen die Memetiker die Auswirkungen eines Mems auf die Außenwelt, z. B. Bilder, Gesten, Symbole, Musik; Phänotypen von »Wenn-dann-Folgen« im juristischen Bereich können Urteile, Fachbücher, Vorlesungen etc. sein. Der Phänotyp eines Mems kann in jeder erdenklichen Form gespeichert werden: in Büchern, Gehirnen oder Computern.

Replikation

Evolution setzt Replikation voraus. Gene verbreiten sich durch Kopieren und Weitergabe an die nächste Generation, Meme dagegen im sogenannten Mempool, indem sie von Gehirn zu Gehirn mithilfe von Imitation übertragen werden. Das Mem nimmt zunächst die Form des Phänotyps an, wird vom Empfänger wieder in ein Mem übersetzt und im Gehirn gespeichert. Dabei setzen sich nur die an ihre Umwelt bestens angepassten Meme im Rahmen bekannter Evolutionsleitplanken (vgl. Mutation und Selektion) durch.

Sind Meme wichtiger als Gene?

Einige Evolutionsbiologen, Hirnforscher und Psychologen vertreten die Ansicht, dass Meme als neuronale Informationseinheiten eine biologische Grundlage bieten und kulturelle Informationen direkt aufnehmen können. Forscher erkannten durch Beobachtung der Hirnaktivität, dass Spiegelneuronen, das sind Nervenzellen im Gehirn, die unmittelbar auf Bewegungen, Gesichtsausdrücke und Laute anderer Menschen reagieren, auch am Verstehen einer Absicht, einer Handlung beteiligt sind. Spiegelneuronen sind wichtig bei der Imitation und sind wahrscheinlich an der Empathiefähigkeit, also dem Einfühlungsvermögen in andere Menschen, beteiligt; bei Autisten scheint das Spiegelsystem nicht ausreichend zu funktionieren.
Derartige Kenntnisse über die neurophysiologische Basis unseres Fühlens, Denkens und Handelns werfen nicht nur theologisch ernst zu nehmende Fragen auf, sondern auch ethische Grundfragen, wie die nach der Willensfreiheit.
Andere Anthropologen betonen die Potenzialität der Meme: Diese stellen nicht nur neuronale Formate der Kultur dar, Kultur, Verhaltensweisen und Wissen könnten mit ihrer Hilfe nicht nur repliziert, sondern auch weiterentwickelt werden. So werde der Mensch nicht durch die Kultur determiniert, das System der Meme sei vielmehr Basis und Ermöglichung von Kreativität.

- ▶ Erklären Sie ausgehend von der Abbildung oben, auf der verschiedene Phänotypen als Symbole dargestellt sind, die Analogie von Genetik und Memetik. Entwerfen Sie ein zur Genetik (Schema 98) strukturähnliches Schema der Memetik.
- ▶ Welche Auswirkungen hat die memetische Theorie auf die Sicht des Menschen? Welche sozialen Probleme kann die Memetik angehen?
- ▶ Übertragen Sie die Reproduktion durch Meme auf den Bereich der Glaubenserfahrung und erläutern Sie die Konsequenzen.

Freier Wille – eine Fiktion?

Seit dem späten 19. Jahrhundert sind Psychoanalyse und Neurowissenschaften als Humanwissenschaften etabliert, die weitgehend deskriptiv arbeiten und den Determinismus, die Bestreitung der menschlichen Freiheit, durch die Erforschung des Faktischen aufzuweisen versuchen. Psychoanalytische Untersuchungen zu menschlichen Fehlleistungen sowie neurowissenschaftliche Experimente scheinen die Freiheit des menschlichen Handelns zu widerlegen.

Das deterministisch geprägte Menschenbild von Psychoanalyse und Neurowissenschaften

Sigmund Freud (1856-1939), der Begründer von Psychoanalyse und Tiefenpsychologie, hat als Pionier die Beziehungen zwischen Psychoanalyse und Neurowissenschaften untersucht. Nach Freud wirken die Kräfte in der Psyche als rein physikalisch-chemische Prozesse. Er ist davon überzeugt, dass die Psyche im Hirngewebe repräsentiert sein müsse. Als einer der Ersten trägt er die Idee vor, das Gehirn bestehe aus miteinander verknüpften Neuronen, die Nervennetze bildeten. Das materielle und kausal-analytische, mechanische Modell vom psychischen Sein des Menschen führt letztlich zu einem deterministisch geprägten Menschenbild der Psychoanalyse. Freuds Interesse gilt der Nervenheilkunde und er wird zum Vater der Psychoanalyse, auf deren theoretischen Grundlagen er psychisch kranke Menschen behandelte.

Der psychische Apparat

Das Persönlichkeitsmodell der Psychoanalyse behauptet, dass menschliches Wollen in seiner Zielsetzung durch äußere und innere Ursachen bestimmt wird und es keinen freien Willen gibt.
Die Instanzen des gesamten psychischen Seins sind nach Freud »Es«, »Ich« und »Über-Ich«. Die Außenwelt mit sämtlichen Bereichen unseres Alltagslebens – Familienbeziehungen, Gesellschaft, Kunst, Sprache – und die Wert- und Normenvorstellungen von Eltern, Freunden, Kirche und Religion, von Vereinen, Gruppen und Parteien sind die prägenden Elemente des »Über-Ich«. Dieses wirkt auf das »Ich«, den kritischen Verstand, dem die Kontrolle zwischen den Interessen des Individuums und den Anforderungen der Außenwelt obliegt. Das »Ich« stellt somit das Realitätsprinzip dar, das zwischen dem »Gedankengerangel« von »Über-Ich« und »Es« moderiert. Im psychischen Apparat hat das »Es« steuernde Funktion und stellt den mächtigen Sektor des Unbewussten dar, in welches das Individuum Unangenehmes oder anstößige Vorstellungen verdrängt. Lustgefühle, Triebe, Ängste und weitere Motive, die aus Verdrängungen aufgrund des Realitätsprinzips resultieren, rücken als Antriebskräfte und Motive für das Verhalten und Handeln in den Vordergrund.

Die Wahrheit hinter dem Versprecher

Ein Professor sagt in seiner Antrittsrede: »Ich bin nicht geneigt ... Pardon: geeignet, die Verdienste meiner sehr geschätzten Vorgänger zu würdigen!«
Nach Sigmund Freud resultieren diese Versprecher weder aus Zufälligkeiten noch sind sie Phänomene, die aus Gründen der Aufregung, Zerstreutheit etc. allein erklärt werden können. Sie sind vollständige psychische Akte mit Sinn und Absicht. Das Unterbewusstsein (»Es«) ist für solche sprachliche Fehlleistungen, die ebenso häufig bei Menschen ohne Krankheitsbild zu beobachten sind, verantwortlich. Der Effekt des Versprechers gibt Auskunft über die primäre Ursache, denn er verfolgt ein Ziel und hat deshalb einen Sinn: Eine ursprüngliche, aber gestörte Redeabsicht eines Sprechers wird selbst zum Störfaktor einer neuen gegensätzlichen oder anderen Sprechabsicht. Unbewusst stört die gestörte Erstabsicht die neue. In diesem psychischen Akt ist der Mensch nicht frei und seine Fehlrede wird durch das Unterbewusstsein determiniert.

- Sind Ihnen schon ähnliche »Freud'sche Versprecher« unterlaufen? Beschreiben Sie den Sinn des Versprechers im Beispiel oben und erklären Sie dessen Entstehen nach Sigmund Freud.
- Finden Sie selbst – ausgehend von Ihren eigenen Erfahrungen mit Ich, Es und Über-Ich in Ihrem Leben – ein Beispiel für die Verdrängung grundlegender Antriebe durch Verbote und bedenken Sie daraus möglicherweise entstehende psychische Konflikte. Erklären Sie anschließend den »Mechanismus« des psychischen Apparats.
- Vergleichen Sie die menschliche Willensfreiheit nach dem Menschenbild der Psychoanalyse und dem christlichen Menschenbild.

Infragestellung des freien Willens in der Hirnforschung

Salvador Dalí, 1929

Sigmund Freud entdeckte als erster Hirnforscher neuronale Entsprechungen psychischer Vorgänge und konnte sich dabei auf Aufzeichnungen elektrischer Ströme der Hirnrinde stützen. Heute stehen den Neurowissenschaften durch bildgebende Verfahren der Nuklearmedizin klare Schnittbilder des Gehirns zur Verfügung. Genaueste Messungen der von Neuronen ausgehenden elektrischen Aktivität sind über die Kopfhaut möglich. Reizt man mit einer Elektrode ein bestimmtes Areal im Gehirn, so hebt die Person den Arm, um nach etwas zu greifen. Befragt man anschließend die Person danach, so sagt sie, bewusst nach etwas gegriffen zu haben. Sie wurde aber von außen beeinflusst, und das Gehirn ist umgangen worden. Stimuliert man dagegen das Rückenmark, so hebt die Person ebenfalls den Arm, leugnet aber hierauf, überhaupt den Arm bewegt zu haben. Für viele Naturwissenschaftler bilden Versuche dieser Art die Grundlage für eine Theorie der »Demontage« eines freien Willens.

Neurophysiologie – kein Beweis für die Illusion eines freien Willens

Computer wie Gehirn können Informationen speichern und abrufen. Die Speicherkapazität eines Computers ist jedoch viel größer, er kann z. B. den gesamten Inhalt einer Bibliothek speichern und in kürzester Zeit abrufen. Obwohl die Leistungsfähigkeit des Computers von Faktoren wie Motivation, Aufmerksamkeit und Stimmungslage unabhängig ist, leistet das Gehirn mehr. Das Abrufen von Informationen erfolgt beim Computer über eine vorgegebene Adresse, beim Gehirn über Assoziationen. So können die Informationen ein umfassendes Gebiet betreffen. Das Gehirn verarbeitet viele Informationen parallel, die Strukturen sind plastisch und passen sich ständig den neuen Anforderungen an. Seelische Empfindungen und geistige Vorgänge können nie nur bestimmten Regionen des Gehirns zugeordnet werden, die z. B. durch bildgebende Verfahren abgebildet werden. An solchen Prozessen ist mehr oder weniger das ganze Gehirn mit vielen neuronalen synaptischen energetischen Schaltungen und Verknüpfungen, die nicht erforscht sind, beteiligt. Die beschriebenen Versuche beweisen zwar neurophysiologische Prozesse, lassen aber die Schlussfolgerung nicht zu, dass alle Geistestätigkeit des Menschen auf Stoffwechselprozesse und physikalische Vorgänge zurückzuführen und die Willensfreiheit lediglich eine Illusion sei.

- Wodurch werden nach dem oben geschilderten Versuch unsere Handlungen ausgelöst? Warum empfinden wir unsere Handlungen dennoch als Akte einer freien Willensentscheidung?
- Salvador Dalí zeigte seine Gemälde Sigmund Freud, um ihm zu beweisen, dass er einer seiner besten Schüler sei. Das obige Bild stellt eine Hommage an Dalís Mutter dar. Die plastischen Gebilde und die tiefen Bildräume erleichtern es dem Betrachter/der Betrachterin, sich in das Bild zu versenken. Lassen Sie das Gebilde auf sich aus der »Froschperspektive« wirken. Deuten Sie die Öffnungen und ovalen Vertiefungen des Gebildes, in denen immer wieder die Worte »ma mère« – »meine Mutter« geschrieben stehen. Stellen Sie einen Zusammenhang zwischen dem Gemälde Dalís und dem auf dieser Doppelseite dargestellten Menschenbild her.
- Wären die geistigen Fähigkeiten des Menschen allein an die neurophysiologische Gehirnfunktionalität geknüpft, welche Folgen könnten sich dann für das Zusammenleben der Menschen ergeben?

Zur Freiheit ...

Angst und Verantwortung

Nach den Umbrüchen und Erschütterungen durch die beiden Weltkriege setzen sich Teile der Philosophie ab von der Tradition der Metaphysik* des ewigen Seins und vom Idealismus. Sie machen das philosophische Fragen nach dem Sein und dem Seienden im Ganzen fest am Dasein des Menschen. In diesem Sinn beschreibt der französische Existenzialismus den Menschen als völlig autonom und unabhängig von jeglicher Wesensbestimmung, auch jener durch Gott. Im Drama »Die Fliegen« lässt der französische Philosoph und Schriftsteller Jean-Paul Sartre (1905-1980) seinen Orest rufen: »Ich bin frei, Elektra. Die Freiheit hat mich getroffen wie ein Blitz.« Nach Sartre ist der Mensch, weil er sich dem anderen gegenüber verhalten kann und muss, zur Freiheit verdammt und somit für seine eigenen Taten verantwortlich. Seine Zukunft erscheint »jungfräulich«. Da der Mensch die Verantwortung für das eigene Wesen, aber auch für die gesamte Menschheit trägt, kann die Wahl des subjektiv Guten in Widerstreit zur Wahl des objektiv Guten für die Gemeinschaft geraten. Die Erkenntnis solcher Verantwortung führt zur Angst. Selbst wenn der Mensch seine Angst durch Lügen oder Ausreden, z. B.: »Es handeln ja nicht alle so wie ich«, verdecken will, bleibt sie dennoch sichtbar. Die Angst vor der Verantwortung ist vor allem auch die Angst vor dem schlechten Gewissen.

Existenz und Essenz

Nach dem Menschenbild des Existenzialismus definiert der Mensch sich selbst und sein Wesen. Der Mensch wird das sein, wozu er sich macht. Die Religion macht ihn unwürdig, weil durch sie und einen Schöpfergott der Mensch und sein Wesen determiniert sind.

Durch Gott –> Determinismus

Grundlegend für die Existenzialisten ist, »... dass ihrer Ansicht nach die Existenz dem Wesen vorausgeht oder, wenn Sie so wollen, dass man von der Subjektivität ausgehen muss. Was ist eigentlich darunter zu verstehen? Wenn man einen produzierten Gegenstand betrachtet, z. B. ... einen Brieföffner, so wurde dieser Gegenstand von einem Handwerker hergestellt, der sich von einem Begriff hat anregen lassen; er hat sich auf den Begriff Brieföffner bezogen und auch auf ein bereits bestehendes Herstellungsverfahren, das Teil des Begriffs ist – im Grunde ein Rezept. So ist der Brieföffner zugleich ein Gegenstand, der auf eine bestimmte Weise hergestellt wird und der andererseits einen bestimmten Nutzen hat ... Wir sagen also, dass beim Brieföffner die Essenz, das Wesen – d. h. die Gesamtheit der Rezepte und der Eigenschaften, die es gestatten, ihn zu produzieren und zu definieren – der Existenz vorausgeht; in dieser Weise ist die Gegenwart dieses Brieföffners ... determiniert. Wir haben es hier mit einer technischen Betrachtung der Welt zu tun, bei der die Produktion der Existenz vorausgeht.
Wenn wir einen Schöpfer-Gott annehmen, ist dieser Gott meistens einem höheren Handwerker vergleichbar; und welche Doktrin wir auch betrachten, ob eine wie die von Descartes oder die von Leibniz, wir nehmen immer an, dass der Wille mehr oder weniger dem Verstand folgt oder ihn wenigstens begleitet, und dass Gott, wenn er schöpft, genau weiß, was er schöpft. So ist der Begriff des Menschen im Geiste Gottes dem Begriff des Brieföffners im Geiste des Produzenten vergleichbar; und Gott schafft den Menschen entsprechend bestimmter Verfahren und gemäß einem Begriff, genauso wie der Handwerker einen Brieföffner gemäß einer Definition und einem Verfahren herstellt. So verwirklicht der individuelle Mensch einen bestimmten Begriff, der im göttlichen Verstand enthalten ist.«

Jean-Paul Sartre

- ▶ Vergleichen Sie Ihre eigenen Erfahrungen mit der Angst (Woher kommt sie? Wie wirkt sie sich aus?) mit den Aussagen von Sartre über die Angst.
- ▶ Warum ist die Angst nach Sartre eine wichtige Bedingung des Handelns, wieso ist es dennoch unverantwortlich zu lügen?
- ▶ Bewerten Sie Sartres Vergleich mit dem Bild des Handwerkers. Welche Wertschätzung bringt Sartres Auffassung dem Menschen entgegen?

... verurteilt

Fragen Sie Jean-Paul ...

Lieber Jean-Paul,
ich habe ein großes Problem. In meiner Klasse gibt es einen Jungen, den ich sehr süß finde, der aber eine Freundin hat. Neulich war ich auf einer Party, bei der er ohne Freundin auftauchte. An diesem Abend gestand er mir, dass er mich sehr anziehend findet und gerne mit mir schlafen möchte. Die Beziehung zu seiner Freundin will er aber nicht aufgeben. Ich weiß jetzt nicht, was ich tun soll. Körperlich fühle ich mich zu ihm hingezogen und würde es auch gerne mit ihm tun. Wenn seine Freundin nichts davon mitbekommt, wäre das doch wohl nicht so schlimm, oder???
Was rätst du mir?

Simone, 17 Jahre

Lieber Jean-Paul,
ich brauche dringend einen Rat. Ich bin in der elften Klasse und stehe wegen Mathe kurz vor dem Durchfallen. Ich muss dieses Jahr aber unbedingt bestehen, weil ich sonst von der Schule muss. Jetzt hat mir mein Freund angeboten, die letzte Mathearbeit unter meinem Namen zu schreiben, was auch ohne große Probleme funktionieren würde.
Soll ich das Angebot annehmen, obwohl es Betrug ist? Ich brauch doch mein Abi, weil ich Arzt werden möchte.
Bitte antworte schnell!

Andreas, 18 Jahre

Ernst Ludwig Kirchner, 1910

- Beschreiben Sie das Lebensgefühl, das die »Artistin« im Bild von Ernst Ludwig Kirchner ausdrückt. Inwiefern kann darin die existenzialistische Sicht des Menschen entdeckt werden? Probieren Sie selbst Posen und Szenen, in denen sich Ihre Vorstellung von Freiheit zeigt.
- Machen Sie sich Sartres Verantwortungsbegriff klar und beantworten Sie die Leserbriefe oben aus der Sicht Sartres. Unternehmen Sie auch einen Antwortversuch aus nicht existenzialistischer Perspektive.

Freiheit ohne Grenzen? Der Mythos* von Prometheus ...

Prometheus (»der Vorausdenkende«) ist eine Figur der griechischen Mythologie. Sagen verschiedenster Ausprägungen, z. B. von Hesiod (um 700 v. Chr.), ranken sich um den Titanensohn, der aus Erde Menschen erschuf. Die Göttin Athene, Prometheus zugetan, gab den Menschen Verstand, sodass sie nun von ihrem Schöpfer Nahrungsbeschaffung und Handwerke lernen konnten. Neidisch auf die Geschöpfe des Prometheus, forderten die Götter von ihnen Verehrung und Opfer. Durch einen Betrug konnte Prometheus die Menschen in Schutz nehmen. Als Strafe versagte Zeus den Menschen das Feuer, das Prometheus ihnen dennoch auf die Erde brachte, damit sie sich Nahrung zubereiten, wärmen und Werkstoffe bearbeiten konnten. Daraufhin schickte Zeus aus Rache Pandora, die »Allbeschenkte«, als Trugbild einer schönen Jungfrau mit einer Büchse zu Prometheus' Bruder. Als dieser die Büchse annahm und öffnete, verbreiteten sich daraus Krankheiten und alle Leiden über die Welt. Dies sollte der Preis für die Menschen dafür sein, dass sie mithilfe des Feuers die Natur nach ihrem Willen gestalten konnten. Prometheus wurde zur Strafe in den Kaukasus gebracht und dort ohne Verpflegung an einen Felsen geschmiedet. Täglich kam ein Adler und fraß von seiner immer wieder nachwachsenden Leber. Erst Herakles erlöste Prometheus nach vielen Jahrhunderten von seinen Qualen.

Rechts: Prometheus; links: Atlas; um 550 v. Chr.

Die Verdammung

Weil ihm zu sterben verwehrt war
Angekettet dem heimischen Felsen der Blick
Auf die ziehenden Wolken gerichtet und immer
Allein die Bilder im Kopf stimmlos
Vom Rufen Anrufen Verdammen
Das Leben fristen war nicht zu bedenken
Göttliche Hinterlist nährte ihn so gewöhnte
Er sich langsam ins Schicksal nach Jahren
Sah er den Adler gern wenn er nahte und sprach
Stotternd mit ihm bei der Verrichtung

Oder mit entzündeten Augen verrenktem Hals
Weil der Flügelschlag ausblieb die niederen Wälder
Aufschub ihm angedeihn ließen um Tage
Harrte er des einzigen Wesens und glaubte
In der Leere des Winds der glühenden Sonne
Wenn der Fittiche Dunkel fürn Augenblick
Erquickung schenkte geborgen zu sein
Liebte den Folterer dichtete Tugend ihm an

Als die Ketten zerfielen der Gott
Müde geworden an ihn noch zu denken
Der Adler weiterhin flog weil kein
Auftrag ihn innezuhalten erreichte
Gelang es ihm nicht sich zu erheben den
Furchtbaren Ort für immer verlassen
In alle Ewigkeit hält er am Mittag
Ausschau nach seinem Beschatter

Sarah Kirsch

- Der Prometheus-Mythos schildert verschiedene Aspekte des Menschseins. Arbeiten Sie diese heraus, indem Sie Prometheus als Gegenpart der Götter sowie seine Geschöpfe in den Blick nehmen.
- Prometheus ist ein typischer männlicher Held der Antike. Beschreiben Sie den Umgang der Autorin Sarah Kirsch mit dieser Figur.
- Diskutieren Sie, welche Rolle das Geschlecht für das Verständnis des Prometheus-Mythos und das darin transportierte Verständnis vom Menschen hat.

... lebt weiter

Paul Howard Manship, 1934

Der Prometheus-Mythos lud und lädt immer wieder zu verschiedenen Interpretationen in Kunst, Literatur, Philosophie und Politik ein. Diese Adaptionen spiegeln in ihrer Rezeption des Prometheus das Menschenbild der jeweiligen Zeit und Kultur. So äußert sich z. B. in Goethes Gedicht »Prometheus« von 1773 das jugendliche Selbstbewusstsein, Freiheitsstreben und Genie-Denken der Sturm-und-Drang-Zeit. Und wo ist Prometheus heute zu entdecken?

»Gott spielen, heißt, tatsächlich mit dem Feuer zu spielen. Aber genau das haben wir Sterbliche immer getan – seit Prometheus, dem Schutzheiligen der gefährlichen Entdeckungen. Wir spielen mit dem Feuer und akzeptieren die Folgen, denn die Alternative wäre unverantwortliche Feigheit vor dem Unbekannten«, schrieb der amerikanische Philosoph Ronald Dworkin 1999 in der Wochenzeitschrift DIE ZEIT in einem Beitrag zur Gentechnik.

Der Prometheus-Mythos ist auch ein wiederkehrendes Thema in der Filmgeschichte: Die Versuche, mithilfe menschlicher Schöpfungskraft Maschinen zu gestalten, die dem Menschen ähnlich sind und ihm Dienste leisten, werden meist zum Sinnbild und zur Bedrohung der modernen, technologischen Gesellschaft. Die Gefahr der unheilvollen Machtübernahme der künstlichen Geschöpfe visualisieren z. B. James Camerons »The Terminator« (1984) oder Alex Proyas »I, Robot« (2004).

Schließlich kann Prometheus auch als Prototyp des *homo faber* interpretiert werden, der die Natur wissenschaftlich erforscht, manipuliert, beherrscht und dabei letztlich zerstört. Auch wenn er als Zukunftszerstörer heute die Strafe der Götter nicht oder wenig zu fürchten hätte, ist er doch dabei, sich letztlich selbst zu vernichten.

- ▶ Jede Epoche hat den Mythos von Prometheus anders rezipiert. Dabei sind unterschiedliche Aspekte der Erzählung in den Vordergrund getreten: das Erschaffen der Menschen durch Prometheus, seine Auflehnung gegen die Götter, die Abhängigkeit des Prometheus, seine Bestrafung ... Recherchieren Sie neben den oben genannten Beispielen weitere Rezeptionen und fassen Sie zusammen, welche Motive des Mythos heute vorrangig verarbeitet bzw. wie sie umgedeutet werden. Beziehen Sie in Ihre Überlegungen die Abbildungen aus der Antike 104 und aus der Moderne 105 mit ein und vergleichen Sie dabei die unterschiedlichen Aspekte, die in den Epochen in Szene gesetzt werden.
- ▶ Überlegen Sie, welcher Aspekt Sie persönlich am meisten anspricht, und gestalten Sie eine eigene künstlerische Umsetzung des Mythos.

Grundzüge des christlichen Menschenbildes

Aus der jüdisch-christlichen Tradition heraus ergibt sich ebenfalls eine bestimmte Sicht des Menschen, die zwar kein »geschlossenes System« darstellt, das ein für allemal festlegt, wer oder was der Mensch ist. Aber zentrale Wesenaussagen über den Menschen werden bereits in der Bibel – oftmals in poetisch-symbolhafter Weise verdichtet – dargestellt: Die »Urgeschichte« der Genesis (Gen 1 – 9) liefert in ihren Menschheitsdeutungen auf die Kapitelfrage »Was ist der Mensch?« Antworten, in denen sich auch Religions- und Kulturgeschichte des Alten Orients widerspiegelt.

Dann sprach Gott: Lasst uns Menschen machen als unser Abbild, uns ähnlich. Sie sollen herrschen über die Fische des Meeres, über die Vögel des Himmels, über das Vieh, über die ganze Erde und über alle Kriechtiere auf dem Land. Gott schuf also den Menschen als sein Abbild; als Abbild Gottes schuf er ihn. Als Mann und Frau schuf er sie. Gott segnete sie und Gott sprach zu ihnen: Seid fruchtbar und vermehrt euch, bevölkert die Erde, unterwerft sie euch, und herrscht über die Fische des Meeres, über die Vögel des Himmels und über alle Tiere, die sich auf dem Land regen ... So geschah es. Gott sah alles an, was er gemacht hatte: Es war sehr gut.

Gen 1,26-31a

Der Mensch als Geschöpf Gottes

Der Schöpfungshymnus (Gen 1,1 – 2,4a) prägt die Vorstellung vom Menschen als von Gott geschaffene Kreatur, die aufgrund der Gottebenbildlichkeit eine Sonderstellung in der Schöpfung einnimmt. Da dies für alle Menschen, gleich welchen Geschlechts und welcher Herkunft, unverbrüchlich gilt, begründet die Gottesabbildlichkeit eine unverlierbare Würde jedes Menschen. Er wird als erwählter Partner Gottes angesehen, der zugleich die Freiheit besitzt, sich diesem zuzuwenden oder sich von ihm abzuwenden. Abbild Gottes zu sein, ist aber nicht nur Zusage, sondern auch Berufung und Aufgabe, nämlich als »Statthalter« Gottes verantwortungsvoller »Gestalter« der Erde und liebender Partner aller Mitmenschen zu sein.

Die zweite Schöpfungserzählung (Gen 2,4b-24) spricht in tiefsinniger Symbolik von der Erschaffung des Menschen: Gott haucht dem aus Erdboden geformten Wesen den Lebensatem ein (Gen 2,7). Somit ist das Leben selbst ein Geschenk Gottes, mit jedem Atemzug; der Mensch wird zugleich durchweht von Gottes Lebensatem, was die Geistigkeit des Menschen verdeutlicht. Vernunft und Freiheit zeichnen den Menschen unter allen anderen Lebewesen aus. Er erscheint als Einheit von Leib, Seele und Geist.

Dieser Bibeltext hat eine problematische Rezeptions- und Auslegungsgeschichte mit sich gebracht, wurde doch aus der zeitlichen Nachordnung und der Erschaffung Evas aus der Rippe Adams lange Zeit eine qualitative Nachrangigkeit der Frau begründet. Die heutige Exegese legt jedoch überzeugend dar, dass das Wort »Adam« zunächst kein Eigenname ist, sondern als Kollektivname ein von der Erde genommene Geschöpf (»Erdling«) bezeichnet, das erst durch die Erschaffung eines gleichwertigen Gegenübers, Evas (»Leben«), zum Mann wird.

Erst als Mann und Frau ist der Mensch ganz. »Durch die gezielte Nebeneinanderstellung von *isch* (hebr. = Mann) und *ischscháh* (hebr. = Frau) soll nicht die Abhängigkeit, sondern die Zusammengehörigkeit und Ebenbürtigkeit von Mann und Frau betont werden«, so der Alttestamentler Erich Zenger. Dies hält auch Gen 2,24 fest: »Darum verlässt der Mann seinen Vater und seine Mutter und bindet sich an seine Frau und sie werden ein Fleisch.«

So erweist sich der als Paar geschaffene Mensch in biblischer Perspektive von Beginn an als soziales Wesen, das auf Gemeinschaft angelegt ist.

Zwischen Verderben und Vollendung

Weder seine Gottebenbildlichkeit noch die Vernunft schützen den Menschen vor Sünde. Die Urgeschichten vom sogenannten Sündenfall (Gen 3), vom Brudermord Kains an Abel (Gen 4,1-16) sowie die Sintfluterzählung (Gen 6 – 9) veranschaulichen die menschliche Schwäche, seine Sündenverfallenheit. Als Grundversuchung – die Theologie spricht von Erbsünde – kommt die menschliche Neigung zum Vorschein, seine Grenzen nicht anzuerkennen und in unmäßiger Hybris Gott gleich sein zu wollen. Dabei ist der sterbliche Mensch sowohl in seiner Macht als auch in seiner Lebensdauer begrenzt.

Marc Chagall, 1911/12

Das neutestamentliche Menschenbild beruht selbstverständlich auf diesen Grundlagen. In seinen Briefen bezieht Paulus (vgl. 108 f.) seine Erfahrungen mit Jesus Christus in die Vorstellung vom Menschen als *imago dei* mit ein. Der so verstandene Christus ist für ihn identisch mit dem Urbild und kann das wahre Bild Gottes, das der Mensch durch die Sünde nur entstellt abbildet, erneuern und es der Vollendung entgegenführen. Indem die Christen die Gemeinschaft mit Jesus Christus suchen, erneuert sich ihre schöpfungsgemäße Gottebenbildlichkeit. Alle Getauften haben die Aufgabe, als »neue Menschen« nach dem Vorbild Jesu Christi zu leben. Die Gottebenbildlichkeit des neuen Menschen lässt sich auch als »Christusebenbildlichkeit« ansehen. Paulus verheißt, dass die Menschen über den Tod hinaus in ihrer Auferstehung »nach dem Bild des Himmlischen gestaltet« (1 Kor 15,49) sein werden und so in die volle Gottebenbildlichkeit Jesu Christi einbezogen werden.

Alle diese biblischen Aussagen über den Menschen gipfeln in der theologischen Rede vom Menschen als »Person«. Der Person-Begriff schließt dabei die hier dargestellten Wesensaussagen über den Menschen ein und bildet die Grundlage weiterer theologischer, aber auch politischer und sozialer Überlegungen: Denn das christliche Menschenbild birgt in seinen zentralen Aussagen auch ein kritisches Potenzial gegenüber verengenden Zugriffen auf das Bild des Menschen und letztlich auf den Menschen selbst.

- Für die Ausarbeitung einer christlichen Anthropologie* wird im Text immer wieder auf biblische Zitate verwiesen. Es ist allerdings nicht so, dass die Wesensaussagen über den Menschen aus diesen Bibeltexten direkt abgeleitet werden können. Erläutern Sie – auch in Rückbezug auf Kapitel 2 und 3 –, welche Bedeutung den biblischen Texten in diesem Zusammenhang dennoch zukommt.
- Die wesentlichen Inhalte des christlichen Verständnisses vom Menschen können Sie zu einer aussagekräftigen Skizze zusammenstellen. Lebendiger wird dies, wenn Sie einzelne Aspekte in Kleingruppen als Standbild ausdrücken.
- Psalm 8 überträgt wichtige Aussagen über den Menschen in einen Lobpreis Gottes. Suchen Sie Zusammenhänge und Übereinstimmungen zwischen Psalmtext und der obigen Zusammenstellungen.
- Interpretieren Sie das Bild von Chagall, das Adam und Eva darstellt; berücksichtigen Sie Farb- und Formgebung, Motivik und Bildaufbau.

Zur Freiheit berufen

Der neue Mensch – frei durch Gottes Gnade*

Das christliche Menschenbild hat seine ersten und wohl tiefgreifendsten Akzente in der Auseinandersetzung des Apostels Paulus mit seiner eigenen jüdischen Tradition erhalten: Alles entschied sich an der Frage, welche Bedeutung der Glauben an Jesus Christus für das Heil des Menschen hat.

Der Apostel Paulus

In seinen Briefen und in den Erzählungen der Apostelgeschichte tritt uns der jüdische Intellektuelle Paulus, ein ausgebildeter Pharisäer, entgegen. Die wenigen historischen Fakten, die wir von Schaul – so der jüdische Name des Zeltmachers aus der Hafenstadt Tarsus mit römischem Bürgerrecht – kennen, sind schnell aufgezählt: Geboren um die Zeitenwende, erlebt Paulus wenige Jahre nach der Kreuzigung Jesu (um das Jahr 30) bei Damaskus seine Berufung und wird vom Christenverfolger zum christlichen Missionar, der für sich in Anspruch nimmt, wie »die Zwölf« ebenfalls Zeuge des Auferstandenen und damit »Apostel«, Gesandter, zu sein (1 Kor 15,8f.). Er hat (sporadischen) Kontakt zur Jerusalemer Gemeinde, die er drei Mal zwischen seinen Missionsreisen aufsucht. Während dieser Reisen gründet Paulus in den wichtigen Zentren der römisch-griechischen Welt in großer Eile und mit Erfolg christliche Gemeinden. In den 50er-Jahren wird er in Jerusalem festgenommen und später nach Rom überführt, wo er nach 60 n. Chr. das Martyrium erleidet.

Frei für Christus – Freiheit vom »Gesetz«

Paulus wird mit Blick auf Jesus Christus klar, dass das Heil Gottes vorbehaltlos allen Menschen offen steht. Das Denken des Apostels Paulus wird von der großen Entdeckung seines Lebens bestimmt: An sich selbst hat er erfahren, wie der Glaube an den Auferstandenen zur Wende des Lebensweges werden und den Menschen von allem Bisherigen frei machen kann. Diese Freiheit ist nicht durch menschliche Bemühungen erreichbar, da sich kein Mensch von Schuld* freisprechen könne (Röm 1,18 – 3,20). Es ist Gottes Gnade, die Menschen nicht auf ihre Schuld festzulegen, sondern vor Gott, vor den anderen und vor sich selbst in ihrer Würde als Ebenbild Gottes zu ihrem Recht zu bringen, das ihnen zusteht, das sie aber selbst verspielt haben. Die Rechtfertigung kann nicht durch »Werke des Gesetzes« geschehen. »Denn Christus ist das Ende des Gesetzes und jeder, der an ihn glaubt, wird gerecht« (Röm 10,4). Solche Aussagen des Paulus über den Zusammenhang von Glaube und Tun sind gegen eine leistungsbetonte Frömmigkeit und gegen den Gedanken einer Anhäufung von Verdiensten durch eigene Kraft gerichtet. Dies ist die Freiheit vom »Gesetz«, die Paulus in erster Linie meint; denn seinen jüdischen Wurzeln bleibt er nicht zuletzt in ethischen Fragen treu.

Der gespaltene Mensch

Paulus erkennt im Menschen eine Spaltung, bei der zwei unterschiedliche Programme gegeneinander arbeiten, wobei das Ich des Menschen sich nicht klar auf die eine oder andere Seite stellen kann, weil

- ▶ Fassen Sie die Bedeutung des lebensgeschichtlichen Hintergrunds des Paulus für seine Botschaft zusammen. Ausgehend davon können Sie auch das Bild seiner Bekehrung (109) deuten.
- ▶ Lesen Sie Röm 7,1 – 8,17 und bearbeiten Sie den Text nach folgenden Aufträgen:
  - Erstellen Sie eine Gliederung des Textes mit Zwischenüberschriften. Notieren Sie zentrale Begriffe.
  - Gehen Sie der Trennung in einen »inneren« und einen »äußeren Menschen« nach. Ordnen Sie die einzelnen Aussagen jeweils tabellarisch zu und suchen Sie nach modernen Entsprechungen zu den paulinischen Begriffen.
- ▶ Vergleichen Sie Freuds Theorie von der Determination des Menschen durch das Unterbewusstsein (100 f.) mit der Auffassung des Paulus vom gespaltenen Menschen.

beide beanspruchen, die wirkliche Person zu sein. Wenn Paulus den »äußeren« Menschen als Produkt der fremden Macht »Sünde« beschreibt, so steckt dahinter die Entscheidung des religiösen Menschen, sein Ich an Gott binden zu wollen, und gleichzeitig die Erfahrung, dass dies nicht in seiner Macht liegt. Der Glaube und die Verbundenheit mit Jesus Christus machen den Menschen davon frei: Statt der Fremdbestimmung durch die Macht der Sünde folgt der Mensch dem Ruf seiner eigentlichen Bestimmung.

Thomas Zacharias, 1989

Indikativ und Imperativ des Heils

Paulus schärft seinen Gemeinden immer wieder ein, die christliche Freiheit nicht dadurch zu verspielen, dass man sich der Willkür des eigenen Egoismus unterwirft: »›Alles ist mir erlaubt‹ – aber nicht alles nützt. Alles ist mir erlaubt, aber nichts soll Macht haben über mich« (1 Kor 6,12). Durch den Glauben und die Taufe wird der Mensch aus seinen alten Fesseln befreit zu einem neuen Leben in Jesus Christus. Diese neue Wirklichkeit und Qualität des Menschseins (»Indikativ« des Heils) muss sich im Leben bewähren; das neue Menschsein ist ein Geschenk, das entfaltet werden muss (»Imperativ« des Heils). Deshalb haben Christinnen und Christen die Aufgabe, diese Gabe in ihrem Alltag umzusetzen. Ihr Leben soll ein ständiger Prozess der Erneuerung sein. Sie können und müssen sich immer wieder neu um Gerechtigkeit und Heiligkeit bemühen und ihr Denken und Handeln erneuern (vgl. Eph 4,17 – 5,2). So hat die Erlösung existenzielle Bedeutung: Christinnen und Christen sind dem Guten zugewandte und lebensfreudige Menschen, »befreit zur herrlichen Freiheit der Kinder Gottes« (vgl. Röm 8,21).

- ► Erstellen Sie ein Schema zum Zusammenhang von Indikativ und Imperativ des Heils. Ordnen Sie die Begriffe »Glauben« und »Gesetz« zu und erläutern Sie, was unter »Gesetz« zu verstehen ist.
- ► Für Paulus ist die Sünde eine fremde, von außen kommende Macht. Könnte man nicht auch Gott und seine Weisungen als die fremde Macht betrachten? Das Gute wäre dann das Böse und umgekehrt. Diskutieren Sie darüber.
- ► Vergleichen Sie das paulinische Freiheitsverständnis mit dem existenzialistischen (102 f.).

Menschen sind mehr als »Winner« und »Loser«

»Das Bild vom Menschen, das wir für wahr halten, wird selbst ein Faktor unseres Lebens. Es entscheidet über die Weisen unseres Umgangs mit uns selbst und mit den Mitmenschen, über Lebensbestimmung und Wahl der Aufgaben« (Karl Jaspers). Diese Feststellung kann Anlass sein, über die (natur-)wissenschaftlichen Überlegungen zum Menschenbild hinaus auch in unserer Gesellschaft und Alltagskultur auf die Suche zu gehen. Dort sind »Menschenbilder« zu entdecken, die das menschliche Bewusstsein zwar stark, aber oft unbemerkt prägen. Denn in verschiedenen gesellschaftlichen Bereichen wird eine Vorstellung davon, was den Menschen ausmacht, nicht explizit entworfen und reflektiert:

»Stelle dir vor, du bist eine Aktie, die einen Wert von eins bis hundert annehmen kann! Was ist dein heutiger Aktienwert? Steigere wöchentlich den Wert deiner eigenen Aktie, reell oder ideell.«

»Der Weg nach oben ist hart, doch mit starkem Willen und Beharrlichkeit ist kein Berg zu steil, kein Weg zu lang und kein Ziel unerreichbar.«

»Ein Champion ist jemand, der aufsteht, wenn er nicht mehr kann.«

Aus einem Motivationsratgeber

Wenn ich mich recht erinnere, hat sich folgende Geschichte in dem amerikanischen Bundesstaat Indiana zugetragen. Aber sie könnte genauso gut in Florida oder Kalifornien passiert sein, und so ähnlich sicher auch bei uns. Die Fußballmannschaft der »High School« stand im Endspiel um die Landesmeisterschaft. Doch im Endspiel reichten die Kräfte nicht. Die anderen gewannen, und besiegt schlichen die Jungen – sie waren so zwischen 15 und 16 Jahre alt – vom Platz. In der Kabine hatte ihr Trainer einen Wutanfall. »Ihr seid Loser!«, schrie er sie an. »Gottverdammte Verlierer!« Immer wieder. Als wollte er es ihnen einhämmern.
Dies ist eine kleine, eine alltägliche Geschichte. Aber sie scheint mir ein treffliches Beispiel für eine Tendenz zu sein, die sich mehr und mehr ausbreitet. Ich meine die Art, wie von »Winner« und »Loser« die Rede ist. Was der Trainier der High-School-Mannschaft mit seinen Beschimpfungen getan hat, passt in dieses Muster. Er verwandelt ein Ereignis, nämlich eine Niederlage bei einem Spiel, in eine Feststellung über das Wesen seiner Schützlinge.

Geiko Müller-Fahrenholz

Das kritische Potenzial des christlichen Menschenbilds

Die Fotos und Beispiele **110** verraten einiges darüber, welche Menschenbilder heute propagiert werden. Zumindest in einer übersteigerten, als absolut gesetzten Form sind diese Akzentuierungen des Menschenbilds nicht immer mit dem christlichen Menschenbild vereinbar. Deswegen gibt es immer wieder kritische Zwischenrufe engagierter Christen, die auf die Gefährdungen menschenwürdigen Lebens hinweisen. Der evangelische Bischof Wolfgang Huber verdeutlicht in einem Vortrag an einer kleinen Begebenheit, was mit dem Gedanken der Menschenwürde gemeint ist:
Ein Mann verkauft im Pariser Gare du Nord Obdachlosenzeitungen. Ein Reporter kommt des Weges und sagt: »Nicht wahr, diese Aufgabe gibt Ihnen die Würde zurück.« Der Mann schüttelt den Kopf, lächelt und sagt: »Meine Würde? Die habe ich nie verloren.«
Huber sieht in der kurzen Begebenheit am Nordbahnhof zwei entscheidende Gegenpositionen für den Umgang mit der Würde des Menschen in eindrucksvoller Kürze zusammengefasst: »Während der Reporter die Menschenwürde wie eine Ausstattung ansieht, die verloren gehen und wieder erworben werden kann, hat der Obdachlose in all seiner Armut den Sinn dafür bewahrt, dass niemand ihm die Menschenwürde rauben kann. Der eine fragt nach einer Würde, die der Mensch durch den Gebrauch seiner Freiheit, durch menschliche Leistung also, erwirbt. Diese Würde bleibt stets ein gefährdetes Gut; Abstürze sind nie ausgeschlossen. Je tiefer ein Mensch gefallen ist, desto bescheidener erscheinen die Schritte, mit denen er wieder etwas von seiner Würde zurückerobert. Diese Vorstellung von einer Würde, die erworben und verloren, gesteigert und gemindert werden kann, findet an der Selbsteinschätzung der Starken in der Gesellschaft ebenso einen Anhalt wie am beschädigten Selbstbewusstsein derer, die an den Rand gedrängt sind.«
Eine Studie im Auftrag des deutschen Caritas-Verbandes aus dem Jahr 2008 bestätigt diese Auswirkungen: In der repräsentativen Umfrage sehen zwar 45% aller deutschen Erwachsenen einen Widerspruch zwischen der dauerhaften Existenz von Menschen am Rande und den Werten und Grundsätzen einer demokratischen und sozialen Gesellschaft, aber nur 38% stimmen dem Satz »Jeder Mensch ist ein Gewinn für die Gesellschaft« zu.
Nicht zu unterschätzende Risiken für die Leistungsträger der Gesellschaft birgt ein auf (Höchst-) Leistung orientiertes Menschenbild. Der Theologe Rainer Bucher sieht für diese Gruppe »die spezifische Versuchung ... der Selbsterlösung durch Leistung, sei es religiöse oder andere. Man kann sich aber nicht selbst erlösen, zuletzt weil man sich nicht selber verzeihen kann.«

- ▶ Analysieren Sie die Menschenbilder selbst gewählter Gesellschaftsbereiche, indem Sie ausgehend von den vorangegangenen Doppelseiten als kritischer Kontrastfolie Fragen formulieren, wie zum Beispiel:
  - »Was ist das höchste Ziel des jeweiligen Menschenbildes? Wie bzw. unter welchen Bedingungen kann es erreicht werden? Was passiert, wenn es erreicht ist oder auch nicht erreicht wird?«
  - »Woran macht sich der Wert eines Menschen fest?«
  - »Ist die Einheit von Geist, Leib und Seele berücksichtigt?«
  - »Verheißt das Menschenbild dem Menschen die Überwindung seiner Grenzen und seiner Endlichkeit?«
- ▶ Beantworten Sie diese Fragen dann (evtl. in Auswahl) für die unterschiedlichen Bereiche.
- ▶ Übertragen Sie die Argumentationslinien von Wolfgang Huber und Rainer Bucher auf die Geschichte der High-School-Mannschaft **110**.
- ▶ Diskutieren Sie darüber, ob und ggf. warum das christliche Menschenbild als Wertgrundlage unserer Gesellschaft Gültigkeit behalten sollte. Beziehen Sie Ihre Erkenntnisse aus dieser Doppelseite in Ihre Argumentation mit ein! Berücksichtigen Sie insbesondere das kritische Potenzial des christlichen Menschenbilds, z. B. hinsichtlich der politischen Verantwortung bei Fragen der Unverfügbarkeit menschlichen Lebens oder hinsichtlich der sozialethischen Verantwortung in Zeiten wirtschaftlicher Krisensituationen.

Wege der Erlösung im Buddhismus

»Das Herzstück des buddhistischen Weltverständnisses und Menschenbilds ist die Grundannahme vom abhängigen Entstehen. Wie alle anderen Phänomene ist auch das menschliche Sein der Wechselbeziehung zwischen den Teilen und dem Ganzen unterworfen. D. h., es gibt kein dauerhaftes Selbst bzw. eine ewige Seele. Jeder Mensch existiert mit seiner Identität nur innerhalb eines allumfassenden Netzwerks. Es macht keinen Sinn, ohne Berücksichtigung der Beziehungen zum Ganzen von der Wirklichkeit autonomer, voneinander getrennter Existenzen zu sprechen. Die Welt ist in einem einzigen Atom« (Dalai Lama). Deshalb stellt das buddhistische Menschenbild die Selbstüberschreitung des Menschen auf ein Absolutes hin in den Mittelpunkt.

Formen des Buddhismus: Hinayana und Mahayana

Buddhismus ist in einer breiten Erscheinungsfülle wahrzunehmen, die durch zahlreiche lehrmäßige Spaltungen und kultische Sonderformen geprägt ist. Die ursprüngliche Lehre Buddhas (560-480 v. Chr.) ist mit letzter Sicherheit nicht mehr feststellbar. Hinayana (»Kleines Fahrzeug«) ist ein Sammelbegriff für 18 buddhistische Schulen, von denen nur noch der Theravada existiert. Die Grundlagen der Lehre sind die »Vier Edlen Wahrheiten«. Demnach lebt der Mensch in einer vergänglichen und leidvollen Welt; aus dieser Welt der Gegensätze des Lebens und des Todes kann man in das Reich des Absoluten oder Nirwana gelangen, wo es weder Leben noch Tod gibt, sondern den Zustand vollkommener Stille und Seligkeit. Es ist der Zustand absoluter Leere, den der Einzelne durch individuelle Befreiung von allem Anhaften an irdische Begierden erreicht.
Der spätere Mahayana-Buddhismus (»Großes Fahrzeug«) stellt im »Edlen Achtfachen Pfad«, welcher der letzten der »Vier Edlen Wahrheiten« entspricht, den Weg und die Lehren zur Leerheit dar. Man nennt ihn auch den »Großen Bodhisattva-Weg« mit folgenden Schwerpunkten: Nicht mehr der historische, sondern der »kosmische Buddha« in Einheit mit der kosmischen Wahrheit rückt ins Zentrum religiöser Verehrung. Leerheit als Folge vom »Abhängigen Entstehen« wird der Kern der Mahayana-Lehre. Die aus der Leerheit fließende Güte und das tätige Mitgefühl mit allen Wesen prägen das Mahayana-Ideal. So geloben Praktizierende des Mahayana, statt die Erleuchtung nur für sich anzustreben, so lange zu wirken, bis alle Wesen aus dem Kreislauf der Existenzen befreit sind.

Freiheit und Identität in der Buddha-Natur

Weil es kein dauerhaftes Selbst oder eine ewige Seele gibt, ist das Gefühl von Kontinuität, Identität und Festigkeit des Ich die Illusion eines falschen Ich-Bewusstseins, das die wahre Freiheit des Geistes und die Einheit mit dem Absoluten verhindert. Was »Ich« oder »Geist« genannt wird, ist lediglich eine flüchtige Verbindung sich verändernder Energie, die in fünf Aggregate unterteilt ist: Form, Empfindungen, Wahrnehmungen, Wollen und Bewusstsein. Im Bewusstsein liegt aber bereits der Samen der Erleuchtung. »Das ist unsere Buddha-Natur – die uns allen innewohnende Qualität des erleuchteten Geistes, die nur genährt werden muss« (Thich Nhat Hanh). Zwischen dem Potenzial und der vollen Erleuchtung besteht hinsichtlich Natur und Qualität kein Unterschied – sie sind ununterscheidbar und untrennbar. Obwohl die Buddha-Natur in jedem vorhanden ist, bleibt sie, von Schleiern verhüllt, verborgen. Die Schleier sind die Folge von ich-bezogenen Handlungen, vor allem der Begierden, Interessen und Gewohnheiten. Ziel buddhistischer Meditation ist es, frei von diesen Ablenkungen zu werden, die Fähigkeit zur Konzentration zu stärken und die Buddha-Natur im Menschen als wahre Identität wiederherzustellen.

- ▶ Erklären Sie, welche Bedeutung die Auffassung vom »Abhängigen Entstehen« für das buddhistische Menschenbild hat.
- ▶ Vergleichen Sie die unterschiedlichen Formen des Hinayana- und des Mahayana-Buddhismus.
- ▶ Erläutern Sie die Lehre von der Buddha-Natur im Menschen und zeigen Sie auf, wie der Mensch im Buddhismus zur wahren Freiheit und Wesenseinheit kommen kann.

Absolutheitserfahrungen

Meditation erfordert ein hohes Maß an Konzentration und bedeutet, losgelöst zu sein von Raum und Zeit. Dabei sprechen die Meditierenden, auch christliche Mystiker, von Einheitserfahrungen mit dem Absoluten. Ruhe durchströme zuerst den bewussten Geist und Körper, so die Beschreibungen gläubiger Buddhisten und geübter Praktiker der tibetischen Meditation auf die Frage, wie sie sich fühlten, wenn sich die Meditation ihrem spirituellen Gipfelpunkt näherte. Durch diese Ruhe trete ein tieferer einfacherer Teil von einem selbst in Erscheinung. Christliche Mystiker mit analogen Erfahrungen deuten diesen Teil als inneres Selbst, als wahrsten und unveränderlichen Teil dessen, was einen Menschen ausmacht.
Alle buddhistischen Gottheiten fungieren lediglich als Meditationshilfe, als Konstruktion des eigenen Geistes, obgleich sie durch die religiöse Praxis so etwas wie eine Eigenexistenz zu gewinnen scheinen. Auch wenn sie im Rahmen der »buddhistischen Volksfrömmigkeit« mit ähnlichen Bittrufen wie etwa Heilige in der katholischen Kirche angerufen werden, ist für die buddhistische Mystik immer klar gewesen, dass die Götter nur Bilder der Buddha-Natur sind.

Nirwana

Im Buddhismus wird Nirwana als ein Ziel jenseits des Kreislaufs der leidvollen Wiedergeburt der Existenzen angesehen. Durch das Auflösen des Schleiers der Unwissenheit, eines Geisteszustands, der aufgrund mangelnder Einsicht in die wahre Natur der Dinge entsteht, verlöschen alle Tendenzen des Begehrens. Der Weg zur endgültigen Beendigung von Leid und Unzufriedenheit ist der »Edle Achtfache Pfad«, dessen acht Elemente häufig in drei Bereiche zusammengefasst werden: Weisheit,

Meditationsgottheiten im buddhistischen Pantheon

Sittlichkeit/Ethik und Vertiefung. Die Praxis der Meditation führt zu Weisheit und Vertiefung.

Buddhismus und Christentum im Dialog

Im Dialog mit »dem« Buddhismus geht es unter anderem um die Frage der Erlösung und um den mystischen bzw. asketischen Weg. Dabei unterscheiden wesentlich zwei Aspekte den christlichen vom buddhistischen Weg: zum einen die persönliche Beziehung zu Jesus Christus und zum anderen der Aspekt der Barmherzigkeit und tätigen Liebe. Im Buddhismus geht es zunächst um das Erreichen einer gewissen Leere. Der Mensch soll sich von allen Gedanken und Gefühlen frei machen. Das ist und bleibt auch im Christentum ein wichtiger Aspekt des geistlichen Lebens. Aber es geht dort letztlich darum, die Leere des Herzens mit der Liebe zu Gott zu erfüllen, die Christinnen und Christen mit ihrem ganzen Sein ausstrahlen können.

- ▶ Vergleichen Sie Gottesbild, Jenseitsvorstellung und Erlösung in Buddhismus und Christentum. Welche Bedeutung kommt in beiden Religionen Spiritualität und Meditation zu? Inwiefern können buddhistische Gottheiten eine Meditationshilfe sein?
- ▶ Diskutieren Sie mögliche Zusammenhänge der Fragen, inwiefern in den christlichen Kirchen das Bedürfnis der Menschen nach Spiritualität vernachlässigt wurde und deshalb die Faszination am Buddhismus im Westen gestiegen ist.
- ▶ Liebe und Mitgefühl eines Boddhisattva (= bedeutender buddhistischer Mönch und Meditationsmeister) umfassen alle Wesen gleichermaßen. Warum kann der Boddhisattva-Pfad (= Weg zu Erlösung nach dem Prinzip des universellen Mitgefühls) für das Christentum auch im Hinblick auf die unterschiedliche Sicht vom Menschen eine wichtige Basis für einen fruchtbaren Dialog zwischen den beiden Weltreligionen sein?

Mensch-Sein – Ich-Werden

Die verschiedenen Antworten aus Naturwissenschaft, Mythologie, Philosophie und dem christlichen Glauben auf die Ausgangsfrage des vierten Kapitels im Schulbuch »Was ist der Mensch?« haben bei Weitem noch nicht alle Fragen nach dem Menschen beantwortet. Viele Fragen sind in diesem Buch noch nicht einmal gestellt worden, obwohl sie uns ganz direkt und persönlich betreffen, z. B.: Worin liegt überhaupt der Sinn menschlicher Existenz, vor allem angesichts der zeitlichen Begrenztheit des Erdenlebens? Wie kann menschliches Leben gelingen? Was ist das Glück meiner Existenz? Auf dieser Doppelseite geben Hintergrundinformationen, ein orientierendes Beispiel und eine lyrische Form der Lebensdeutung Hinweise zur eigenen Antwortsuche.

Wer bin ich?

Im Buch »Das kleine Ich bin ich« beendet ein buntes Tierchen die Suche nach seiner Identität stolz mit den Worten: »›So, jetzt weiß ich, wer ich bin! Kennt ihr mich? ICH BIN ICH!‹ ... Auch der Laubfrosch quakt ihm zu: ›Du bist du! Und wer das nicht weiß, ist dumm!‹ Bumm.«

Diese einfache Antwort ist natürlich richtig. Aber nur einerseits: Sie gilt für den Moment. Aber bin ich wirklich zeit meines Lebens der/die Gleiche? Weiß ich immer, wer ich bin, wer ich sein will? Der Psychoanalytiker Erik Erikson hat die Identitätsbildung als die prägende Aufgabe des Jugendalters beschrieben, die zugleich Dreh- und Angelpunkt im gesamten Lebenszyklus ist. Als Identität bestimmt er zwei gleichzeitige Beobachtungen: die unmittelbare Wahrnehmung der eigenen Gleichheit und Kontinuität in der Zeit, und die damit verbundene Wahrnehmung, dass auch andere diese Gleichheit und Kontinuität erkennen können. Zwischen beiden Phänomenen eine Balance zu finden, ist eben die entscheidende Leistung, die – so betonen neuere psychologische und soziologische Studien – ein lebenslanger Prozess ist. Die gelungene Ausbalancierung zwischen den ständig sich verändernden Situationen und Ansprüchen anderer (Rollen-Identität) und den individuell gemachten Erfahrungen, welche die personale Identität prägen, wird *Ich-Identität* genannt.

Unter den Vorzeichen der Postmoderne, die sich mit den Schlagworten Beschleunigung, Wandel, Mobilität, Flexibilität und Gleichzeitigkeit verschiedenster Rollenmuster skizzieren lässt, sehen Soziologen jedoch auch eine starke Tendenz zur flexiblen, multiplen *Patchwork-Identität*. Der postmoderne Mensch muss aus einer Vielzahl von Lebensentwürfen auswählen und damit rechnen, dass seine Festlegung auf ein Lebensmodell nur vorübergehend sein kann. Dies zeigt sich z. B. daran, dass er im Arbeitsalltag flexibel sein muss und den Beruf nicht selten wechselt. Außerdem lebt er in verschiedensten Lebenszusammenhängen wie Schule/Arbeit, Freizeit, Familie/Clique etc., in denen er sich hinsichtlich Kleidung, Haltung, Sprache etc. jeweils ganz anders geben kann oder muss. Aus diesen verschiedenen Teilidentitäten muss er »sich selbst« immer wieder neu zusammenbasteln.

Diese seine plurale Verfasstheit kann der Mensch vor allem erzählend gut nacherleben, indem er Zusammenhänge zwischen seinen Erlebnissen und Erfahrungen herstellt, Widersprüche deutet und somit über die narrative Vergewisserung »Sinn« in seinem Leben konstruiert (*»narrative Identität«*).

- ▶ Beantworten Sie die Fragen, die der Einleitungstext und Johanna Haberer 115 (auch indirekt) stellen, für sich ganz persönlich.
- ▶ Benjamin Lebert schreibt in seinem autobiografischen Roman »Crazy«: »Ich glaube, wir befinden uns gerade in der Phase, wo wir noch den Faden finden müssen ... Die ganze Jugend ist ein einziges großes Fadensuchen.« Klären Sie nach der Lektüre des Textes »Wer bin ich?« die Begriffe »Identität«, »Ich-Identität«, »flexible Patchwork-Identität« und »narrative Identität« und erläutern Sie vor diesem Hintergrund das Zitat Leberts.

Wozu bin ich auf der Welt?

»Ich vermute, ich brauche ein Leben lang, um diese Frage zu beantworten. Denn Leben ist Entfaltung, und der Sinn meines Lebens eröffnet sich, während ich lebe. Mir hat sich die Frage, wozu ich auf der Welt bin, als Jugendliche besonders drängend gestellt. Dann, wenn ein Mensch die Entscheidung trifft, welchen Platz er in der Welt einnehmen will, für welche Ziele er seine Kräfte und Gaben einsetzen will. Es gibt Jahre im Leben eines jeden Menschen, da muss er sich die Frage, wozu ich auf der Welt bin, als Richtungsentscheidung stellen.
Ich bin Pfarrerin geworden, weil ich in den Texten der Bibel Lebenswelten gefunden habe, in denen sich mein Leben spiegeln kann, und weil ich Menschen getroffen habe, in deren Leben sich das Evangelium von der Liebe, die jeden Tod überwindet, bewährt hat. Ich bin Journalistin geworden, weil zur Deutung des Lebens eine präzise, neugierige Wahrnehmung der Wirklichkeit gehört. Beides gehört für mich zusammen: die vorurteilsfreie Wahrnehmung einerseits und die Deutung des Lebens andererseits ... Nach menschlichem Ermessen bin ich nun in der Mitte des Lebens angelangt, und die Arbeit und die Erziehung meines Kindes fordern alle meine Kräfte. Es kann aber sein, dass mir in ein paar Jahren andere Gaben zuwachsen und andere Lebensfelder meiner Kräfte bedürfen. Dann werde ich mir die Frage neu stellen. Wenn ich alt bin zum Beispiel und meine Arbeitskraft keiner mehr bracht, dann werde ich wohl Lebenserfahrung einbringen oder die Gabe zuzuhören oder die Gabe zu trösten.
Und ganz am Ende vielleicht kann ich abschließend die Frage beantworten, wozu ich, ausgerechnet ich, eigentlich auf der Welt gewesen bin und was Gott mit meinem Leben wohl im Sinn hatte.

Johanna Haberer, Professorin für christliche Publizistik

Nicht nur mir selber gesagt

Wenn du Vögel und Bäume liebst,
musst du dir darüber klar sein,
dass du ihnen gleichgültig bist.
Sie brauchen dich nicht,
du brauchst sie.

Deine Liebe erwidern kann nur der Mensch.
Aber acht es auch nicht für gering,
wenn er sie nur zu dulden vermag
und ihr Entfaltung gewährt.
Alle Liebe, die du gibst und empfängst,
ist der Vergebung bedürftig,
weil du sie anderen schuldig bleibst.

Eines Tages wirst du vielleicht
die große Gleichgültigkeit Gottes
als unendliche Toleranz verstehen
und dich ihr anvertraun.

Ich weiß keinen anderen Trost.

Christine Busta

- ▶ Johanna Haberer formuliert persönliche Sinnoptionen ihres Lebens. Fassen Sie diese zusammen und beachten Sie dabei auch die jeweils angesprochene zeitliche Dimension ihrer Antworten.
- ▶ Inwiefern finden sich in der Antwort von Johanna Haberer die Aussagen des Sachtextes zu »Wer bin ich?« bestätigt? Was sagt das über den Zusammenhang von Identitäts- und Sinnfindung aus?
- ▶ Erschließen Sie das Gedicht von Christine Busta hinsichtlich seines Aussagegehalts für die Sinnfrage. Warum und in welcher Hinsicht lässt sich für Christen Gott als »letzter Trost« ansehen? Um einer Antwort näher zu kommen, können sie verschiedene Dimensionen der Sinnsuche unterscheiden! Solche finden sich z. B. in den Strophen des Gedichts, aber auch in jedem menschlichen Leben.

Der Glaube an Gott als Basis des Menschseins

Das psychologische und das geistige Ich

Die Religionen erkennen den irdischen Erscheinungsmenschen als »ein Wesen mit himmlischen Wurzeln«, dessen Leben mit dem Tod seines physischen Körpers nicht vernichtet wird. Nach dem Verständnis der Religionen und in der philosophischen Reflexion besteht ein feiner und subtiler Unterschied zwischen dem psychologischen und dem geistigen Ich.

Die aus dem ewigen Geiste stammende *Urgestalt* ist das »geistige Ich« oder »Geist-Ich«, im Unterschied zum Ego oder zum psychologischen Ich. Das eigentliche Ich ist geistig und bezeichnet *jenseits* jeder psychologischen und gehirnphysiologischen Annäherung das innerste Zentrum des Menschen: das innerste Innere, das Unvergängliche, »das Ewige im Menschen« (Max Scheler). Und nur *dieses* Ich wird als Bedingung der Möglichkeit dafür betrachtet, dass der einzelne Mensch nun auch im psychologischen und soziologischen Sinn ab einem gewissen Alter »Ich« sagen und sich als Ausgangspunkt seiner freien Handlungen erleben kann. Wohingegen das psychologische »Ich« etwas Angenommenes darstellt und als »Ego« oder von manchen als »soziales Konstrukt« bezeichnet wird, wobei es sich durch die Interaktionen mit den primären Bezugspersonen entwickelt.

In der *Urgestalt* »Ich« wohnt das Ewige im Menschen, das mit dem Tod des Körpers nicht der Vernichtung anheimfällt, sondern für sich selbst gegenwärtig bleibt: im Leben und im Sein der Transzendenz. Das ist freilich keine naturwissenschaftliche Aussage, sondern Auskunft einer uralten geistigen und spirituellen Tradition.

Dieses »Ich« als das Ewige im Menschen kann durch naturwissenschaftliche Methoden *nicht* erfasst, nicht direkt beobachtet und nicht gemessen werden. Es kann nur erlebt und erfahren werden in der eigentlichen und egofreien Liebe, in der reinen Freude, in einer unbedingt verpflichtenden sittlichen Handlung, in der gesammelten Betrachtung eines Kunstwerkes, dessen namenlose Schönheit eine ursprüngliche Einheitserfahrung vermittelt, in der stillen Meditation ... und wohl auch in der Erfahrung der Schuld oder in dichten therapeutischen Gesprächen mit Menschen, die ausdrücklich nach Sinn und Werten suchen oder vom *Gewissen* sprechen, das sie ansporning, etwas Verkehrtes, das sie selbst verursacht haben, wieder gutzumachen.

Nach Otto Zsok, Logotherapeut

Sie können nun Ihr erworbenes Wissen vernetzen und in den folgenden Fragestellungen konkret anwenden bzw. überprüfen.

- Fassen Sie die Grundgedanken des Textes zusammen und erläutern Sie den Unterschied zwischen dem »psychologischen Ich« und dem »geistigen Ich«.
- Zeigen Sie, inwiefern der Psychologismus[1] (oder der Biologismus[2] oder der atheistische Existenzialismus) eine Verabsolutierung wissenschaftlicher oder philosophischer Erkenntnis ist, und stellen Sie dieser Position das christliche Menschenbild gegenüber, indem Sie sich bei Ihren Ausführungen auf einschlägige biblische Texte stützen.
- Erörtern Sie an wenigstens zwei Beispielen, welche Auswirkungen das christliche Menschenbild sowie das Menschenbild der dargestellten anderen Position für die Erfahrung von Sinnlosigkeit und Entfremdung oder die Lösung sozialer Probleme haben können.

1 Kritische Bezeichnung für die Anwendung psychologischer Aspekte und Erkenntnismethoden in anderen Wissenschaften als der Psychologie, auch für ausschließlich psychologische Begründungsversuche von nicht primär psychologischen Phänomenen.

2 Negativ konnotierte Bezeichnung für unterschiedliche philosophische Betrachtungsweisen, die eine Absolutsetzung des häufig von seinen individuellen Realisierungen getrennt betrachteten organischen Lebens vornehmen. Zeitlicher Schwerpunkt: Ende 19. Jh. und Beginn 20. Jh.

Wissenschaftspropädeutische Methodenkompetenz

Sie wollen im Fach Katholische Religionslehre ein Referat halten, das Sie selbstständig erarbeiten und in eine angemessene schriftliche Form bringen, um es als eigenständige Leistung vorweisen und abgeben zu können. Dafür erhalten Sie hier wichtige Tipps, die sowohl für Referate in anderen geisteswissenschaftlichen Fächern als auch in einem W-Seminar hilfreich sind. Die schriftliche Ausarbeitung des Referats soll inhaltlich und formal Ansprüchen genügen, die im Studium eines geisteswissenschaftlichen Faches an einer Hochschule gelten. Wenn Sie diese Arbeit durchführen, wird Ihnen dies den Übergang in ein Studium erleichtern. Sie fordert aber auch für sich genommen Ihre Möglichkeiten zu eigenständigem Arbeiten außerhalb des gewohnten Unterrichts heraus.

Ziele

Die folgenden Seiten führen Sie in die Formen und Inhalte wissenschaftlichen Arbeitens ein (Propädeutik = Einführung). Sie lernen, wie Sie
- ein Thema unter wissenschaftlichen Gesichtspunkten bearbeiten;
- dazu Informationen recherchieren und sammeln, indem Sie z. B. wissenschaftliche Literatur finden, Quellen suchen oder Menschen befragen;
- die erhaltenen Informationen in Ihr Thema einfügen, indem Sie diese analysieren, vergleichen, bewerten oder zusammenfassen;
- sich mit unterschiedlichen Positionen argumentativ auseinandersetzen, einen eigenen Standpunkt finden und Ihre Erkenntnisse themen- und adressatengerecht, übersichtlich und sprachlich wie argumentativ überzeugend darstellen;
- Regeln und Arbeitsweisen anwenden, die Sie in einem Studium an einer wissenschaftlichen Hochschule benötigen;
- Ihre Arbeit in einem bestimmten Zeitrahmen organisieren.

Übersicht

Die schriftliche Ausarbeitung eines Referats – an der Universität hat sie den Charakter einer Seminararbeit – ist eine eigene literarische Gattung und folgt daher bestimmten Regeln. Im geisteswissenschaftlichen Bereich setzen Sie sich mit den Argumenten anderer Autorinnen und Autoren auseinander, was Sie in einer bestimmten Form dokumentieren müssen. Dazu werden Sie die für Ihr Thema wichtige und passende Literatur erst suchen, dann lesen und auswerten und schließlich in Ihre schriftliche Arbeit einbeziehen. Wesentliche Bestandteile Ihrer Arbeit bilden eine Gliederung, die stimmige Argumentation und ein Literaturverzeichnis. Zu diesen Anforderungen finden Sie in diesem Kapitel grundlegende Hinweise:

TIPP

Recherchieren, Bewerten und Lesen (120 f.) hilft Ihnen bei der Suche nach Literatur und gibt Ihnen Tipps für effektives Lesen.
Zitieren und Bibliographieren (122 f.) zeigt ein System, mit dem Sie verwendete Literatur in Ihrer Arbeit dokumentieren können.
Schreiben und Präsentieren (124 f.) leitet Sie an, den Schreibprozess in Phasen einzuteilen und Ihre Präsentation erfolgreich zu gestalten.

Formales und inhaltliches Strukturieren

Die äußere Form

Zur schriftlichen Ausarbeitung Ihres Referats oder Ihrer Seminararbeit gehören einige Elemente der äußeren Form:

- Sie beginnt mit einem *Deckblatt*, das oben den fachlichen Kontext beschreibt – z. B. Thema der Unterrichtseinheit im Religionsunterricht, Rahmenthema des Seminars – und den Adressaten benennt. Im Zentrum des Deckblatts steht der Titel Ihrer Arbeit, ggf. mit einem Untertitel. Unten geben Sie den Absender und das Abgabedatum an.
- Es folgt eine Seite mit der *Gliederung* der Arbeit, welche die Gliederungspunkte enthält und die Seitenzahlen angibt, auf denen der entsprechende Gliederungspunkt beginnt.
- Auf Seite 3 fängt der *Textteil* an. Er beginnt mit einer Erläuterung Ihres Themas, indem Sie Kontexte Ihrer Fragestellung angeben oder/und das Problem begründen und daraus die Gliederung Ihrer Arbeit ableiten. Wenn Sie bestimmte methodische Schritte einhalten – z. B. besondere Verfahren der Textanalyse, eine Mischung von Reflexion und Beispielen, Thesen aufstellen und erläutern – ist eine Darstellung und Begründung des gewählten Verfahrens notwendig.
- Im gegliederten *Hauptteil* legen Sie Ihre Argumentation dar. Ein wichtiges Element bilden die Fußnoten, die Sie durchlaufend nummerieren. Sie enthalten die Literaturangaben der direkten und indirekten Zitate. Zudem können Sie die Fußnoten für Seitenargumente, Hinweise oder kleine Beispiele nutzen, die Ihnen zwar wichtig sind, den Fluss des laufenden Textes aber stören.
- Das *Resümee* wirft einen zusammenfassenden Blick auf die Argumentation, stellt Ergebnisse dar, kann Bewertungen enthalten oder Sie geben einen Ausblick auf weitere Fragen, die sich Ihrer Arbeit anschließen können.
- Das *Literaturverzeichnis* (vgl. 122) beschließt Ihre Arbeit. Es enthält alle Quellen, die Sie für die Abfassung Ihrer Arbeit benötigt haben und die in den Fußnoten erwähnt werden.

Die inhaltliche Struktur

Wenn das Thema Ihres Referats oder Ihrer Seminararbeit feststeht, haben Sie die Möglichkeit, zwischen verschiedenen Bezügen und Blickrichtungen für seine Bearbeitung zu wählen. Dabei hilft die Theologie, weil sie sich als Wissenschaft von Religion und Glaube in unterschiedliche Bereiche und Einzelfächer aufteilt:

- Für viele Themen lässt sich ein Bezug zu biblischen Texten herstellen, die durch eine Reihe von Auslegungsmethoden (vgl. 38 - 41) bearbeitet werden können.
- Religion, Glaube und Christentum haben eine lange Geschichte, die viele Bereiche unseres gegenwärtigen Lebens mitgestaltet hat. Wie es zu unserer Gegenwart gekommen ist, welche Alternativen in anderen Zeiten vorhanden waren, muss in der Auseinandersetzung mit Zeugnissen aus der Vergangenheit erarbeitet werden.
- Zum Wesen der Theologie gehören Fragen, ob und wie sich einzelne Elemente des Glaubens systematisch denken und begründen lassen.
- Da Religion und Glaube mit der Praxis des täglichen Lebens verknüpft sind, müssen die Fragen nach dem richtigen und guten Verhalten von Einzelnen und Gruppen bearbeitet werden.
- Zu Religion und Glaube gehören Sprache, Bilder, Musik. Glaube wird verkündet, gefeiert und gelehrt. All dies kann analysiert werden.

Diese Bereiche ermöglichen eine erste, grobe Unterteilung des Rahmenthemas. Selbstverständlich müssen nicht immer alle Bereiche berücksichtigt werden. Zudem lassen sich Verbindungen zwischen ihnen herstellen.

Für das Beispielthema »Nach Gott fragen« ergibt sich als grundlegende Strukturierung:

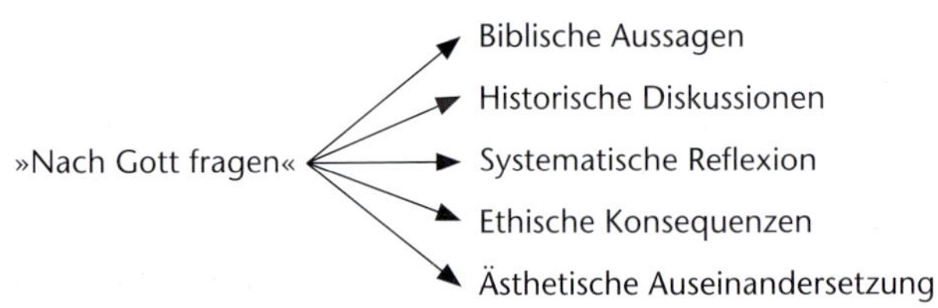

Weitere Unterscheidungen für das Thema »Nach Gott fragen« im biblischen Bereich:

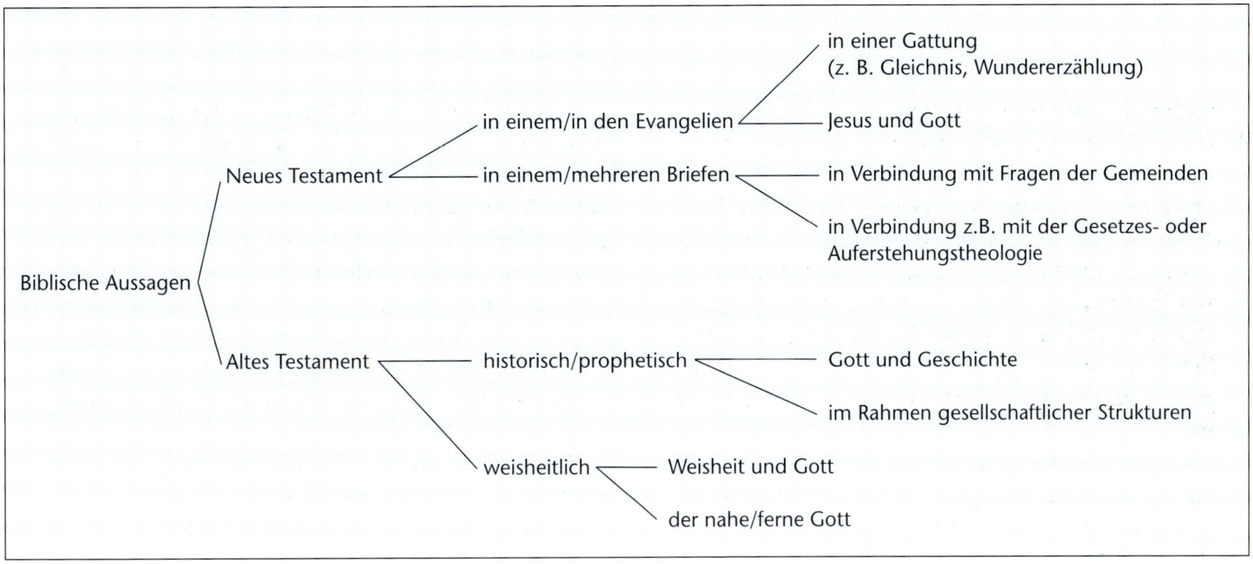

Auch diese Angaben bilden noch keine Arbeitsthemen, sie zeigen vielmehr einen Weg dahin. So kann ein Arbeitsthema in der ethischen Diskussion folgender Form folgen:

»Wie zeigt sich Gott? Ein Vergleich der Selbstoffenbarung Gottes in Gen 32,23-33 und Ex 33,18-23«
Oder:
»Macht Gott die Menschen satt? Eine kanonische Deutung der Speisungserzählungen«

Im Zentrum Ihrer Arbeit steht eine Frage, ein Problem, ein Widerspruch. Sie bearbeiten dies, indem sie nach einer Lösung suchen. Das macht Ihre Arbeit sowohl für Sie selbst als auch für die Leser spannender. Falls Sie zunächst kein Problem in Ihrem Thema sehen, dann suchen Sie z. B. in einer ersten Lektürerunde thematisch passender Literatur nach dem Rätselhaften oder Erstaunlichen. Es erleichtert Ihre Arbeit, wenn Sie sich das Problem, das sie bearbeiten, bewusst machen und es zugespitzt formulieren. Dann organisiert es Ihre Gedanken, Sie können passende Literatur von weniger bedeutsamer unterscheiden und gewinnen Anhaltspunkte für einen roten Faden, der nachvollziehbar Ihre Arbeit durchzieht. Auf diese Weise ähnelt eine Seminararbeit einem Krimi: Ausgangspunkt ist eine Frage (Wer war es?), die nicht sofort gelöst wird. Sie nehmen vielmehr die Rolle eines »Detektivs« ein, der klar strukturiert und zielstrebig eine Lösung sucht. Dabei mag der Gedankenweg wichtiger und spannender sein als die Lösung.

TIPP

Insgesamt gilt:

Der Themenbereich und das daraus stammende Thema sollten Sie interessieren.

Das Thema Ihrer Arbeit muss sehr konkret sein, damit Sie am Beispiel ein allgemeines Problem, eine Frage oder einen Widerspruch bearbeiten können.

Gegenstand und Problem Ihrer Arbeit benötigen eine deutliche Verbindung zum Unterricht.

Nach einer Literaturrecherche kann Ihr Arbeitsthema nach Absprache mit Ihrer betreuenden Lehrkraft neu formuliert werden, weil Sie zu wenig oder zu viel Literatur finden.

Recherchieren, Bewerten und Lesen

suchen wissen

ich was suchen
ich nicht wissen was suchen
ich nicht wissen wie wissen was suchen
ich suchen wie wissen was suchen

ich wissen was suchen
ich suchen wie wissen was suchen
ich wissen ich suchen wie wissen was suchen
ich was wissen

Ernst Jandl

Literaturrecherche

Sie haben ein Thema für Ihr Referat gewählt und eine Problemorientierung gefunden. Nun benötigen Sie Literatur, die den Stand der Wissenschaft zu Ihrem Thema dokumentiert.

Welche Literatur?

Wichtig sind:
- Fachlexika für einen ersten Informationseinstieg;
- Aufsätze aus wissenschaftlichen Zeitschriften;
- Monografien (Bücher) zu Ihrem Themenbereich und Sammelbände mit verschiedenen Autoren;
- Internet – Vorsicht bei Adressen, die nicht fachgebunden sind. Die dort gefundenen Informationen müssen überprüft werden!

Wo finden Sie Literatur?

Einen ersten Zugang bietet Ihnen Ihre Schulbibliothek. Vielleicht finden Sie dort Fachlexika und Standardwerke. Bei Grundlagenbüchern aus den letzten Jahren kann das Literaturverzeichnis für Ihre Recherche sehr hilfreich sein. Das Internet bietet unterschiedliche Möglichkeiten zur Literatursuche: Onlinebuchhandlungen und Onlinefachzeitschriften sind ebenso eine Hilfe wie themenverwandte Fach- oder Hausarbeiten (aber: Fertigen Sie kein Plagiat an!).
Für die weitere Suche ist es ratsam, eine öffentliche Bibliothek zu nutzen, z. B. Stadt-, Fachhochschul- und Universitätsbibliotheken. Selbst wenn Sie in der nächstgelegenen Stadtbibliothek nicht fündig werden, so sind viele Bibliotheken über den Bibliotheksverbund Bayern (www.bib-bvb.de/bvb.htm) elektronisch miteinander vernetzt. Wenn Sie einen Ausweis einer angeschlossenen Bibliothek besitzen, können Sie Bücher und Artikel aus Fachzeitschriften, die in den Bibliotheken ganz Bayerns vorhanden sind, über Fernleihe erhalten.

Wie finden Sie geeignete Literatur?

Suchen Sie Schlagworte aus, die Ihr Thema oder Ihre Informationswünsche möglichst exakt treffen. Sie können deren Präzision im Internet oder in Bibliothekskatalogen testen:
Finden Sie eine zu große Zahl an Hinweisen, dann
- verwenden Sie prägnantere Begriffe;
- geben Sie weitere Einschränkungen (z. B. Erscheinungsjahr) ein;
- ergänzen Sie einen weiteren Begriff und verbinden Sie beide durch sogenannte Operatoren (»UND«, »NICHT«).

Sie finden zu wenige oder gar keine Titel, dann
- versuchen Sie es mit Synonymen, weiteren oder engeren Begriffen;
- verwenden Sie den Operator »ODER«;
- nutzen Sie die Trunkierungen: Sternchen (*) oder Fragezeichen (?) ersetzen mehrere Zeichen. Sie können z. B. nach »Religions*« oder »Religions?« suchen und werden zu Religionsgeschichte, Religionssoziologie, Religionszugehörigkeit usw. geleitet.

TIPP

Wenn Sie Literatur gefunden haben, die Sie lesen möchten, notieren Sie sich auf jeden Fall die bibliografischen Angaben 123 *sofort* und *exakt* – auch wenn Sie sich noch nicht sicher sind, ob Sie das Gefundene verwenden werden. Wenn Sie die Literatur doch benötigen, müssen Sie nicht noch einmal nach den Angaben suchen.

Literatur bewerten und lesen

Sie haben recherchiert und Literatur gefunden, deren Titel vielversprechend klingen. Versuchen Sie zunächst, die Literatur zu sortieren und zu bewerten: Handelt es sich um eine Einführung in das Thema oder wird eine spezielle Frage unter bestimmten inhaltlichen und methodischen Voraussetzungen bearbeitet? Sind die Autoren Fachleute/Wissenschaftler oder widmen sie sich von einem allgemeinen, z. B. journalistischen Horizont dem Thema? Nun beginnen Sie zu lesen und stellen fest, dass manches interessant ist, anderes weniger. Einige Informationen haben Sie schon einmal gelesen, Sie wissen aber nicht mehr genau, wo dies gewesen ist, und manchmal haben Sie Konzentrationsschwierigkeiten.
Was tun Sie?

Effektiv lesen

Sie lesen effektiv, wenn Sie die Informationen, die für Sie wichtig sind, rasch erfassen, um sie für Ihre Arbeit verwenden zu können.

- Wenn Ihre Frage, Ihr Erkenntnisinteresse klar ist, können Sie beim Lesen schnell zwischen passenden, wichtigen und nebensächlichen, unnötigen Informationen unterscheiden. Schreiben Sie sich dafür z. B. einige Stichworte, die Ihr Erkenntnisinteresse und Ihre Erwartungen zusammenfassen, auf und konzentrieren Sie sich auf die Abschnitte in einem Artikel oder Buch, die eines oder mehrere Ihrer Stichwörter behandeln.
- Passen Sie Ihre Lesegeschwindigkeit dem Schwierigkeitsgrad des Textes an, um bei schwierigen Texten wiederholtes Lesen zu vermeiden und bei leichten Texten nicht unnötig zu verweilen.
- Stoppen Sie den Lesevorgang, wenn Sie unkonzentriert sind. Die Hoffnung, das Gedächtnis wird schon irgendetwas speichern, trügt.

Strukturiertes Lesen

Viele Texte folgen einer Argumentationsstruktur, deren Kenntnis eine Verstehenshilfe ist. Sie erfassen damit leichter das Problem und die Aussage des Textes. Manchmal lohnt es sich auch, zunächst die Struktur eines Aufsatzes oder eines Buchbeitrags insgesamt nachzuvollziehen, um dann den Aufbau einzelner Abschnitte zu analysieren.

- Besitzen Sie ein Buch oder einen Beitrag als Kopie oder Ausdruck, können Sie die Struktur am Text selbst verdeutlichen. Überfliegen Sie zunächst den Text, um sich einen ersten Eindruck seines Gehalts und seiner Struktur (z. B. über Absätze, Überschriften ...) zu beschaffen. Beim zweiten Lesen schreiben Sie wichtige Strukturelemente an den Rand: Welches Problem wird bearbeitet? Wo steht die Grundaussage? Wo werden Beispiele, Entfaltungen der Grundaussage oder Gegenargumente aufgeführt? Werden Ursachen und/oder Wirkungen beschrieben? Gibt es eine Lösung oder eine Antwort zur Frage des Textes? In der Regel ist es hilfreicher, entsprechende Stichworte zu notieren, als nur mit farbigen Markierungen zu arbeiten.
- Vor allem bei schwierigen oder für Ihre Arbeit grundlegenden Texten ist eine eigenständige Umsetzung der Argumentationsstruktur in eine Grafik hilfreich, für die das unten stehende Beispiel eine sehr einfache Grundform darstellt. Wenn Sie eine passende Grafik erstellt haben, füllen Sie sie mit eigenen Worten aus. Auf diese Weise können Sie die für Sie wichtigen Informationen herausfiltern und ordnen.

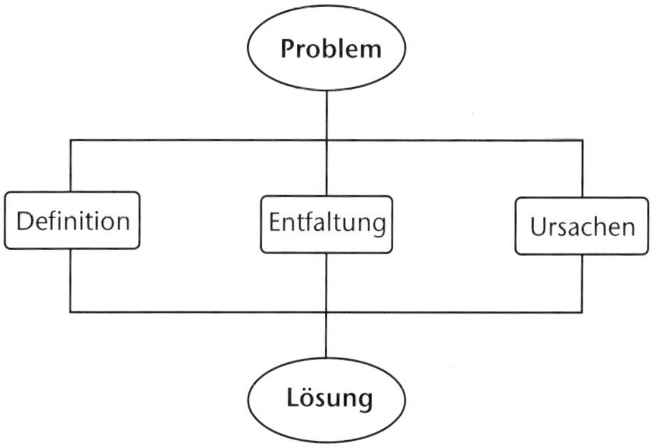

Die Kunst des Lesens ist die Fähigkeit,
Seiten zu überblättern,
auf denen man nichts versäumt.

William Butler Yeats

Zitieren und Bibliografieren

Manche behaupten, dass in der Bibel stehe: »Es gibt keinen Gott« (Ps 10,4c). Sie haben recht. Der ganze Vers aber lautet: »Überheblich sagt der Frevler: ›Gott straft nicht. Es gibt keinen Gott.‹ So ist sein ganzes Denken« (Ps 10,4).

Zu Ihrem Themenbereich haben schon andere Menschen nachgedacht, geforscht und geschrieben. Das ist gut, weil Sie nicht alles neu und selbst denken und finden müssen. Zudem gehört es wesentlich zu einer Seminararbeit, mit den Gedanken, Ergebnissen und Argumenten anderer Autorinnen und Autoren sorgfältig und bedacht umzugehen. Sie zeigen damit Ihre Kenntnis der Literatur und geben die Urheber von Positionen und Argumenten an, ohne dass Sie diese für Ihre eigenen ausgeben, was geistigen Diebstahl bedeuten würde. Einen fremden Text als Eigenproduktion auszugeben, ist ein Plagiat – und dadurch macht man sich strafbar. Verfassen Sie also Ihre eigene Arbeit und geben Sie alle Quellen und Hilfsmittel konsequent und vollständig an, auch wenn diese online sind.

Zwei Formen von Zitaten

- **Das indirekte Zitat:** Sie haben einen Abschnitt in der Literatur gefunden, der für Ihre Arbeit geeignet ist, und Sie wollen ihn in Ihren Text einfügen. Da er zu lang, zu umständlich, zu schwierig o. Ä. ist, geben Sie ihn in Ihren eigenen Worten wieder. Versuchen Sie dabei, den ursprünglichen Text nicht zu verfälschen und die Gedanken des Autors möglichst präzise wiederzugeben. Das indirekte Zitat muss deutlich erkennbar sein – z. B. durch folgende Einleitungen: Nach Erlemann ..., Joachim Enders denkt, dass ..., J. Schlosser stellt fest, dass ... Am Ende des indirekten Zitats geben Sie die Quelle in einer Fußnote an.
- **Das direkte Zitat:** Es gibt wörtlich den Text des Autors wieder und wird in Anführungszeichen gesetzt. Auch hier ist Sorgfalt angesagt: Wenn Sie das Zitat aus dem Zusammenhang reißen, kann der ursprüngliche Sinn verändert oder gar verdreht werden. Beachten Sie also den Kontext des Ursprungstextes und wählen Sie eher kürzere Zitate, die zu Ihrer Argumentation inhaltlich passen. Achten Sie darauf, genau den Wortlaut des Quellentextes zu übernehmen, wobei leichte Anpassungen an die grammatische Struktur Ihres Textes erlaubt sind. Veränderungen, z. B. Einfügung von Hilfsverben, setzen Sie in eckige Klammern. Auch am Ende des direkten Zitats geben Sie die Quelle in einer Fußnote an.

Häufigkeit von Zitaten

Manche meinen, eine schriftliche Arbeit sei besonders gut, wenn sich in ihr möglichst viele Zitate finden. Es gibt auch die gegenteilige Position: Man solle lieber selbst schreiben und sich nicht auf andere Autoren stützen. Für eine Seminararbeit im geisteswissenschaftlichen Bereich gilt: Die Menge und Häufigkeit von Zitaten ist für sich genommen kein Qualitätsmerkmal! Es kommt vielmehr darauf an, dass Sie *Zitate sinnvoll einsetzen*, d. h., Sie müssen selbst darauf achten, ob viele oder wenige Zitate notwendig und wichtig sind.

- Nutzen Sie Zitate, auf deren Gehalt Sie sich besonders stützen. Sie können mit einem Zitat ein Kapitel, einen Gedankengang oder eine Argumentation einleiten, ein wichtiges Gegenargument direkt zitieren oder Ihre Position durch ein Zitat untermauern oder veranschaulichen. Manchmal ist es hilfreich, ein Nebenargument mit einem Zitat auch in eine Fußnote zu setzen, weil es die Logik der Argumentation im eigenen Text stört, Sie es aber doch erwähnen möchten. Dies sollten Sie nicht zu oft praktizieren, da die Leserin oder der Leser dann häufig zwischen Haupttext und Fußnote springen muss, was die Lesbarkeit Ihrer Arbeit beeinträchtigt.
- Unterlassen Sie Zitate, von deren wissenschaftlichem Wortlaut Sie zwar beeindruckt sind, die Sie aber inhaltlich nicht ganz verstanden haben. Setzen Sie nicht mehrere Zitate unkommentiert hintereinander, sondern gehen Sie mit ihnen argumentativ um.

Bibliografieren

Es gibt viele unterschiedliche Formen des Bibliografierens im laufenden Text und im Literaturverzeichnis, welches Ihre Arbeit abschließt. Sie werden durch zwei entscheidende Grundsätze charakterisiert:

1. Ein System
Wählen Sie für die gesamte Arbeit ein System (das im Fachgebiet oder an Ihrer Schule übliche) aus und halten Sie es konsequent durch. Das bezieht sich auch auf Einzelheiten der Zeichensetzung, der Orts- und Jahresangaben oder der Namensnennung.

2. Transparenz
Für die Leserinnen und Leser Ihrer Arbeit sollen die bibliografischen Angaben so deutlich sein, dass sich die Literatur eindeutig finden und nachlesen lässt. Zu viele Details stören, zu wenige erschweren die Überprüfbarkeit.

Hier wird ein System vorgestellt, das in unterschiedlichen Varianten Verwendung findet.

Angaben auf den Textseiten Ihrer Arbeit

Die Quelle eines indirekten Zitats wird an dessen Ende durch eine Fußnote, die mithilfe der Fußnotenfunktion Ihres Schreibprogramms gesetzt werden kann, markiert. In der Fußnote reicht eine abgekürzte, aber eindeutige Angabe der Quelle aus (Name, Erscheinungsjahr), da sich die vollständige Quellenangabe im Literaturverzeichnis befindet. Sie wird durch »vgl.« eingeleitet, z. B.: [1] Vgl. Enders 2009, 117.
Ein direktes Zitat wird ohne »vgl.« angegeben.

Das Literaturverzeichnis

Dieses Verzeichnis steht am Ende der Arbeit und führt alle verwendeten Quellen – ob gedruckt oder online – auf. Es ist alphabetisch sortiert.

Monografie:
Name, Vorname: Haupttitel. Untertitel, Erscheinungsort (kein Komma!) Erscheinungsjahr (die hochgestellte »^{2}« markiert die zweite Auflage des Buches), z. B.:
Erlemann, Kurt: Wer ist Gott? Antworten des Neuen Testaments, Neukirchen-Vluyn 2008.

Beitrag aus einem Sammelband:
Name, Vorname: Haupttitel. Untertitel, in: Name, Vorname (Hg.): Haupttitel. Untertitel, Erscheinungsort Erscheinungsjahr, Seiten (des gesamten Beitrags), z. B.:
Enders, Joachim: Der liebe Gott hinter den Formeln. Ist Religion glaubwürdig im Zeitalter der Wissenschaft?, in: Souvignier, Georg/Lüke, Ulrich/Schnakenberg, Jürgen/Meisinger, Hubert (Hg.): Gottesbilder an der Grenze zwischen Naturwissenschaft und Theologie, Darmstadt 2009, 112-124.

Aufsatz aus einer wissenschaftlichen Zeitschrift:
Name, Vorname: Haupttitel. Untertitel, in: Name der Zeitschrift Jahrgang (Erscheinungsjahr), Seiten (des gesamten Beitrags), z. B.:
Keul, Hildegund, Gottes Ferne – die Unbegreiflichkeit seiner lebenstiftenden Nähe. Theologische Perspektiven zum offenbar-verborgenen Geheimnis, in: Theologisch-praktische Quartalschrift 157 (2009), 238-244.

Artikel aus einem Lexikon:
Name, Vorname: Stichwort, in: Name des Lexikons Band (Erscheinungsjahr), Spalte, z. B.:
Schlosser, Jacques: Gott (biblisch. Neues Testament), in: Lexikon für Theologie und Kirche 4 (^{3}1995), Sp. 859f.

Beitrag aus dem Internet:
Name, Vorname: Haupttitel. Untertitel, Internetadresse, Datum des letzten Aufrufs, z. B.:
Mustermann, Max: »... denn ich bin Gott, nicht ein Mensch, der Heilige in deiner Mitte« (Hos 11,9) – Zum Gottesbild der Bibel, www.max-mustermann.de/glaube.htm, 17.06.2009.

Schreiben und Präsentieren

Ein guter Text entsteht nicht durch einen einzigen Entwurf, er muss vielmehr Schritt für Schritt geplant, überprüft und überarbeitet werden. Die folgende Grafik zeigt Ihnen »sieben Phasen der Textproduktion« auf einen Blick:

1. Gedanken sammeln z. B. in einem Assoziogramm oder bei einem Brainstorming
2. Gedanken sortieren
3. Gliederung erstellen
4. Erstentwurf schreiben
5. Inhaltliche Überarbeitung des Erstentwurfs
6. Sprachlich-stilistische Textüberarbeitung
7. Grammatik, Rechtschreibung und Zeichensetzung korrigieren

Gedanken sammeln und ordnen

Das Thema, die Frage oder das Problem Ihrer schriftlichen Arbeit ist formuliert. Sie haben durch den Unterricht und vielleicht auch schon durch erste Leseeindrücke eine ungefähre Vorstellung von Ihrer Arbeit. Um einen Überblick zu erhalten und für später nichts Wichtiges zu vergessen, ist eine Visualisierung z. B. durch ein freies *Assoziogramm* hilfreich:
Zeichnen Sie einen Kreis in der Mitte eines großen Blatts und notieren Sie ein Stichwort, eine These oder auch das volle Thema; dann beginnen Sie, alle Einfälle zu notieren. Kreisen Sie Ihre Ergebnisse ein und stellen Sie über Linien oder Pfeile Verbindungen untereinander und zur Kernaussage her. Achten Sie darauf, dass Ihr Assoziogramm nicht zu groß und unübersichtlich wird! Sie können ein wichtiges Stichwort ausgliedern und dazu ein neues Assoziogramm erstellen. Heben Sie die Ergebnisse für weitere Ergänzungen und Überarbeitungen auf.

Um Ihre Sammlung zu ordnen,
- streichen Sie, was Sie nicht behandeln wollen;
- heben Sie hervor, was Ihnen wichtig erscheint;
- bewerten Sie Ihre Einfälle, indem Sie Zentrales von Randständigem unterscheiden.

Gliederung erstellen

Es gibt kein festes Gliederungskorsett, in das Sie Ihre Gedanken zwängen können oder müssen. Wie Sie einleiten, für einen Überblick sorgen, das Problem erläutern, Argumente und Gegenargumente in Beziehung setzen, etwas entwickeln, darstellen, diskutieren und schließlich resümieren, entscheiden Sie im Gespräch z. B. mit Ihren Mitschülern und der Lehrkraft.

Einen ersten Entwurf können Sie durch eine *Baumstruktur* sichtbar machen:
Zeichnen Sie zwei parallele Linien in beschriftbarem Abstand (= Baumstamm), zwischen die Sie Ihr Thema schreiben. Was steht in der Einleitung (= Wurzel), welche Haupt- und Nebenteile (= Äste und Verzweigungen) können Sie eintragen und wie füllen Sie den Schluss, das Resümee (= Baumspitze)? Diese oder eine ähnliche Visualisierung kann Irrtümer, unlogische Bezüge oder ein Ungleichgewicht der Teile sichtbar machen und sollte gegebenenfalls überarbeitet werden.

Erstentwurf schreiben

Der Erstentwurf wird »ins Unreine« geschrieben. Sie orientieren sich zwar an Ihrer Gliederung, lassen aber Probleme der Rechtschreibung, des Stils u. Ä. beiseite. Sie behindern den Gedankenfluss und können später bearbeitet werden. Konzentrieren Sie sich zunächst auf den Hauptgedanken, beginnen Sie mit einem leichten oder für Sie interessanten Teil und nehmen Sie sich überschaubare Aufgaben vor.

Überarbeitung des Erstentwurfs

Genauigkeit	Kritischer Blick	Klarheit
Klären Sie Fachbegriffe. Überprüfen Sie ihre sachgemäße Verwendung. Tragen Sie die richtigen Zitate, Belege und Daten ein. Überprüfen Sie Zahlen, Tabellen, Zitate und Seitenangaben.	Prüfen Sie die Stimmigkeit Ihrer Behauptungen. Haben Sie Mut zum Durchstreichen und suchen Sie neue, prägnante Formulierungen. Heben Sie den roten Faden Ihrer Arbeit hervor.	Suchen Sie nach Widersprüchen und heben Sie diese auf. Vermeiden Sie Andeutungen. Gehen Sie sparsam mit Anführungszeichen, rhetorischen Floskeln und Metaphern um. Erklären Sie Grafiken und Tabellen.

Präsentieren

Nach Abschluss aller Vorarbeiten können Sie Ihre Erkenntnisse vor der Gruppe präsentieren. Die Präsentation besteht aus einem medial unterstützten Vortrag, dem sich eine Debatte anschließt.

Vortrag

Im Vortrag präsentieren Sie die Fragestellungen, den argumentativen Aufbau sowie die Ergebnisse Ihrer Seminararbeit.

- Wählen Sie eine geeignete visuelle – in Einzelfällen auch audio-visuelle – Unterstützung.
- Halten Sie den vereinbarten Zeitrahmen ein, indem Sie Ihren Vortrag mehrmals (vor Publikum) üben.
- Versuchen Sie, lebendig und möglichst unabhängig von schriftlichen Vorlagen zu reden. Halten Sie Blickkontakt zur Gruppe.
- Konzentrieren Sie sich inhaltlich auf die Begründung Ihrer Fragestellung und auf Ihren Bezug zum Unterrichtsthema und erläutern Sie die Hauptargumente in einer klaren Sprache, die sich an den Verstehensmöglichkeiten des Publikums orientiert.
- Verteilen Sie ein gut strukturiertes Handout, das die Gliederung, die Ergebnisse Ihres Vortrags und wichtige Literaturangaben dokumentiert.

Debatte

- Heben Sie sich einzelne Erläuterungen, Beispiele, Nebenargumente auf, um sie an geeigneter Stelle in die Debatte Ihrer Arbeit einzubringen.
- Argumentieren Sie ruhig und sicher und unterbrechen Sie die Fragenden nicht.
- Sie belegen Ihre Kompetenz, wenn Sie die Fragen ernstnehmen und aufrichtig argumentieren. Vermeiden Sie Polemik.

Lexikon – Theologie kompakt

Anthropologie

Anthropologie (griech. = Lehre vom Menschen) heißt die wissenschaftliche Reflexion des Menschen über sein Menschsein. Hierzu gibt es verschiedene Herangehensweisen und Fragestellungen. So gehen Medizin, Biologie, Psychologie, Soziologie etc. eher von der Vielheit menschlicher Erscheinungsweisen aus, während die Philosophie stärker nach dem »Wesen« des Menschen fragt. Zentral ist dabei die Frage nach Freiheit und Selbstbestimmung des Menschen, die heute oftmals negativ beantwortet wird: Der Mensch sei nicht frei in seinem Fühlen, Denken und Handeln, sondern biologisch, psychisch und durch soziale Faktoren bestimmt, also determiniert (Determinismus). Solche Annahmen haben weitgehende Auswirkungen auf die Einschätzung der Verantwortlichkeit des Menschen für sein Handeln und damit auch auf die Frage nach seiner Schuldfähigkeit. Dagegen zeigt die gesellschaftlich-kulturelle Annahme, der Mensch sei nicht durchgängig determiniert, sondern befähigt und damit auch verpflichtet, Verantwortung für seine Lebensgestaltung und die Ausbildung seiner Identität (lat. = »Selbstsein«) zu übernehmen, grundlegende Freiheits- und Persönlichkeitsrechte auf.
Diese Identitätsfindung beruht auf der Erfahrung der eigenen Kontinuität und besteht aus dem Prozess der Selbstidentifizierung durch soziales Agieren. Die eigene menschliche Freiheit erweist sich dabei nicht als unbegrenzt, da sie durch die Freiheit der anderen eingeschränkt ist.
Christliche Anthropologie sieht den Menschen als von Gott nach seinem Ebenbild geschaffene Kreatur, der sich Gott voller Liebe und Gnade in seiner → Offenbarung mitteilt, ohne sie dadurch zu determinieren. Der Mensch hat die Freiheit, die Selbstmitteilung Gottes anzunehmen oder zurückzuweisen. Er ist ein in der → Schöpfung herausgehobenes, soziales Wesen, das seiner Umwelt gegenüber verantwortlich ist. Menschsein umfasst nach der Offenbarung Gottes die menschliche Subjektivität mit Geistbegabung und Freiheit und schließt auch die Möglichkeit des Scheiterns und der Sünde (→ Schuld/Sünde), welche in der Hoffnung auf → Erlösung aufgehoben ist, ein.

Bund

Das hebräische Wort *berît* bezeichnet ursprünglich eine eidliche Verpflichtung, Verfügung oder Bestimmung und drückt somit ein rechtsverbindliches Vertragsverhältnis zwischen einzelnen Personen oder zwischen Einzelnen und einer Gemeinschaft aus, die einen Bund eingehen. »Bund« ist ein Grundbegriff zur religiösen Charakterisierung des Judentums und des Christentums, der inhaltlich die partnerschaftlich verpflichtende Abmachung zwischen Gott und den Menschen, vor allem mit den Israeliten, meint, denen Gott zuerst ein Bundesangebot macht (Ex 19,1-25), das sich in den Zehn

Gottes Bund mit Noach und der Schöpfung und der Bogen Gottes als Bundeszeichen (Gen 9,12-17), Wiener Genesis, 6. Jh.

Weisungen (Dekalog) entfaltet. In der sogenannten Bundesschlusszeremonie (Dtn 26,16-19) verpflichtet Gott Israel auf die Einhaltung seiner Weisungen und Gebote und macht es zu seinem »Eigentumsvolk«, das ein heiliges Volk werden soll. Der Bund Gottes mit allen Menschen wird nach der sogenannten Sintfluterzählung (Gen 9,8-17) mit Noach geschlossen. Erinnerungszeichen für diesen Bund ist der »Bogen Gottes am Himmel«.
Heilsgeschichtlich wichtige Ereignisse werden im Alten Testament in diese Bundesüberlieferung eingegliedert. Gott begleitet Menschen in der Geschichte und erweist sich als ihr Gegenüber (→ Offenbarung). Der sich gegenüber Erwählten kundtuende Gott stellt sich als der Gott Abrahams, Isaaks, Jakobs/Israels dar. In dreifacher Hinsicht ergeht an die Erzeltern als Bundesadressaten die Zusage Jahwes: Abraham erhält reiche Nachkommenschaft (Gen 12; 15; 17), die Verheißung der Gabe des Landes Kanaan (Gen 15,18 vgl. Ex 6,4) und die Heilszusage des gnädigen Gedenkens Gottes (vgl. Ps 105,10; 1Chr 16,17).
Bundeserneuerungen nach Bundesbrüchen durch die Israeliten gehören ebenso zu diesem Bundesdenken. Die Verheißungen eines neuen ewigen Bundes häufen sich nach dem babylonischen Exil: Propheten, z. B. Jeremia (Jer 31,31-34; 32,36-41), sagen den göttlichen Bund nach Versagen und Bestrafung Israels neu zu. Im Bundesgedanken drückt sich somit die → Gnade Gottes aus, die im für den Menschen unermesslichen Heilswillen Jahwes liegt.
Für das Neue Testament ist der Bundesgedanke ebenso konstitutiv. Beim Abendmahlgeschehen greift Jesus den Gedanken auf und deutet den Bund so, dass dieser jetzt in Jesus selbst erneut geschlossen wird: »Dieser Kelch ist der neue Bund in meinem Blut, das für euch vergossen wird« (Lk 22,20; 1 Kor 11,25).

Christologie

Die Christologie (= Lehre von Christus) versucht als Teildisziplin der Theologie, das Wesen Jesu, des Mannes aus Nazaret und des Christus/Messias, begrifflich zu fassen. Nachdem Jesus in den Evangelien (→ Evangelium) alttestamentliche Hoheitstitel, z. B. Sohn Gottes, Messias, Sohn Davids, zugesprochen bekommen hat, formulierten die Theologen des 4. und 5. Jahrhunderts das Trinitätsdogma, einen verbindlichen religiösen und kirchlichen Lehrsatz zur → Trinität und das christologische Dogma von der vollkommenen Göttlichkeit und der vollkommenen Menschlichkeit Jesu auf den Konzilien von Nicäa und Chalcedon.
Zeitgenössische Christologie versucht, die gegenwärtige Erfahrungs- und Begriffswelt mit dem historisch-kritisch erhobenen biblischen Zeugnis von Jesus in Beziehung zu setzen.

Christushymnus → Psalm

Erlösung

Allgemein besagt Erlösung die Überwindung von Zuständen, die vom Menschen als unvermeidlich gegeben und unheilvoll erfahren werden und die nicht aus eigener Kraft aufgehoben werden können.
Die Definition von Erlösung in verschiedenen Religionen hängt von den Antworten auf zwei Fragen ab: Woher kommt das Unheil und wie gestalten sich Wege zu seiner Überwindung?
Im Buddhismus ist das Leben zunächst die grundlegende Erfahrung von Leid, die aus menschlichem Begehren resultiert. Erlösung geschieht durch das Freiwerden vom Begehren, das dann auch das Leid beseitigt. Entscheidend ist der Edle Achtfache Pfad, durch den die Menschen vom Begehren loskommen.
In der jüdisch-christlichen Tradition dagegen befinden sich die Menschen in einer Unheilsgeschichte, die sich erst aus ihrer Untreue gegenüber der guten Schöpfung Gottes ergibt (Gen 3,1-24; 4,1-16). Da es bei dieser Unheilsgeschichte nicht bleiben soll, sagt der biblische Gott den Menschen die Erlösung aus ihr zu und wendet damit die Unheils- zur Heilsgeschichte. Im Alten Testament bezeugt Gott diese Zusage durch den → Bund mit den Menschen sowie durch die Befreiung aus der Gefangenschaft in Ägypten, die sich durch die rituelle Feier wieder vergegenwärtigt. Das Neue Testament benennt vor allem den Glauben an den durch Jesus Christus geoffenbarten Gott (z. B. Röm 1,17) sowie die Praxis der Liebe (1 Kor 13,13) als Wege der Erlösung. Diese Wege haben ihren Ursprung in der gläubigen Gewissheit, dass Gott in Kreuz und Auferstehung eine Erlösung zusagt, die auch das Scheitern und den Tod einbezieht. Erlösung ist hier zuerst ein Geschenk Gottes, das Menschen im Glau-

ben annehmen und durch ihre Praxis beantworten.

Evangelium

Im Griechischen bezeichnet *euangélion* alles, was mit einem *euángelos*, dem Überbringer einer guten Botschaft, zusammenhängt: die frohe Botschaft, die überbracht wird, der Lohn, der dafür in Empfang genommen wird, oder eine Siegesbotschaft. Religiösen Sinn gewinnt das Wort im Orakelwesen für die Bezeichnung des Gottesspruches oder im Kaiserkult, bei welchem der Kaiser als göttliches Wesen und Heilsbringer angesehen wird. So sind die Nachrichten von seiner Geburt oder der Thronbesteigung, aber auch seine Erlässe »Evangelium« im antiken Verständnis.
Das Neue Testament knüpft nicht an den alltäglichen Gebrauch an, sondern entlehnt den Sinn vom hebräischen Äquivalent *bisar:* Es bezeichnet die Botschaft von der anbrechenden Heilszeit. Der Freudenbote ist der Herold, der dem Triumphzug Jahwes voraneilt, dessen Sieg verkündet und zu Zion sagt: »Dein Gott ist König« (Jes 52,7).
Jesu Botschaft vom bereits anbrechenden Reich Gottes bewegt sich in der Spannung zwischen tatsächlich anbrechender Naherwartung und einer rein zukünftigen Jenseitserwartung. Mit dem Wirken Jesu Christi in Wort und Tat ist der Herrschaftsbereich Gottes schon erfahrbare Wirklichkeit geworden, er wird sich aber erst bei Jesu Wiederkunft am Ende der Zeit endgültig durchsetzen (sogenannter eschatologischer Vorbehalt).

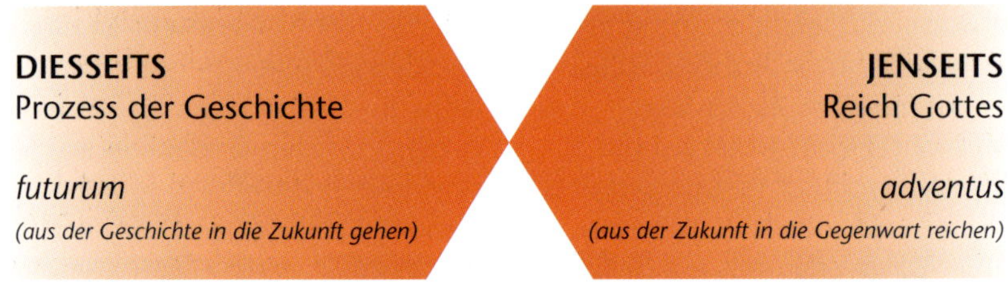

Die Welt entwickelt sich nicht in einem geschichtlichen Prozess auf das Reich Gottes hin, das als idealer Endzustand des Menschen zu verstehen wäre, sondern das Gottesreich bricht von »jenseits« in diese Welt ein. Die Evangelien verfolgen insgesamt weniger das Ziel, die biografisch und historisch verbürgte Lebenswirklichkeit Jesu detailliert darzustellen. Sie wollen vielmehr den Glauben wecken und festigen (vgl. Joh 20,31). In den überlieferten Worten und Taten kommt zum Ausdruck, wer Jesus »eigentlich« ist: Messias, Gottessohn, Erlöser. Die Sammlung von Einzelsprüchen, Gleichnissen, Streitgesprächen, Erzählungen von Wundertaten Jesu und von seinem Tod und seiner Auferstehung wird durch verbindende Rahmungen, die in den Evangelien unterschiedlich gestaltet sind, zur schriftlichen Veranschaulichung der Botschaft Jesu und der Botschaft von Jesus, dem Christus (→ Christologie).

Fundamentalismus

Im weltanschaulichen und religiösen Bereich meint Fundamentalismus den Rückzug auf ein abgeschlossenes Weltbild, das zur Geltung gebracht werden soll. Dabei wird die gegenwärtige Situation in vielen Bereichen als krisenhaft und hochgradig fragwürdig bzw. unerträglich wahrgenommen. Die Ursachen dieser Krise liegen – so die fundamentalistische Perspektive – im Zerfall traditioneller Orientierungen und Werte. Weil vormals unverzichtbare Wahrheiten nicht mehr gelten und durch einen falschen Modernismus und Relativismus ersetzt wurden, kann die Krise nur überwunden werden, wenn politische bzw. religiöse Autorität und eine strenge Moral gestärkt und durchgesetzt werden. In den Religionen stützt der Fundamentalismus sich häufig auf die Forderung, die heiligen Schriften ausschließlich wortwörtlich zu verstehen.
Fundamentalismus ist ein globales Phänomen und findet sich in vielen Religionen. Weil fundamentalistische Gruppen häufig mit dem Anspruch oder dem Selbstverständnis auftreten, sie alleine besäßen die Wahrheit, ist ihre Dialogfähigkeit mit anderen Gruppen begrenzt. In dem unbedingten Willen, die krisenhafte Welt nach den eigenen Vorstellungen umzugestalten, kann in einigen Fällen die Versuchung zur Anwendung von Gewalt liegen. Dies widerspricht aber den Grundsätzen der großen Religionen und wird von der Mehrheit der Gläubigen abgelehnt.

Glaube und Vernunft

Als Gegensatz zu Glaube (griech. *pistis*) wird gemeinhin Vernunft (griech. *nous*), Verstand, Wissen angesehen, die Fähigkeit, Dinge und Geschehnisse in ihren Zusammenhängen zu begreifen. Glaube meint dagegen das Überzeugtsein von der Richtigkeit eines Sachverhalts, i. S. v. vertrauen, sich darauf verlassen (»Ich glaube, dass mein Freund/meine Freundin mich liebt«). Davon unterschieden ist Glauben i. S. v. meinen, vermuten (»Ich glaube, dass der Zug um 14.00 Uhr abfährt«). Dieser Mangel an Wissen kann durch Information behoben werden. Glauben im erstgenannten Sinne ist für das menschliche Leben bedeutsam und lässt sich plausibel aus der Verfasstheit des Menschen erschließen. Die Erfahrung von Kontingenz einerseits und der Geschenkcharakter des Lebens andererseits sind Gegebenheiten des Menschen, auf welche der Glaube eine Antwort bietet – er tut dies nicht zuletzt dadurch, dass er auf die Sinnfrage des Lebens antwortet. Glaube und Glauben sind Schlüsselbegriffe für das Christentum und stehen vor allem für die bejahende Annahme der christlichen Botschaft. Glaube im religiösen Kontext unterscheidet sich durch die Gewissheit vom bloßen Meinen und durch den absoluten Freiheits- und Wagnischarakter vom Wissen.

Gnade

In der Theologie bezeichnet man als Gnade (von althochdeutsch *ganada* = Wohlwollen, Gunst; griech. *charis*; lat. *gratia*) die sich herabneigende personale, absolut ungeschuldete Huld Gottes gegenüber dem Menschen, aber auch die Wirkung dieser Huld, in der sich Gott selbst dem Menschen mitteilt. Der christlich glaubende Mensch sieht sich in Gottes eigenstes und innerstes Leben hinein angerufen. Das Entscheidende dieser Aussage besteht darin, dass Gott dem Menschen nicht nur irgendeine heilvolle Liebe und Nähe zuwendet und irgendeine heilvolle Gegenwart schenkt, sondern ihn an seiner Natur teilhaftig (Abbild Gottes) und zum Miterben mit seinem Sohn, Jesus Christus, macht. So ist der Mensch Berufener zum ewigen Leben von Angesicht zu Angesicht Gottes.
Die Annahme der freien Selbstmitteilung Gottes vonseiten des endlichen Menschen muss von Gott in derselben Weise getragen sein wie die Gabe selbst.
Das kirchliche Lehramt befasst sich in seinen Aussagen über die Gnade vor allem mit dieser Übernatürlichkeit. Es beschreibt die Gnade als vergebende und ungeschuldete, die der Mensch von sich aus weder erbitten noch auf die er sich positiv vorbereiten kann. Seit der Taufe wird dem Menschen »habituell« diese Selbstmitteilung Gottes als Gnade angeboten, aktuell wird sie beim immer neu vollziehbaren Akt der Annahme. Der Mensch ist dabei frei, er stimmt der zuvorkommenden Gnade frei zu oder lehnt sie frei ab. Insofern muss von einem »Miteinanderwirken« Gottes und des Menschen gesprochen werden (dialogischer Charakter der Gnade).

Hellenismus

Allgemein wird unter Hellenismus die griechische Bildung und Kultur verstanden. Als Epochenbegriff umfasst Hellenismus die Zeit von Alexander dem Großen († 323 v. Chr.) bis ca. zum 7. Jahrhundert n. Chr. und bezeichnet die Übernahme griechischer Gepflogenheiten innerhalb der Grenzen des griechischen (und später Römischen) Reiches, v. a. der Sprache und der Kultur.
Die hellenistische Philosophie mit der bedeutenden Philosophenschule der Stoa und ihrem Schulgründer Zenon von Kition (ca. 336-264 v. Chr.) geht von einem Gott als erste Ursache allen Seins aus. Das Ziel des Menschen liege darin, einstimmig mit der Natur zu leben, um Harmonie und Glückseligkeit (griech. *eu-daimonia* = von einem guten Dämon beseelt) zu erreichen. Nach Epikur (ca. 342-271 v. Chr.), dem Begründer einer weiteren bedeutenden philosophischen Strömung im Hellenismus, dessen Kernstück eine Ethik mit hedonistischer Ausprägung ist, greifen die Götter nicht in den Weltlauf ein, sondern haben ein glückseliges Dasein, dessen Ruhe sie nicht durch Aufgaben verletzen. Insbesondere Platon und Aristoteles haben die abendländische Philosophie deutlich geprägt. Mit seiner Ideenlehre gelingt es z. B. Platon, ein Gedankengebäude zu errichten, das wie kein anderes in der abendländischen Geistesgeschichte nachgewirkt hat. Und die Beiträge des Aristoteles z. B. zur Logik sind wirkungsgeschichtlich von ähnlicher Bedeutung.
Die christliche Lehre musste sich in diesem hellenistischen Kontext

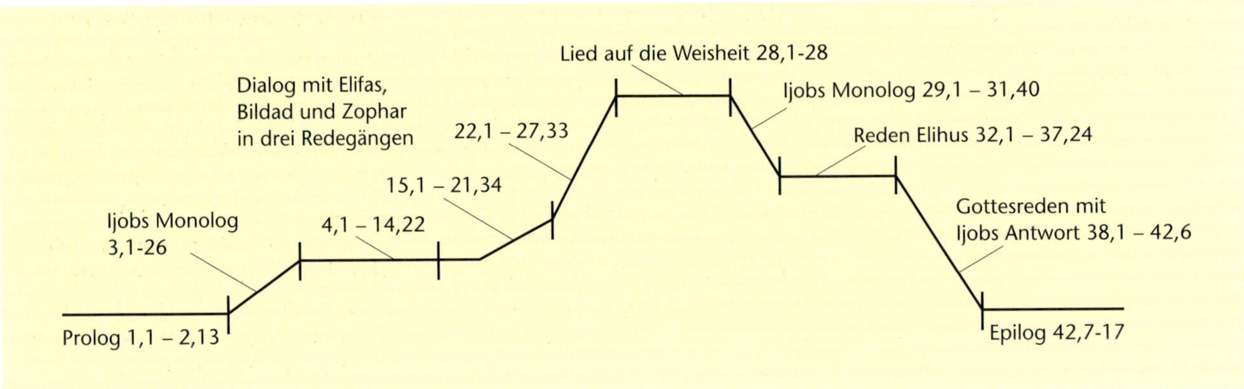

Der Aufbau des Buches → Ijob als »antikes Drama«

behaupten. Mit dem → Neuplatonismus findet schließlich die antike hellenistische Philosophie einen Abschluss.

Ijob

Das Buch ist nach seiner Hauptgestalt Ijob benannt und vermutlich zwischen dem 5. und 3. Jh. v. Chr. entstanden. Der Rahmenteil schildert eingangs das Schicksal Ijobs, dem Gott – angestachelt durch den Satan – Prüfungen auferlegt: Ijob verliert zunächst seine Güter und Kinder (»Hiobsbotschaften«), doch er lässt nicht von Gott ab, auch wenn ihm sogar seine Frau dazu rät und er seine Gesundheit verliert. Auf seinem Weg des Leidens fällt Ijob in tiefe Einsamkeit und Gottverlassenheit. Doch darin wird er, von ihm zunächst unbemerkt, einen Weg geführt. Am Ende wird ihm von Gott, dem Schöpfer, die Welt neu erschlossen. Ijob darf Gott schauen und wird überreich gesegnet.
In diesen Prosarahmen sind Texte in Versform gestellt: intensive Auseinandersetzungen Ijobs mit seinen »Freunden« und Gesprächspartnern Elifas, Bildad und Zofar und später Elihu. Die ersten drei stellen bekannte Positionen des »Tun-Ergehen-Zusammenhangs« vor, Elihu bringt den Gedanken ein, dass das Leiden auch pädagogischen Sinn haben kann, um den Menschen vom Unrecht wegzuführen (33,17). Aber erst die Gottesreden rücken die vorausgegangenen Aussagen über das Verhältnis von Gott und Mensch zurecht, indem sie Ijob vor den in seiner Schöpfung sichtbaren und zugleich unbegreiflichen Gott stellen.
Die Erzähleröffnung und die märchenhaften Züge der Einleitung (1,1-5) deuten darauf hin, dass die Ijoberzählung eine fiktionale Erzählung ist. Es geht also um ein Geschehen, welches das Menschsein unabhängig von individuellen und kulturellen Besonderheiten betrifft. Die Erfahrung von Leid und die Frage nach dem Umgang mit ihm gehören zutiefst zum menschlichen Leben. Das Ijobbuch problematisiert die Krise der weisheitlichen Überzeugung, gutes Handeln habe ein gutes Leben zur Folge, Sünder dagegen gingen zugrunde (vgl. Psalm 1). Eine für alle akzeptable Lösung kann das Ijobbuch letztlich nicht geben, den Argumenten Ijobs wird nicht widersprochen. Es bleibt bei der Erkenntnis, dass der Mensch keine Einsicht in Gottes Willen haben kann, es also Bereiche gibt, zu denen er nur Fragen – klagend und anklagend – äußern kann.

Kontingenzerfahrung

Kontingent (lat. *contingere* = berühren, zufallen) ist eine Erfahrung, die sich menschlichen Handlungsmöglichkeiten entzieht und zu der sich die Betroffenen nur noch hinnehmend verhalten können. Was als kontingente Erfahrung gewertet wird, hängt von den konkreten Lebensumständen ab. Sie kann z. B. als überraschendes Ereignis eintreten, ein Widerfahrnis ohne erkennbare Ursache sein (»Zufall«, »Schicksal«) oder ein Merkmal des Lebens, dem man ausgeliefert ist. Dass Menschen sterben müssen, ist insofern kontingent, als man dieser Notwendigkeit nicht ausweichen, ihr aber deutend begegnen kann. Religion ist eine Möglichkeit, Kontingenzerfahrungen zu deuten und sie damit auch zu bewältigen. Denn durch Religion können Menschen ihre Erfahrungen in eine Vorstellung von Sinn integrieren, die nicht ausschließlich durch eigene Handlungen hergestellt werden muss.

Logos → Theologie

Metaphysik

Metaphysik (von griech. *tà metà tà physiká* = die Dinge nach/hinter/jenseits der Physik/Natur) ist eine philosophische Disziplin. Sie fragt nach dem Grundlegenden und nach dem Umfassenden und nimmt das Ganze in den Blick. Gegenstand der Metaphysik sind demnach nicht durch empirische Einzeluntersuchungen zugängliche, sondern die diesen zugrundeliegenden Bereiche der Wirklichkeit. In der neuzeitlichen Philosophie – vor allem mit Immanuel Kant – hat dieser Blick einen besonderen Akzent erhalten: Metaphysik fragt nach den Bedingungen, die es Menschen ermöglichen, sich und die Welt zu erkennen: Wie bedingen und beeinflussen z. B. Raum und Zeit menschliche Erkenntnismöglichkeiten? Weil es unhintergehbare Bedingungen für Erkenntnis gibt, nennt Kant die Metaphysik auch die Wissenschaft von den Grenzen der menschlichen Vernunft und ordnet sie der Frage »Was kann ich erkennen?« zu.

Mythos

Der griechische Begriff bedeutet übersetzt »Rede, Geschichte, (sagenhafte) Erzählung« und zeigt die Versuche früher Kulturstufen, Fragen nach Ursprung und Ende der Welt, nach der Entstehung der Götter und der Menschen und bestimmter Naturphänomene zu erfassen, zu erklären und zu begründen. Dies geschieht bildhaft, z. B. durch Personifikationen und in Symbolen. So bekommen moralische, existenzielle oder mystische Dinge, Welt und menschliches Dasein durch ihre raum- und zeittranszendente Erklärung eine tiefere Bedeutung verliehen. Mythen, die einst eng mit kultischen Handlungen verbunden und so auch gemeinschaftsstiftend waren, wurden eigentlich mündlich vor- und weitergetragen, aber auch schon früh in Dichtungen ästhetisch geformt. Die Rezeption der alten Mythen in Literatur, Kunst und Geistesgeschichte zeigt deren Anspruch auf Wirklichkeitsdeutung über die Frage nach dem historischen Wahrheitsgehalt und die Grenzen rationaler Logik hinaus. Sie erzählen von dem, was niemals war und immer ist, gelten für alle Zeiten, spielen in »ewiger Gegenwart«. Dabei erfährt der Mythos in seinen Fortschreibungen immer wieder andere Tendenzen und Deutungen und ist gerade dadurch eine Form, die eigene Existenz, die eigene Zeit neu zu erschließen.

Neuplatonismus

Der Neuplatonismus ist ein um 200 n. Chr. entstandenes System der griechischen Philosophie. Im Zentrum der von Plotin (204-270) gegründeten antiken philosophischen Richtung steht Gott als das über alle Bestimmungen erhabene Eine. Dieses Eine ist absolute Einheit, von ihm leitet sich alles Sein ab. Im neuplatonischen Denken haben alle Wesen den Drang, zu dem Einen als Ursprung zurückzukehren. Das Eine ist wegen seiner absoluten Einheit allerdings nicht direkt zugänglich – dies ist nur dem Geist durch Kontemplation möglich. Das Eine fließt aufgrund seiner Überfülle in einer absteigenden Reihenfolge eines Niedergangs in die Seinsstufen des Weltgeistes, der Weltseele und schließlich der physischen Welt aus. Durch diese »Emanationen« wird das Eine (Gott) letztlich in der Welt erfahrbar. In diesem Denkhorizont entwickelte sich die Formulierung der → Trinität im christlichen Sinne in Analogie und zugleich in Abgrenzung zum Neuplatonismus (→ Subordinatianismus).

Nihilismus

Nihilismus (von lat. *nihil* = nichts) besagt, dass alles Seiende sich in Bedeutungslosigkeit auflöst. Das angeblich Wirkliche, das Wahre, das Werthafte waren schon immer nichts oder haben keinen Sinn. Nihilismus ist somit der Verlust eines Sinn und Halt gebenden transzendenten Grunds der Welt.
Der Nihilismus kann sich zunächst auf ein einzelnes Gebiet beschränken, z. B. Religion oder Politik, weitet sich aber in ein universal negierendes Welt- und Selbstverhältnis aus. Nihilismus ist also jeder Standpunkt, der letztlich auf der absoluten Verneinung bestehender Glaubenssätze, der Möglichkeit allgemeingültiger Erkenntnis, sozialer und politischer Verhältnisse oder einer Weltordnung beruht.
Zentrale Bedeutung hat der Begriff bei Friedrich Wilhelm Nietzsche (1844-1900). Dieser sieht im Nihilismus den unauf-

F. W. Nietzsche (1844-1900)

haltsamen geschichtlichen Vorgang der Desillusionierung und Entwertung aller obersten Werte, die der lebensverneinenden Maßgabe der Schwachen und »Schlechtweggekommenen« entstammen, zu denen auch das Christentum gehört. Die neue Wertsetzung des lebensbejahenden Prinzips mit dem »Willen zur Macht« beinhaltet den Sinnverlust von Armut, Krankheit und Leiden. Nihilismus meint demzufolge die Entwertung aller bisherigen Werte, wobei auch die ursprünglich unabhängig von Menschen gedachten Werte, also die wahren Ideen und göttlichen Wahrheiten (Platonischer Idealismus) und die göttliche Offenbarung (Christentum), ihre Geltung und Gültigkeit verlieren.
Heute verbreiten die empirischen Wissenschaften mit der Erforschung der menschlichen Psyche und des menschlichen Geistes ein naturalistisches Menschenbild, welches im Sinne des Nihilismus das Ende der → Metaphysik und der → Transzendenz bedeutet.

Offenbarung

Die Offenbarung Gottes an die Menschen ergeht durch seine wirksame Nähe in der Geschichte dieser Welt, in die er zum Heil der Menschen eingreift. Indem sich Gott leitend, sorgend, führend Israels annimmt, erwählt er es zu seinem Volk. Durch sein geschichtliches Wirken wurde Jahwe der Gott Israels. Seine Zusage findet in der Offenbarung seiner Herrlichkeit (Ex 40,43f.) ihre Bestätigung (Gen 17,7): die Offenbarung des Jahwenamens (Ex 3), die Herausführung aus Ägypten (Ex 5 – 15), der Bundesschluss am Sinai (Ex 19 – 24), die Landnahme (Jos 2 – 11). In diesen entscheidenden Gottesbegegnungen ist Israel in eine bleibende Gemeinschaft mit Gott berufen und verpflichtet. Die Bücher des Alten Testaments stellen die Zeugnisse und Deutungen dieser verlässlichen Offenbarung Jahwes vor seinem Volk und der wechselhaften Treue dieses Volkes dar.
Das Neue Testament lebt aus der Überzeugung, dass Gott sich kontinuierlich in seiner geschichtlichen Selbstbekundung gegenüber Israel und zugleich auf entscheidend neue und endgültige, d. h. eschatologische Weise geoffenbart hat (vgl. 1 Kor 10,11). Mit Jesus ist der Neubeginn und das Ende in der langen Geschichte der Offenbarung gesetzt: »Vielmals und auf mancherlei Weise hat einst Gott zu den Vätern durch die Propheten gesprochen. Am Ende dieser Tage sprach er zu uns durch seinen Sohn« (Hebr 1,1f.). Die Offenbarung in der Anrede Abrahams durch Jahwe und im Bundesschluss (→ Bund) mit dem Volk Israel wird mit der Inkarnation Gottes in Jesus Christus, in der er wahrhaft und umfassend Mensch geworden ist, fortgesetzt. Dieser Akt der Offenbarung in Leben, Wirken, Tod und Auferstehung Jesu Christi ist als unhintergehbare Äußerung der Liebe Gottes, der sich so mit den Menschen und ihrem Leben solidarisch gezeigt hat, zu sehen.

Psalm

Das aus dem Griechischen stammende Wort *psalmos* (Saitenspiel, Loblied; hebr. *tehillim* = Preisungen) bezeichnet religiöse Dichtungen mit Musikbegleitung. Vielfältige kulturelle Einflüsse mit einer reichhaltigen Bildersprache prägen die biblischen Psalmen. Sie sind kunstvoll aufgebaut, die Strophenabfolge kann einer alphabetischen Ordnung folgen oder wird durch Refrains gegliedert; ihre Sammlung stellt ein Gebets- und Lesungsbuch dar. Inhaltlich werden sie in verschiedene Gattungen eingeteilt: Dankpsalmen, Gerichtspsalmen, Geschichtspsalmen, Jahwe-Königs-Psalmen, Klagepsalmen, Vertrauenspsalmen, Weisheitspsalmen, Zionslieder. Die Hoheit und Macht Jahwes in der Schöpfung wird hymnisch besungen: beginnend mit einer Aufforderung zum Lob werden dann Jahwes Großtaten in der Heilsgeschichte und seine Wesenseigenschaften aufgezählt. Lobpsalmen sind: Ps 8; 19; 29; 33; 65f.; 92; 100; 104; 107; 111; 113f.; 117; 134f.; 145 – 150. Als Erweiterung und Ergänzung des Psalmenge-

Arnulf Rainer, Noli me tangere, 1995-1998: Die Offenbarung der Osterbotschaft an Maria von Magdala macht diese zur »Apostola Apostolorum« (vgl. 52 f.).

sangs entwickelt sich der *Christushymnus,* in dem die Heilstat Jesu Christi und das Geheimnis des dreifaltigen Gottes besungen werden. Bedeutende Beispiele im Neuen Testament finden sich in Joh 1,1-18; Phil 2,6-11; Kol 1,12-20; Offb 19,1-8.

Religion – etymologisch

Der Begriff »Religion« hat seine Wurzel in der lateinischen Sprache (*religio*). Er wird von unterschiedlichen Verben abgeleitet:

- Der römische Schriftsteller und Philosoph Cicero führt den Begriff auf das Verb *re-legere* (= wieder lesen, gewissenhaft beachten) zurück. Religion meint hier die Tugend einer sorgfältigen Pflichterfüllung gegenüber dem Bereich des Göttlichen, die sich im Vollzug von Kulthandlungen und Gebeten zeigt.
- Der lateinische Kirchenvater und frühe Verteidiger des Christentums Laktanz bezieht Religion auf *re-ligare* (= verbinden, zurückbinden) und stellt damit die Verbindung zwischen Gott und Mensch in den Vordergrund der Wortbedeutung.
- Der Kirchenlehrer Augustinus leitet den Begriff *religio* auch vom Verb *re-eligere* (= auswählen, erwählen) ab und betont, dass Menschen zwischen wahrer und falscher Orientierung für ihr Leben wählen.

Die moderne Bedeutung von Religion/Religiosität hat sich in Europa erst im 18. Jahrhundert ausgebildet und meint die Ausrichtung von Menschen, die einer bestimmten religiösen Tradition angehören und sich als Juden, Christen, Muslime usw. in Gemeinden organisieren.

Religionskritik

Der Begriff stammt aus dem Umfeld der kritischen Philosophie Immanuel Kants und wurde von Johann Heinrich Tieftrunk geprägt. Religionskritik an sich ist sehr viel älter und dient grundsätzlich der Unterscheidung des Vernünftigen vom Irrationalen in Fragen des Glaubens. Die theoretische Religionskritik zieht sich von der Antike (z. B. Prodikos, Epikur) über die Zeit der klassischen Religionskritik des 19. Jahrhunderts (Feuerbach, Freud, Nietzsche, Marx u. a.) bis in die Gegenwart (z. B. Sloterdijk) und spricht z. B. von Projektions- oder Kompensationstheorien. Die Religionskritik wird oft mit der Theodizeefrage verbunden. Die Infragestellung des Glaubens wird dabei praktisch umgesetzt und äußert sich etwa in der Funktionalisierung von Religionen, in demonstrativer Dis-

Marc Chagall, Schöpfung, 1960

tanzierung, in privat gelebter Teilnahmslosigkeit oder auch im Abschied von religiös geprägten und begründeten Wertvorstellungen. Darüber hinaus ist Religionskritik ein Anliegen des religiösen Denkens und macht deutlich, dass Kritik zum Glauben selbst gehört. Religionskritik ist daher aus einem Innen- und einem Außenbezug zu verstehen.

Schöpfung

Der Begriff steht heute in säkularer Bedeutung häufig für den Planeten Erde, während er in theologischer Hinsicht vor allem die von Gott radikal verschiedene und abhängige Wirklichkeit meint. Diese ist von Gott gewollt und geliebt und damit eine »gute Schöpfung«. Sie ist dem freien Willen Gottes entsprungen, der sie ohne Notwendigkeit nach eigenem Willen in einer wunderbaren Ordnung aus dem Nichts heraus erschaffen hat und sie auch weiterhin hält und trägt. Die Erforschung des Ursprungs und der Entstehung der Schöpfung war jahrhundertelang ein großer Streitpunkt zwischen Kirche und Naturwissenschaft. Auch heute noch gibt es Unstimmigkeiten: Während z. B. strenge Darwinisten die Rolle des Zufalls in der Evolution der Arten gegen die Existenz eines göttlichen Schöpfungsplans ins Feld führen, verleugnen christliche Fundamentalisten, wie z. B. der vor allem in den USA verbreitete Kreationismus, den mythologischen (→ Mythos) Charakter der biblischen Schöpfungserzählungen (und damit zugleich auch die Notwendigkeit der Bibelhermeneutik generell) und lesen die Schöpfungserzählung als wörtlich zu verstehendes, wissenschaftliches Lehrbuch über die Entstehung der Welt (anders KKK 283ff.). Die katholische Kirche vertritt dagegen theologische Modelle (KKK 279-324) und verweist generell auf das komplementäre und gleichberechtigte Verhältnis von → Glaube und Vernunft (vgl. Katholischer Erwachsenen-Katechismus, 93).

Schuld/Sünde

Sünde ist ein ursprünglich spezifisch religiöser und theologischer Begriff, der die freie und bewusste Entscheidung des Menschen gegen den erkannten

Willen Gottes (sowohl im Denken als auch im Handeln) bezeichnet. Solch eine »Missachtung Gottes« kann sich z. B. in selbstherrlicher Egozentrik oder – als anderes Extrem – auch in der Verneinung des eigenen Selbst äußern. Untrennbar ist die theologische Rede von Sünde mit den Begriffen Vergebung und Umkehr verbunden, da Gott den Menschen versöhnend entgegenkommt und Neuanfang ermöglicht.
Schuld dagegen wird in mehrfacher Bedeutung verwendet: als Bezeichnung für eine noch ausstehende Leistung, für die Verfehlung eines vorgegebenen Ziels oder den dadurch verursachten Schaden. In existenzieller Hinsicht kann auch das Nichterreichen der eignen Lebensideale und -möglichkeiten gemeint sein. Moralische Schuld lädt der Mensch dann auf sich, wenn er frei zwischen guter und schlechter Alternative wählen kann und weiß, was Gut und Böse ist. Beide Begriffe werden heute häufig nicht mehr scharf voneinander getrennt.

Subordinatianismus

Der Subordinatianismus (lat. *subordinatio* = Unterordnung) versucht, Gott-Sohn als Gott-Vater untergeordnet zu deuten (→ Trinität). Wurde diese Lehre anfänglich so verstanden, dass Jesus vom Vater zur Erlösung der Menschen gesandt und heilsgeschichtlich in Unterordnung zu sehen sei, so wurde durch Arius (ca. 260-336; kirchlicher Gelehrter) der Subordinatianismus zu einer Wesensaussage: Wahrer Gott sei nur der Vater, nicht der Sohn. Sohn und Geist wären demnach abgestufte, untergeordnete, auf den höchsten und eigentlichen Gott-Vater hin vermittelnde Größen. Erklärlich wäre also hier eine absolute Einheit Gottes mit einer gleichzeitigen Pluralität handelnder göttlicher Subjekte, die allerdings Gott untergeordnet wären. Das Konzil von Nicäa (325) lehnt einen Subordinatianismus im Sinne des Arius (= Arianismus) ab und stellt stattdessen die Wesensgleichheit von Gott-Sohn und Gott-Vater heraus, woraus sich ein Gott-Sein des Sohnes ableiten lässt (→ Trinität).

Theologie

Das aus dem Griechischen stammende Wort (*theos* = Gott; *logos* = Wort, Lehre) bedeutet übertragen die Rede oder Lehre von Gott bzw. von Göttern im Allgemeinen. Im Besonderen ist damit fast immer die christliche Theologie gemeint. Sie versteht sich als wissenschaftliche Auseinandersetzung mit den Quellen des Glaubens (biblische und historische Theologie) und der Glaubenspraxis (praktische Theologie) sowie als systematische Analyse und Darstellung des Glaubens (systematische Theologie).
Wie jede andere Wissenschaft ist auch die Theologie nicht voraussetzungslos. Theologie bezieht sich auf den Glauben an Gott – und setzt ihn damit als gegeben voraus. Glaube an sich ist zwar nicht unmittelbar zugänglich, hinterlässt aber durchaus greifbare Spuren. So entstehen z. B. Gemeinschaften, Traditionen und Bauwerke – also Materialien und Tatbestände –, die Gegenstände wissenschaftlicher Untersuchungen sein können. Auf diese Glaubenszeugnisse bezieht sich die Theologie (Geschichtsbezug). Sie ist nicht der Glaube selbst und kann diesen auch nicht erschaffen oder ersetzen. Ihre Hauptaufgabe ist es, den Glauben zu beschreiben und ihn logisch-kohärent im öffentlichen Diskurs zu erklären. Im eigentlichen Sinn beginnt dies bereits bei den Evangelisten und bei Paulus. Seit dem Mittelalter kann man davon sprechen, dass Theologie systematisch betrieben wurde und wird: zunächst in Klöstern und Domschulen, später als universitäre, wissenschaftliche Disziplin, die mit allgemeinen (glaubensneutralen) wissenschaftlichen Methoden arbeitet. Der Bibel kommt – neben der Tradition – eine zentrale Rolle als Norm des Glaubens und Quelle der Offenbarung zu. Sie ist die Ur-Kunde des Glaubens, das Grunddokument, auf dem der christliche Glaube beruht.
Theologie zu betreiben, heißt daher in erster Linie, die Heilige Schrift auszulegen und dabei die Erkenntnisse der Exegese zu berücksichtigen (vgl. 38 ff.).
Hauptaufgabe der Theologie ist es, zur Klärung aktueller Fragen des Glaubens, Handelns und Lehrens beizutragen. Sie hat damit eine konkrete Verantwortung für Kirche und Gesellschaft.

Transzendenz

Der Begriff stammt aus dem Lateinischen (*transcendere* = etwas überschreiten, übersteigen). Er bezeichnet eine Wirklichkeit, die das sinnlich Wahrnehmbare überschreitet. Ursprünglich stellten sich die Menschen dies räumlich als Jenseits vor, das

Darstellung der Dreifaltigkeit, Fresko in Urschalling, 12./13. Jh.

durch die menschliche Begrifflichkeit nicht fassbar ist (im Gegensatz zum sinnlich erfahrbaren Diesseits, der Immanenz). Teilweise wird Transzendenz auch als Synonym für den unverfügbaren Gott verwendet. Der Begriff umschreibt als Transzendenzerfahrung auch die Möglichkeit, die Grenze zwischen den beiden Bereichen zu überschreiten und eine Verbindung zwischen Diesseits und Jenseits herzustellen.

In der Gegenwart, die in postmoderner Relativität kaum mehr Grenzen anerkennt, stellt die Existenz fest abgegrenzter Bereiche für manche Menschen eine Provokation dar. Jeder Mensch nimmt aber als endliches Wesen im Laufe seines Lebens die Grenzen des Endlichen in den Blick und wird dadurch aufgerufen, einen eigenen Sinnentwurf zu entwickeln oder ein Glaubensangebot anzunehmen.

Trinität

Mit dem Begriff Trinität (lat. *trinitas* = Dreiheit) beschreibt der christliche Glaube die Lehre von der Dreifaltigkeit bzw. Dreieinigkeit Gottes. Hintergrund dieser theologischen Festlegungen sind in den ersten Jahrhunderten Streitfragen hinsichtlich der Beschreibung des Wesens Jesu Christi (→ Christologie). Das biblische Bekenntnis »Jesus ist der Mensch gewordene Sohn Gottes« musste insbesondere mit Blick auf die damaligen philosophischen Vorstellungen und Diskussionen genauer definiert werden. Es standen Fragen nach der Göttlichkeit und Menschlichkeit Jesu im Vordergrund. Eine Gruppe behauptete, Jesus sei eher oder ausschließlich von göttlicher Natur und nur scheinbar Mensch gewesen; eine andere Gruppe lehrte, er sei lediglich ein besonderer Mensch gewesen, der von Gott zum Sohn adoptiert worden sei. Auch gab es Erklärungsversuche, die Sohn und Geist als äußere Erscheinungsweisen (= Modi) verstanden (»Modalismus«). Demgegenüber definierten Konzilien (Nicäa 325, Konstantinopel 381, Chalcedon 451): Jesus ist nicht nur ganz Mensch, er ist auch ganz Gott und als solcher »eines Wesens mit dem Vater«; Gottsein und Menschsein sind in Jesus eins, wobei beide Naturen »unvermischt und ungetrennt« in ihm vereinigt sind. Weitere Reflexionen bezogen die Wirkmächtig-

keit Gottes im Heiligen Geist so ein, dass trinitätstheologisch definiert worden ist: Die Einheit in der Dreiheit (Vater, Sohn und Geist) besteht darin, dass die drei Personen ihrer göttlichen Natur nach ein einziger Gott sind. Die komplexen und mit Paradoxen arbeitenden Formulierungen (→ Wahrheit) bringen dabei zum Ausdruck, dass derartige Umschreibungen des göttlichen Geheimnisses immer an Grenzen des menschlich Sagbaren und Vorstellbaren führen und an das Verbot, sich von Gott ein Bild zu machen (Ex 20,4; Dtn 5,8), gebunden sind.
In künstlerischen Darstellungen findet sich häufig das Dreieck als Symbol für die Trinität. Das Dreifaltigkeitsfresko von St. Jakob in Urschalling (Oberbayern) ist eine seltene Umsetzung der Trinität eines anonymen Malers aus dem 12./13. Jh. Es besteht kaum ein Zweifel, dass das Fresko die Einheit der drei göttlichen Personen zeigt. Die Darstellung des Heiligen Geistes in Frauengestalt regt zum Nachdenken über das eigene Gottesbild an.

Wahrheit

In der Alltagssprache bezeichnet Wahrheit die Übereinstimmung einer Aussage mit dem von ihr gemeinten Sachverhalt. Diese Definition setzt voraus, dass Menschen Sachverhalte tatsächlich angemessen erkennen und dies auch sprachlich entsprechend ausdrücken können.
Beide Voraussetzungen führen zu einigen Präzisierungen des Wahrheitsbegriffs:
Um die Wahrheit einer Aussage festzustellen, ist ihr Kontext zu berücksichtigen. Das kann der

»Gnadenstuhl«, aus dem Landgrafenpsalter, um 1210, umgeben von den Symbolen der vier Evangelisten (Engel: Matthäus; Adler: Johannes; Löwe: Markus; Stier: Lukas).

Meister des Andreas-Altars, »Gnadenstuhl«, um 1430

direkte sprachliche Zusammenhang sein oder der Bezug zu einer Wissenschaft. Eine Aussage, die den Begriff Himmel enthält, ist unter naturwissenschaftlichen Voraussetzungen ebenso wahr wie in ihrem theologischen Kontext, auch wenn sich beide deutlich voneinander unterscheiden.

- Eine Aussage ist wahr, wenn sie in einem logischen und widerspruchsfreien Zusammenhang mit anderen Aussagen steht. Diese Anforderung kann im Grenzbereich menschlichen Erkennens aufgehoben sein, wenn z. B. Paradoxien auf die Wahrheit einer Erkenntnisfähigkeit hinweisen, die die Logik überschreitet.
- Wenn zur Wahrheit gehört, dass sie allgemein gelten soll, ist vor dem Hintergrund unterschiedlicher Sprachen und Erkenntnistraditionen ein Verfahren dialogischer Wahrheitserkenntnis notwendig. Menschen müssen sich darüber verständigen, was sie selbst und der jeweils andere für wahr halten, welche Gründe sie dafür angeben und wie sie die Wahrheit des anderen beurteilen und respektieren können.

Die Religionen füllen den Wahrheitsbegriff inhaltlich. Im Christentum z. B. ist die grundlegende Wahrheit, dass der Mensch auf Gott verwiesen ist. Dies gilt, weil Gott selbst die nicht mehr menschlich begrenzte Wahrheit ist. Die Hinordnung auf die absolute Wahrheit kann der Mensch nicht von sich aus erbringen, er wird vielmehr von Gott her dazu befähigt (→ Gnade). Nimmt er diese Wahrheit unbefangen an, lebt er »in der Wahrheit«. Die Annahme dieser zugesagten Wahrheit gestaltet sich in einem Lebensweg, der die Wahrheit immer wieder neu sucht und dabei darauf vertraut, sie in den im Wort Gottes enthaltenen Verheißungen zu finden.

Biblische Zitate

Altes Testament

Neues Testament

Stichwortregister

Text- und Bildnachweis

Cover Alex Grey (geb. 1953), Praying, 1984, s. zu S. 25 – Herbert Falken (geb. 1932), Jakobskampf = Christuskampf, 1984, s. zu S. 47
4 Fraktalbild, Quelle unbekannt, s. zu S. 16 – Werner Krüper/epd/MediaCompany, Berlin, s. zu S. 20 – Alex Grey (geb. 1953), Praying, 1984, s. zu S. 25 – Herbert Falken (geb. 1932), Jakobskampf = Christuskampf, 1984, s. zu S. 43 – Karl Schmidt-Rottluff (1884-1976), Gang nach Emmaus, 1918, s. zu S. 54 – Harry Zengeler (geb. 1949), Unterer Lichtblick, 200, s. zu S. 62 – Michael Hüttinger, s. zu S. 64
5 Michael v. Aichberger, s. zu S. 64 – Alfred Hüttinger, s. zu S. 86 – Ernst Ludwig Kirchner (1880-1938), Artistin - Marcella, 1910, s. zu S. 103 – Paul Howard Manship (1985-1966), Prometheus 1934, s. zu S. 105 – Karl Schmidt Rottluff (1884-1976) Gang nach Emmaus, s. zu S. 54 Thomas Zacharias (geb. 1930), Die Berufung des Paulus, 1989, s. zu S. 109 – imago/Kräling, s. zu S. 110 – Hubert Limmer, s. zu S. 113
7 Marc Rothko (1903-1970), Untitled, 1953, Öl auf Leinwand, National Gallery of Art, Gift of The Mark Rothko Foundation © Kate Rothko-Prizel & Christopher Rothko/VG Bild-Kunst, Bonn 2011
8 Yavuz Sultan Selim Moschee und Kirchturm der Liebfrauenkirche, Mannheim, Foto: dpa/picture alliance – Anderl Perreiter, Oberschleißheim – Michael Kötzel, München – in: RL – Zeitschrift für Religionsunterricht und Lebenskunde 28 (4/1999)
9 Tomaschoff/Baaske Cartoons – Peter Bichsel, in: Peter Hamm (Hg.), Aussichten. Junge Lyriker des deutschen Sprachraums, Biederstein-Verlag, München 1966, S. 136 – Bob Dylan © Special Rider Music, für D/A/CH: Sony/ATV Music Publishing (Germany GmbH), Berlin
11 Marc Rothko, s. zu S. 7
12 in: Burkhard Porzelt, Grundlegung religiöses Lernen. Eine problemorientierte Einführung in die Religionspädagogik, Klinkhard Verlag, Bad Heilbrunn, S. 65 (gekürzt) – Heinrich Fries, Religion in der Alltagswirklichkeit, in: Funkkolleg Religion, Bd. 1, Gütersloher Verlagshaus, Gütersloh 1983, S. 20f. – Detlef Pollack, Was ist Religion? Versuch einer Definition, in: Waltraud Schreiber (Hg.), Die religiöse Dimension im Geschichtsunterricht an Europas Schulen. Ein interdisziplinäres Forschungsprojekt. Tagungsband, Ars una, Neuwied 2000, S. 5f.
13 in: Martin Riesebrodt, Cultus und Heilsversprechen. Eine Theologie der Religionen, Beck Verlag, München 2007, S. 115 – in: Kurt Marti, Die gesellige Gottheit. Ein Diskurs, Radius Verlag, Stuttgart 1989, S. 85 – Psychologie heute Nr. 7/95 © Julius Beltz GmbH & Co., Weinheim
14 Hans-Joachim Höhn, Schwarz greift ein. Vom kritischen Verhältnis kirchlicher Religiosität zur »civil religion«, in: Informationen für Religionslehrerinnen und Religionslehrer im Bistum Limburg, Heft 4/2000, S. 7
15 Jeff Koons (geb. 1955), Michael Jackson and Bubbles, 1988, Skulptur, Porzellan, 106,7 x 179 x 82,6 cm © Jeff Koons – Pfarrkirche St. Johannes, Röhrmoos, Foto: Hans Schertl, Haimhausen
16/17 Astrid Dinter, Adoleszenz und Computer. Von Bildungsprozessen und religiöser Valenz, Verlag vr-unipress, Göttingen 2007, S. 280f. 296-301 (bearbeitet)
16 Fraktalbild, Quelle unbekannt – Gott als Baumeister, Illustrierte Bibel, 13. Jh., Abb.: Kösel-Archiv
17 Oliva Wiebel-Fanderl, Religion als Heimat? Zur lebensgeschichtlichen Bedeutung katholischer Glaubenstraditionen, Verlag Böhlau, Wien-Köln-Weimar 1995, S. 171 – Henning Luther, Religion und Alltag. Bausteine zu einer Praktischen Philosophie des Subjekts, Radius-Verlag, Stuttgart 1992, S. 54
18 Europäische Menschenrechtskonvention, Art. 9
19 Foto: Initiative Leverkusen e.V. – Gisela Ott, Wittislingen
20 Argumente für den Religionsunterricht an öffentlichen Schulen, Deutsche Bischofskonferenz (Hg.), Bonn 2008 – Foto: Werner Krüper/epd/MediaCompany, Berlin
21 Wilhelm Rees (Hg.), Katholische Kirche im neuen Europa. Religionsunterricht, Finanzierung und Ehe in kirchlichem und staatlichem Recht, LIT-Verlag, Wien 2007, S. 265-278
22 S.H. XIV. Dalai Lama, zit. n.: Der große National Geographic Atlas der Weltreligionen, Epilog, Hamburg 2004, S. 396f. i.A. – Das Christentum – eine Religion unter anderen? Zum interreligiösen Dialog aus katholischer Perspektive, in: Deutsche Bischofskonferenz (Hg.): Der Vorsitzende der Deutschen Bischofskonferenz 23, Bonn 2002, S. 15
23 © IDIZEM, Interkulturelles Dialogzentrum in München
25 Alex Grey (geb. 1953), Praying, 1984, www.alexgrey.com
26 Immanuel Kant, Logik, AA 09: 25 – II. Vatikanisches Konzil, Nostra Aetate, in: Karl Rahner/Herbert Vorgrimler, Kleines Konzilskompendium, Verlag Herder, Freiburg [15]1981, S. 355 – Henning Luther, Religion und Alltag. Bausteine zu einer Praktischen Philosophie des Subjekts, Radius Verlag, Stuttgart 1992, S. 23
27 Rupprecht Geiger (geb. 1908), Bild 808/89, WV 792, 1989, Acryl auf Leinwand auf Holz, 130 x 130 cm, Galerie Edith Wahlandt, Stuttgart, Foto: Philipp Schönborn, München © VG Bild-Kunst, Bonn 2009
31 Toyen (eigtl. Marie Čermínová, 1902-1980), Mythos des Lichts, 1946, 160 x 75 cm, Öl auf Leinwand, Czech Museum of Fine Arts, Prag © VG Bild-Kunst, Bonn 2011
32 Rupprecht Geiger siehe S. 27
33 Hetty Krist (geb. 1942), Auferstehung, 1998, 150 x 240 cm, Kreide, Kohle, Graphit auf dünner Leinwand
34 Julie Gold © Julie Gold Music/Wing and Wheel Music, Cherry Lande Germany GmbH, Musikverlag Rondor GmbH, Hamburg – Foto: © NASA
35 Gute Nachricht Bibel, revidierte Fassung, durchgesehene Ausgabe in neuer Rechtschreibung, © 2000 Deutsche Bibelgesellschaft, Stuttgart – Auguste Rodin (1840-1917), Die Hand Rodins hält einen weiblichen Torso, 1917, Skulptur, Gips, 15,3 x 23,2 x 12,2 cm., Musee Rodin, Paris, Foto: Christian Baraja
37 Hetty Krist, s. zu S. 33 – Die Interpretation der Bibel in der Kirche, Verlautbarungen des Apostolischen Stuhls Nr. 115, Päpstliche Bibelkommission, hg. v. Sekretariat der Deutschen Bischofskonferenz, Bonn 23. April 1993 – Martin Ebner, Grundoptionen der historisch-kritischen Exegese, in: zur debatte 5/2008, S. 7ff. (bearbeitet)
43 Herbert Falken (geb. 1932), Jakobskampf = Christuskampf, 1984, Suermondt-Ludwig Museum, Aachen, Foto: Claus Fritsch, Wien
46 Michael Kötzel, München
47 nach: Rainer Albertz, Das Rätsel des israelitischen Monotheismus, in: Welt und Umwelt der Bibel, Heft 11 (1999), S. 3f. – Erich Zenger, Mose und die Entstehung des Monotheismus, in: Stefan Stiegler/Uwe Swarat (Hg.), Der Monotheismus als theologisches und politisches Problem, Evangelische Verlagsanstalt, Leipzig 2006, S. 19, 35

52 Martin Ebner, Bilder von Maria Magdalena im Neuen Testament. Unterschiedliche Weichenstellungen, in: Bibel und Kirche, 55. Jahrgang, 4/2000, Maria Magdalena, S. 177

53 in: Patrick Roth, Magdalena am Grab, Insel Verlag, Frankfurt am Main/Leipzig 2003, S. 46-47 – Auguste Rodin (1840-1917), Christus und Maria Magdalena, Skulptur, Gips, 105,4 x 76,7 x 66,6 cm, Musée Rodin, Paris

54 Karl Schmidt-Rottluff (1884-1976), Gang nach Emmaus, 1918 © VG Bild-Kunst, Bonn 2011

55 Janet Brooks-Gerloff (geb. 1947), Unterwegs nach Emmaus, 1992, Ölgemälde, Kreuzgang der Benediktinerabtei Kornelimünster © VG Bild-Kunst, Bonn 2011

56 nach: Barbara Leicht (Hg.), Grundkurs Bibel. Neues Testament 2, Werkbuch für die Bibelarbeit mit Erwachsenen, Verlag Katholisches Bibelwerk, Stuttgart 2002 (bearbeitet)

57 Walter Zacharias (1919-2000), Gnadenstuhl, 1985, 98 x 68 cm, Holz und Fundstücke, © Stiftung Museum Schloss Moyland, Sammlung van der Grinten, Joseph Beuys Archiv des Landes NRW o. J.

58 Die Interpretation der Bibel in der Kirche, Päpstliche Bibelkommission, Rom, 15. April 1993 – Quelle unbekannt

59 nach: Stefan Wimmer/Stephan Leimgruber (Hg.), Von Adam bis Muhammad. Bibel und Koran im Vergleich, Verlag Katholisches Bibelwerk, Stuttgart 2005 – Miniatur aus dem Buch Rashid al-Din, Jami' al-Tawarikh, 1307, Tabriz/Persien, Bridgeman

60 Ingo Reidl © EMI Kick Musikverlag GmbH, Hamburg/Arabella Musikverlag GmbH, Berlin – Quelle unbekannt

61 Quelle unbekannt

62 Harry Zengeler (geb. 1949), Unterer Lichtblick, 2007, Granit, Glas, Installation zur Landesgartenschau »Natur in der Stadt« Waldkirchen, Foto: Stefan Wrana, Ruhstorf – Dogmatische Konstitution »Dei Verbum« über die göttliche Offenbarung 11, Vatikanisches Konzil, 18. Nov. 1965

63 Hans-Peter Eggerl (geb. 1967), Gotteserkenntnis - Gotteswahrnehmung, 2008, Acryl

64 Alfred Hüttinger, Lalling (2) – Michael v. Aichberger, Köln-Mühlheim – Ernesto Cardenal, Die Stunde Null, Peter Hammer Verlag, Wuppertal 1979, S. 277f.

65 Michael v. Aichberger, Köln-Mühlheim (2) – www.gott.net e.V. – Michael Kunze © Songs of Polygram International Inc., Music Lost Boys Universal Music Publ. GmbH Berlin, Edition Butterfly Rowsitha Kunze, Grünwald

66 Shell Deutschland Holding (Hg.), Jugend 2006. Eine pragmatische Generation unter Druck, Fischer Taschenbuch Verlag, Frankfurt/M. 2006

67 Wolfgang Borchert, Draußen vor der Tür, Rowohlt Verlag, Reinbek 1947 – Hans-Peter Eggerl (geb. 1967), Der anthropophane Ungott, 2008, Mischtechnik (Aquarell, Tusche, Acryl)

69 Ernst Thrasolt, in: De profundis, Kösel/Pustet, München 41922

70 nach: Bernhard Klinger, Im und durch das Leiden lernen (BBB 155), Philo & Philo Fine Arts/EVA Europäische Verlagsanstalt, Hamburg 2007

71 Hans-Peter Eggerl (geb. 1967), Ijob, 2002

72 Johannes B. Brantschen, Warum lässt der gute Gott uns leiden? Verlag Herder, Freiburg 1992, S. 12, S. 18 – Karl Rahner, Warum lässt Gott uns leiden? in: ders., Schriften zur Theologie, Bd. XIV, Benziger Verlag, Zürich/Einsiedeln/Köln, 1980, S. 450ff. – nach: Bundesministerium für Bildung und Forschung, Das Tsunami-Early-Warning-System (TEWS) – Quelle unbekannt

73 Armin Kreiner, in: Gott und das Leid, Bonifatius Verlag, Paderborn 1994, S. 143 – nach: Karl Rahner, Warum lässt Gott uns leiden? in: ders., Schriften zur Theologie, Bd. XIV, Benziger Verlag, Zürich/Einsiedeln/Köln, 1980, S. 450ff.

74 nach: Hans Küng, Existiert Gott? Antwort auf die Gottesfrage der Neuzeit, Piper Verlag, München 2006, S. 212ff. – dtv-Atlas Philosophie, hg. v. P. Kunzmann u. a., dtv, München [12]2005, S. 35, 169f., 177ff. – Stefan Knobloch, Mehr Religion als gedacht. Wie die Rede von Säkularisation in die Irre führt, Verlag Herder, Freiburg 2006, S. 80ff.

75 ebd. – Ludwig Feuerbach, Das Wesen des Christentums, 1841 – dtv-Atlas Philosophie, s. zu S. 74

76 dtv-Atlas Philosophie, s. zu S. 74

77 Albert Camus, Die Pest, übers. von Guido G. Meister, Rauch Verlag, Bad Salzig 1949

78 www.buskampagne.de; Foto: Evelin Frerk, Hamburg – Giordano-Bruno-Stiftung – Ludger Honnefelder, in: zur debatte 5/2008, S. 21 – Foto: Campus für Christus, Foto: Lars-Christian Trommer

79 nach: Bertelsmann Religionsmonitor, Gütersloh 2008

80 in: Spektrum der Wissenschaft 2/2002 – NASA, ESA and Allison Loll/Jeff Hester, Arizona State University, Crab Nebula, 2005

84 nach: Richard Heinzmann, Thomas v. Aquin, in: Otfried Höffe (Hg.), Klassiker der Philosophie, Beck Verlag, München [2]1985, S. 198-219, hier: S. 202, 208 – dtv-Atlas Philosophie, s. zu S. 74, S. 83

85 nach: Andrew Newberg u. a., Der gedachte Gott. Wie Glaube im Gehirn entsteht, Piper, München 2003, S. 9ff.

86 Tilman Borsche, Wilhelm von Humboldt, Piper, München 1990, S. 136ff. – Werner Heisenberg, Schritt über Grenzen. Gesammelte Reden und Aufsätze, Piper, München 1973, S. 160f. – Alfred Hüttinger, Lalling (2)

87 Medard Kehl, Zur gegenwärtigen Diskussion um das Verhältnis von Schöpfungsglaube und Naturwissenschaft, in einem Vortrag am 13. November 2007 an der Universität Passau, nach einer Mitschrift von Stephan Wrana, Passau

88 nach: Hans Küng, Existiert Gott? Anwort auf die Gottesfrage der Neuzeit, Piper, München [4]2006, S. 697ff. – © epd-Bild/Norbert Neetz

89 Karl Rahner, Warum Christ bleiben?, in: Karl Kardinal Lehmann/Albert Raffelt (Hg.), Karl-Rahner-Lesebuch, Verlag Herder, Freiburg 2004, S. 18ff. – © Karl Rahner, September 1982 © Moi Soltek, Berlin, mit Genehmigung des Karl-Rahner-Archivs, München

90 Gisbert Greshake, Der dreieine Gott. Eine trinitarische Theologie, Verlag Herder, Freiburg 52007, S. 82ff., S. 143

91 in: Jürgen Moltmann, Der Geist des Lebens. Eine ganzheitliche Pneumatologie, Chr. Kaiser Verlag, München 1991, S. 231ff. © Ed. Chr. Kaiser im Gütersloher Verlagshaus – Hans Küng, s. zu S. 88, S. 764f. – Hubert Frankemölle, Frühjudentum und Urchristentum. Vorgeschichte – Verlauf – Auswirkungen, Verlag W. Kohlhammer, Stuttgart 2006, S. 140

92 in: Eva Zeller, Fliehkraft, Deutsche Verlags Anstalt, Stuttgart 1975

93 in: Johannes Scultetus (1595-1645), Armamentarium Chirurgicum, Trepanation (Schädelbohrung), Stich aus der Barockzeit, Abb.: Bettmann/Corbis

94 Michael N. Ebertz/Martin Fischer (Hg.), Spontan – spirituell – sozial. Eine explorative Studie zur kirchlichen Jugendarbeit in der Diözese Rottenburg-Stuttgart, im Auftrag des Bischöflichen Jugendamts, Schwabenverlag, Ostfildern 2006, S. 45f. – Auf- statt Ausstieg, Wertewandel bleibt stabil, in: 15. Shell-Jugendstudie, Jugend 2006, Fischer Verlag, S. 177 – in: Jugendbewegung heute, in: SZ Magazin, Nr. 14, 04.04.2008, S. 12 © Birthe Steinbeck

Text- und Bildnachweis

95 ebd., S. 15
98 dpa/picture alliance
99 in: P.M. Welt des Wissens, September 2007, S. 1 (Titelbild)
101 Salvador Dalí (1904-1989), Das Rätsel der Begierde - meine Mutter, meine Mutter, meine Mutter, 1929, Öl auf Leinwand, 110 x 150 cm; München, Pinakothek der Moderne © Salvador Dalí, Fundació Gala-Salvador Dalí/VG Bild-Kunst, Bonn 2011
102 in: Jean Paul Sartre, Der Existentialismus ist ein Humanismus und andere philosophische Essays, hg. v Vincent von Wroblewsky, Rowohlt, Reinbek bei Hamburg, 32005, S. 147ff.
103 Ernst Ludwig Kirchner (1880-1938), Artistin – Marcella, 1910, Öl auf Leinwand, 100 x 76 cm, Brücke-Museum, Berlin
104 Sarah Kirsch: Katzenleben. Gedichte, Deutsche Verlagsanstalt, Stuttgart 1984, S. 75 – Die Bestrafung von Atlas und Prometheus, Lakonische Trinkschale, Griechenland, ca. 555 v. Chr., Durchmesser 20 cm, Vatikan. Museum
105 Paul Howard Manship (1985-1966), Prometheus 1934, Skulptur, Bronze, Foto: Petra Fey, Dreieich
106 Erich Zenger, Die Schöpfungsgeschichte der Genesis im Kontext des Alten Orient, in: Welt und Umwelt der Bibel, Heft 2 (1996)
107 Marc Chagall (1887-1985), Adam und Eva, 1911/12, 27,5 x 24 cm © VG Bild-Kunst, Bonn 2011
109 Thomas Zacharias (geb. 1930), Die Berufung des Paulus, 1989 © VG Bild-Kunst, Bonn 2011
110 Christian Bischoff, Motivational Moments. Das Buch, das dich auf das Leben mit anderen Augen blicken lässt, Draksal Verlag, Leipzig 2006, S. 39, 95, 121 – f1 online – AP – imago/Kräling – Geiko Müller-Fahrenholz, Gottverdammte Verlierer, in: Publik Forum Nr. 9/2001, S. 45
111 nach: Wolfgang Huber, Die Bedeutung christlicher Werte für die Zukunft der Gesellschaft, Vortrag in Nürtingen am 27. April 2007; www.ekd.de/vortraege/huber/20070427_huber_nuertingen.html
112 S.H. XIV. Dalai Lama, in: Die Welt in einem einzigen Atom, Theseus Verlag, Berlin 2005
113 Meditationsgottheiten im buddhistischen Pantheon, Foto: H. Limmer, Unterroth
115 Johanna Haberer, Das Spiegelbild der Bibel, in: Wozu bin ich auf der Welt? 25 persönliche Antworten, Christ in der Gegenwart, Sonderdruck, S. 14f. – Christine Busta, in: Der Himmel im Kastanienbaum. Gedichte, hg. v. Franz Künzel, Müller Verlag, Salzburg 1989
116 nach: Otto Zsok, Das psychologische und das geistige Ich, in: Existenz und Logos, Heft 15/2007, S. 59
117 Pitter/CCC, www.c5.net
120 in: Ernst Jandl, Poetische Werke, Bd. 7, Luchterhand, München 1997, S. 132
124f. in: Martha Boeglin, Wissenschaftlich arbeiten Schritt für Schritt. Gelassen und effektiv studieren, Wilhelm Fink, München 2007, S. 130
126 Wiener Genesis, Gottes Bund mit Noach, ca. 1. Hälfte des 6. Jh., Syrien, Österreichische Nationalbibliothek, Wien, cod. theol. gr. 31
130 Text und Grafik nach: Bernhard Klinger, Im und durch das Leiden lernen (BBB 155), Philo & Philo Fine Arts/EVA Europäische Verlagsanstalt, Hamburg 2007, (Abb.: S. 125)
132 Friedrich Nietzsche, 1882, Foto: Gustav-Adolf Schultze
133 © Arnulf Rainer (geb. 1929), Jesus und Maria Magdalena (Noli me tangere), 1995-1998
134 Marc Chagall (1887-1985), Schöpfung 1960, 35 x 26 cm, Farb-Lithografie. Mourlot 234 © VG Bild-Kunst, Bonn 2011
136 Dreifaltigkeit, Fresko, 12./13. Jh., Urschalling
137 Gnadenstuhl aus dem Landgrafenpsalter, ca. 1210, fol. 172v, Württembergische Landesbibliothek Stuttgart
138 Meister des Andreas-Altars, Gnadenstuhl, um 1430, Temperamalerei auf Holz, Erzbischöfliches Dom- und Diözesanmuseum, Wien

Alle Bibeltexte gemäß der Einheitsübersetzung © Katholisches Bibelwerk, Stuttgart.
Alle namentlich nicht gekennzeichneten Beiträge stammen von den Autorinnen und Autoren und sind als solche urheberrechtlich geschützt.
Trotz intensiver Recherche konnten einzelne Rechtsinhaber nicht ermittelt werden. Für Hinweise sind wir dankbar. Sollte sich ein nachweisbarer Rechtsinhaber melden, bezahlen wir das übliche Honorar.